项目双方现金流优化调度

——从确定型到不确定型问题研究

郑维博 著

西安交通大学出版社
XI'AN JIAOTONG UNIVERSITY PRESS

图书在版编目(CIP)数据

项目双方现金流优化调度：从确定型到不确定型问题研究 / 郑维博著. —西安：西安交通大学出版社，2022.4

ISBN 978-7-5693-1963-7

Ⅰ.①项… Ⅱ.①郑… Ⅲ.①现金流量分析-研究 Ⅳ.①F820.4

中国版本图书馆 CIP 数据核字(2021)第 046234 号

书　　名	项目双方现金流优化调度——从确定型到不确定型问题研究 XIANGMU SHUANGFANG XIANJINLIU YOUHUA DIAODU —— CONG QUEDINGXING DAO BUQUEDINGXING WENTI YANJIU
著　　者	郑维博
策划编辑	雒海宁
责任编辑	雒海宁
责任校对	袁　娟
装帧设计	伍　胜
出版发行	西安交通大学出版社 (西安市兴庆南路 1 号　邮政编码 710048)
网　　址	http://www.xjtupress.com
电　　话	(029)82668357　82667874(发行中心) (029)82668315(总编办)
传　　真	(029)82668280
印　　刷	西安五星印刷有限公司
开　　本	720mm×1000mm　1/16　**印张** 14.75　**字数** 206 千字
版次印次	2022 年 4 月第 1 版　2022 年 4 月第 1 次印刷
书　　号	ISBN 978-7-5693-1963-7
定　　价	88.00 元

订购热线：(029)82665248　(029)82667874

投稿热线：(029)82664840

读者信箱：xj_rwjg@126.com

序 Preface

改革开放以来，我国经济发展取得了举世瞩目的成就，已成为全球第二大经济体。在经济高速发展的阶段，基础设施建设投融资项目发挥了举足轻重的作用。随着全面建设社会主义现代化国家新征程的开启，我国迈入新的发展阶段，基础设施建设项目的发展环境发生了深刻的变化，项目发展面临着一系列的机遇与挑战。2018 年 12 月，中央经济工作会议首次提出新型基础设施建设（即新基建），推动基建投资结构优化调整促进我国高质量发展，此内容于 2019 年被写入国务院政府工作报告。新基建成为兼顾当前扩大有效需求和长期供给侧改革的有效办法，成为新时代项目管理的重要发展方向。如何从原来的粗放式项目投融资管理模式转向高质量、高效率的精益发展模式，成为当前实际项目管理者共同面对的新问题。因此，随着新基建项目的发展，越来越多的投融资建设项目在提高资金使用效率与项目各参与方共同利益方面获得重点关注，如何面对复杂风险环境迅速调整优化资金结构来保证项目顺利实施并取得共赢成为项目管理研究中越来越重要的问题。

项目现金流优化调度是以项目中业主和承包商的资金安排为基础，对项目活动、资源和优先关系进行更为有效的优化管理，进而提升项目各参与方的资金利用效率。特别是在当前不稳定性不确定性明显增加的情况下，对项目现金流可能遭受的风险干扰进行有效的预防与应对，能够为新基建投融资项目提供安全的实施环境，更好地保障项目各参与方共同利益的实现。

《项目双方现金流优化调度——从确定型到不确定型问题研究》一书就是基于这样的现实问题与研究需求而创作的，其中应用了运筹优化理论与方法对项目现金流问题进行科学建模与求解，并通过实际案例进行了验证完善，为解决新形势下项目现金流优化调度问题提供了科学的理论指导，能够为新时代项目资金管理提供有益参考。

中国工程院院士 顾庆海

2021 年 9 月 10 日

前言 Foreword

投资是经济增长的主要动力之一，改革开放以来，我国经济飞速发展离不开大量投资拉动，特别是我国基础设施建设的不断完善有力提升了我国社会发展的质量。2021年《中共中央关于制定国民经济和社会发展第十四个五年规划和二〇三五年远景目标的建议》明确指出，优化投资结构，保持投资合理增长，发挥投资对优化供给结构的关键作用。重大工程和重大项目是我国新时代项目投资的重要载体，特别是新型基础设施建设项目关乎我国新发展格局下产业结构升级，因此，加强投资项目管理是推动我国高质量发展的基础，并且是关键的任务。

随着不稳定性不确定性增加，“灰犀牛”与“黑天鹅”并存使得我国发展环境面临深刻复杂变化，给新发展格局下新基建项目资金管理带来新挑战。与此同时，更加开放的投资环境推动更多社会资本参与项目建设，项目主体由政府主导逐渐转向多元主体共同参与，使得项目收益成为各参与主体共同关注的首要目标。如何在复杂环境下提升项目效率，确保项目各方收益，是项目管理领域持续关注的热点问题。项目现金流调度能够有效平衡项目各方资金，合理安排项目活动，是建立稳定的项目计划、获得项目各方收益共赢的关键。在过去10年里，作者及团队对项目现金流调度理论与实践应用进行了探索研究，在此进行系统性总结。

本书针对项目业主与承包商两大主体对项目现金流优化安排影响项目实施进行研究，从确定型环境下双方收益变化拓展到不确定型环境下风险影响项目安排进行深入分析，构建多种项目收益优化模型，并设计多种启发式算法求解，为提升项目收益与执行稳定性提供方法，为实际项目现金流管理提供决策支持。

本书共分为 9 章，主要包含以下内容：

第 1 章基于业主视角分析业主支付安排对项目进度的影响变化，考虑项目承包商最低收益预期与项目执行多种模式的特点，构建包含承包商收益子模型的业主收益优化模型并提出求解算法，并通过实际案例进行了分析验证。

第 2 章从承包商视角分析受项目资源约束影响的项目支付进度与项目收益的变化，构建承包商收益优化模型并提出双环遗传算法求解，并通过大规模算例测试对算法性能进行评价分析。

第 3 章在资源约束项目支付进度研究基础上，引入项目完工时间奖励惩罚机制，构建优化模型和改进算法，深入剖析奖励惩罚区间、奖励惩罚强度等措施对承包商安排项目进度的影响，为承包商优化项目进度安排提供了评估方法支持。

第 4 章针对业主和承包商交互作用影响项目双方利益分配的问题，从承包商、业主单方独立视角分别构建可更新资源约束条件下项目支付进度优化模型，阐述了双方收益之间权衡关系。

第 5 章拓展研究业主和承包商交互作用下双方整体收益最优分配机制与理论，引入谈判能力概念体现双方对项目安排的影响程度，构建资源约束下的利益分配优化模型实现项目双方收益共赢。

第 6 章针对银行授信约束作为项目支付进度中一种特殊资源的特点，研究对比不同业主支付条件下银行授信约束影响项目收益的变化，构建承包商收益优化模型并设计多种算法求解，对项目双方投融资决策提供策略分析。

第 7 章对基于项目业主和承包商各自融资能力约束的项目收益最大化进行分析，通过构建双方项目收益优化模型分析各自不同融资能力约束对自身收益的影响变化，阐述项目双方融资能力提升项目整体收益的优化策略。

第 8 章考虑不确定环境下项目工期随机变化，对资源约束下项目业主和承包商的收益最大化进行分析，引入前摄性调度理论，构建项目双方收益的鲁棒优化模型并求解，为提升项目计划稳定性提供优化方法。

第 9 章针对项目执行过程中的不确定风险变化影响项目收益，在前摄性调度方法生成鲁棒性计划基础上，根据不同反应性调整策略构建反应性优化模型，实现项目整体计划稳定性同时最大化项目收益。

本书是在郑维博主持下完成的，何正文教授进行了全文指导，李永锋、周楷、李小锋提供了大量资料，李阳参与了资料整理与撰写工作。本书的研究得到了国家自然科学基金(71871176、72002164)、中国博士后基金(2018M643685)的支持。在此表示衷心感谢。

由于水平有限，书中难免存在不足之处，恳请读者批评指正！

作　者

2021 年 9 月 26 日

目 录
Contents

第1章　基于业主视角的多模式项目进度问题研究

1.1　问题背景

1.1.1　问题提出

在现实中，项目的实际管理往往涉及两个重要的主体：业主和承包商。业主和承包商在项目实施过程中考虑的一个重要方面就是项目的收益，而对项目的收益产生直接影响的是现金的流出与流入。现金的流出与流入受到项目实施过程中的支付次数、支付量及支付时间的影响，同时项目中每个活动执行模式的选择以及进度的安排也会对项目活动的持续时间和花费产生影响，从而对项目现金流产生影响。而且承包商和业主两者的收益常被视为一种此消彼长的关系。承包商希望在项目开始时或前期能获得足够多的资金，这样承包商所承受的各种风险将会大大降低，对于承包商来说，最理想的情况是在项目一开始便获得全部资金。而业主则希望尽量在项目的后期对项目进行支付，这样业主可以对承包商产生更多的约束，更好地控制项目，同时降低融资风险，对业主来说最理想的情况是在项目完成后一次全部付清。但支付方式不是业主或承包商单方面能够确定的，业主虽然是支付行为的实施者，但如果业主安排的支付方式使得承包商的收益低于自己的期望，承包商则不会接受这样的安排。同样，承包商也不能强制要求业主把所有资金都在项目开始时全部付清。另外，由于支付是伴随着项目进行发生的，因此承包商的项目进度安排会影响到支付的进行，从而在支付方面影响业主的收益。同时，由于业主的收益是直接受项目进度影响的，因此承包商的项目进度安排又从另一个方面对业主产生了影响。所以，承包商的进度安排不仅影响到自身的收益，还影响到业主的收益。因此业主和承包商的相互影响体现在支付安排以及项目进度安排中。

从业主的视角去研究业主和承包商之间存在交互影响的项目进度问题不仅在应用中更接近实际情况，而且在理论研究上也有重要意义：通过研究基于业主视角的项目进度问题，可以给模型中涉及两个决策者的问题求解提供借鉴意义[1]。同时在目前的研究中，大部分支付进度问题研究的都是活动执行模式只有一种的情况，对于活动具有多种执行模式的项目进度问题研究的很少。活动具有多模式的项目进度问题属于组合优化问题的范畴，虽然问题本身比较容易描述，但是对问题求解方法的有效改进是非常困难的。目前对于此类问题的研究成果较少，还没有十分有效的求解策略和方法，只有个别特殊情况下一定规模的问题找到了有效算法[2]。因此探求理论基础并寻求有效的求解策略，具有重大的研究价值。

同时在实践上，实际项目在实施过程中由于受到各种因素的影响必然会有多种执行方式，因此研究活动具有多模式的项目，对于缩小理论研究与解决实际问题能力的差距，把丰富的项目调度理论成果应用于实际生产调度具有重要意义[3]。在现实项目管理中，业主会通过多种手段对承包商的项目调度施加影响，其中支付是最为直接、合理的一种[4]。通过支付的安排与调整，业主可以对承包商的项目调度行为进行激励和约束，以实现自身的项目目标。同时承包商也会通过项目进度安排来实现自身的项目目标。由此可见，在实际项目调度中，合同双方存在着较强的交互作用关系，业主只有有效地控制这种关系，才能够确保项目的顺利进行，并使承包商获得一个满意的项目收益，以期达成双方的合作共赢。

1.1.2 实际背景

在实际中，项目收益作为项目评价的一个重要方面，受到项目合同双方的重视。项目收益可以使用净现金流量来衡量，净现金流量为现金流入与现金流出之差[5]。同时，由于一般的项目时间跨度都比较长，因此资金的时间价值是项目收益计算中必须考虑的一个因素。由以上介绍可知，净现值（net present value，NPV）是项目相关方评价项目的一个重要指标。净现值是指利用项目方案所期望的贴现率，把项目进行过程中各时间点的净现金流量折算到项目开始时的现值之和。由于在现实中，项目实施的整个过程中涉及两个主体，而两个主体在项目中的现金流入和流出所包含的内容是不同的：业主的现金流入主要包括相关方提供的资金支持以及项目完成后所带来的收益，现金流出包括对承包商的支付；承包商的现金流入主要来源于业主的支付，现金流出包括项目进行过程中所耗费的人力、设备以及原材料的相关费用支出，由于项目实施过程中除了原材料成本基本不可变动外，其他的人力、设备都可以变动以加快或减缓项目活动的持续时间，所以承包商的现金流出是可变的，当然工期也会随着变化。通过以上的介绍，可以发现在实际中，项目的支付是联系业主和承包商净现值的一个重要桥梁。

由于项目支付的重要性，因此在现实中一般在合同谈判时就会决定项目的支付方式。在实际中，绝大多数项目都是采用计量支付的方式进行支付的，这是因为计量支付能有效地控制项目的实施质量以及进度。同时，在实际项目中，业主往往处于强势地位，因此支付方式大部分是由业主提出，承包商则会尽量在业主提出的支付方式下合理安排项目进度以期达到项目收益净现值的最大化，但承包商实施项目是以获利为目标的，若业主提出的支付方式过于苛刻，使得承包商无论如何无法达到最低期望，则承包商会让业主更改支付方式或退出项目。因此在实际中，业主也会考虑到承包商的收益，提出一个既能让承包商达到其最低期望收益，又能使得自身的项目收益尽可能大的合理支付进度。而目前存在的问题是业主如何去寻找这个合理的支付进度，以及承包商在这个支付进度下如何选择项目活动的实施方式和安排进度。

本章内容针对实际情况，提出基于业主视角的多模式项目进度问题(client perspective based multi-mode project scheduling problem，CPMPSP)进行研究。在该问题中，从业主的角度出发研究项目进度问题，即业主如何通过支付的安排对承包商的行为施加影响，以实现自身项目收益的最大化。其中，项目活动具有多种执行模式，承包商对项目收益有一个最低预期，其在业主的支付安排下通过活动模式的选择及开工时间的安排，力图使自身项目收益最大化。业主的支付安排必须使承包商在追求最优收益的情况下达到其最低预期。因此，在项目进度中，承包商还直接影响业主的支付安排，这也使得本章的研究内容更接近于实际。

1.2 CPMPSP 问题界定

1.2.1 研究的假设条件

根据上述实际情况介绍，本章为了理论研究的需要，将现实中的条件进行提炼。研究的基本假设条件如下。

(1)项目活动网络为确定型无环路网络。

(2)对于业主来说，项目活动的收益是确定的，只有支付活动才发生费用；对承包商来说，项目活动具有多种执行模式，每种模式的工期和费用是确定的，已知的。

(3)活动的执行模式一经选定便不能更改，直至该活动完成。

(4)支付发生在支付活动完成时，项目完成时必须安排一次支付，即项目的最后一个活动必然是支付活动。

(5)在项目网络中，业主决定支付发生在哪些活动上，承包商则在项目截止时间内安排活动的进度，同时，承包商有自己项目净现值的一个底线 V_{cont}，如果对业主给出的支付活动集合，承包商能达到的最优收益净现值小于此底线，则承包商会拒绝业主给出的支付活动集合，业主必须选择另外的支付活动集合。若业主所有支付活动集合中没有能使承包商达到 V_{cont} 的安排，则此问题无解。

(6)业主在支付活动完成时的支付量取决于相应支付活动的值、其他支付活动，以及活动的前继活动的值和支付比例 v，在项目完成时的最后一次支付时，业主必须付清所有合同款项。

1.2.2 问题描述

本章在研究中采用基于活动(activity-based)的研究方法[6]，即项目网络采用 AoN(activity-on-node)方式表述，现金流与项目活动相联系，且均发生于项目的完成时刻。现假定有一项目网络 $G=(N, A)$，其中，N 为节点集合，表示活动并满足拓扑顺序；A 为箭线集合，表示活动之间的优先关系约束。活动 n $(n\in N)$具有离散的 Q_n 种执行模式，当采用执行模式 $q(q=1,2,\cdots,Q_n)$时的工期和费用分别为 d_{nq} 和 c_{nq}；活动 n 的挣值(earned value，即合同价值量)为 v_n。在项目的实施过程中，业主对承包商进行 $K(K\leqslant N)$次支付，除了最后一次支付必须安排在项目的结束活动上外，其余 $K-1$ 次支付可以由业主自由安排在除结束活动的任何其他活动上。当某活动 n 不是支付活动时，它的挣值 v_n 将传递给其紧后活动，紧后活动 $m((n,m)\in A)$ 接收到的挣值为 v_{nm}，所有紧后活动接收到的挣值之和等于 v_n（注意：活动 n 的紧前活动传递给它的挣值，将全部传递给活动 n 标号最小的紧后活动上）。由于活动编号满足拓扑结构，因此每个活动的挣值都会得到支付。业主仅在支付活动上对承包商进行支付，支付量 $p_k(k=1,2,\cdots,K)$ 等于该活动上的累积挣值与支付比例 θ 的乘积。当项目结束时，业主必须为承包商结清所有的合同款项。项目的截止日期为 D，现金流的折现率为 α。

对于该项目，首先从承包商角度来说，存在一个收益底线 V_{cont}。当业主给定支付活动后，承包商以自身项目净现值 NPV_{cont} 最大化为目标，选择各活动的执行模式并安排它们的完成时间。但是，如果在最优活动模式及完成时间安排下的 NPV_{cont} 都无法达到 V_{cont}，承包商可以拒绝业主的支付活动安排结果，并有权要求业主对支付活动重新进行安排；反之，如果 NPV_{cont} 达到或超过了 V_{cont}，则承包商接受业主的支付活动安排结果，并按照最大化 NPV_{cont} 的活动模式及完成时间安排实施项目。其次，从业主角度来说，在每个活动 n 完成时会有一个正现金流 b_n，在支付发生时又会发生一个负现金流 p_k，因此当项目完成时也会有一个净现值 NPV_{clie}，业主的目标就是通过支付活动的安排，对承包商选择活动的执行模式和完成时间施加影响，以最大化自身现金流的净现值 NPV_{clie}。

1.3　CPMPSP 优化模型构建

1.3.1　决策变量定义

通过上述的问题界定，我们已经明确了此问题中存在两个主体，分别为业主和承包商，业主的决策变量是支付活动集合，承包商的决策变量是项目活动的执行模式选择以及项目的进度安排；根据以上情况，分别定义如下三组决策变量：

$$x_{kn}=\begin{cases}1 & \text{第 } k \text{ 次支付安排在活动 } n \text{ 上} \\ 0 & \text{其他}\end{cases} \qquad k=1,2,\cdots,K;\quad n=1,2,\cdots,N$$

$$y_{nq}=\begin{cases}1 & \text{第 } n \text{ 个活动采用执行模式 } q \\ 0 & \text{其他}\end{cases} \qquad q=1,2,\cdots,Q_n;\quad n=1,2,\cdots,N$$

$$z_{nt}=\begin{cases}1 & \text{第 } n \text{ 个活动在 } t \text{ 时刻完成}\\ 0 & \text{其他}\end{cases}\quad t=1,2,\cdots,D;\quad n=1,2,\cdots,N$$

为了表述方便，进一步定义如下三个决策向量

$$X=\{n\,|\,x_{kn}=1;n=1,2,\cdots,N\};$$

$$Y=\{q\,|\,y_{nq}=1;n=1,2,\cdots,N\};$$

$$Z=\{t\,|\,z_{nt}=1;n=1,2,\cdots,N\};$$

分别称 X、Y 和 Z 为支付活动向量、活动模式向量和活动完成时间向量。其中，X 是由业主决定的，而 Y 和 Z 则由承包商决定。在上述定义的基础上，该问题可以界定为：寻求承包商的最优收益能达到其最低期望收益，并能使业主收益尽可能大的 X^* 、Y^* 和 Z^* 。这个界定包含以下 3 点内容。

(1)承包商和业主都是以寻求自身收益最大化为目标的。

(2)承包商存在最低期望收益，若承包商的最优收益达不到这个最低期望收益，则业主的支付安排 X^* 是不可行的。

(3)最终目标是追求业主收益最大化。

从上述对基于业主视角的多模式项目进度问题的界定可以看出，该问题实质上是业主问题包含一个承包商子问题构成的：

业主问题：从业主角度出发，在承包商收益底线 V_{cont} 的限制下，寻求最优的 X^*，以使得在对应该支付活动向量的承包商最优 Y^* 和 Z^* 安排下，业主能够获得最佳的项目收益。

承包商子问题：从承包商角度出发，在业主给定的 X 能够满足收益底线 V_{cont} 的前提下，寻求使自身项目收益最大化的 Y^* 和 Z^*，同时确保项目的完成时间不超过合同所规定的截止日期 D。

1.3.2 业主模型构建

鉴于上述事实，本章构造一个由包含承包商子模型的业主模型，构成的 CPMPSP 优化模型。通过前面的分析可以知道业主的目标是使自身的净现值收益最大化，而业主的净现金流入为活动完成后所获得的收益折现之和，净现金流出为在支付活动上对承包商的支付量折现之和。对于业主来说，限制条件为业主给定的支付活动集合能使承包商达到其最低期望收益，否则承包商会拒绝此次支付安排，从而使业主的支付集合安排没有意义。根据上面

的分析，本章给出业主问题的优化模型如下所示。

$$\text{Max } NPV_{clie} = \sum_{n=1}^{N}\left[b_n \sum_{t=E_n}^{L_n}(\exp(-\alpha t)z_{nt}^*(x_{kn}))\right] - \sum_{k=1}^{K}\left\{p_k \sum_{n=1}^{N}\left[x_{kn}\sum_{t=E_n}^{L_n}(\exp(-\alpha t)z_{nt}^*(x_{kn}))\right]\right\} \quad (1-1)$$

$$\text{s. t. } \sum_{n=1}^{N-1} x_{kn} = 1 \qquad k = 1,2,\cdots,K-1 \quad (1-2)$$

$$x_{kN} = 1 \quad (1-3)$$

$$NPV_{cont}^*(x_{kn}) \geq V_{cont} \quad (1-4)$$

$$x_{kn} \in \{0,1\} \quad (1-5)$$

上述业主模型目标要求为最大化业主项目净现值；约束条件式(1-2)将除最后一次支付外的其余支付，安排到除最后一个活动之外的某一活动上；式(1-3)确保最后一次支付 K 安排在项目的最后一个活动 N 上；式(1-4)保证对应于支付活动安排结果的承包商最优净现值，不低于其收益底线 V_{cont}；式(1-5)为决策变量的定义域约束。

由于业主对支付活动的优化是在承包商对活动模式及完成时间进行优化的基础上进行的，所以，当业主给出某一支付活动安排后，必须将相应的 X 代入到承包商子模型中，求解获得 $Y^*(X)$、$Z^*(X)$和 $NPV_{cont}^*(X)$之后，才能再返回到业主子模型中，求得业主的项目净现值。这正好反映出业主是通过调整支付对承包商项目调度安排施加影响来实现自己的目标的。从优化模型构建的角度来看，业主模型包含了承包商子模型的求解结果，且承包商子模型是内嵌在业主模型中的，二者共同构成了基于业主视角的多模式项目进度问题 CPMPSP。

1.3.3　承包商模型构建

承包商子问题是在业主给定支付集合的情况下求解使自己净现值收益最大的活动执行模式以及活动完成时间。承包商的净现金流入为业主的支付量折现之和，承包商的净现值流出为每个活动费用的折现之和。本章将 CPMPSP 优化模型中的承包商模型表述如下。

$$\text{Max } NPV_{cont} = \sum_{k=1}^{K}\left\{p_k \sum_{n=1}^{N}\left[x_{kn}\sum_{t=E_n}^{L_n}(\exp(-\alpha t)z_{nt})\right]\right\} - \sum_{n=1}^{N}\left\{\sum_{q=1}^{Q_n}\left[y_{nq}\, c_{nq}\sum_{t=E_n}^{L_n}(\exp(-\alpha t)z_{nt})\right]\right\} \quad (1-6)$$

s. t. $$\sum_{t=E_n}^{L_n} z_{nt} = 1 \quad n \in N \tag{1-7}$$

$$\sum_{q=1}^{Q_n} y_{nq} = 1 \quad n \in N \tag{1-8}$$

$$\sum_{t=E_n}^{L_n} (z_{nt} t) - \sum_{t=E_m}^{L_m} (z_{mt} t) \geqslant \sum_{q=1}^{Q_n} (d_{nq}\, y_{nq}) \quad (m,n) \in A \tag{1-9}$$

$$\sum_{t=E_n}^{L_n} (z_{Nt} t) \leqslant D \tag{1-10}$$

$$y_{nq}, z_{nt} \in \{0,1\} \tag{1-11}$$

其中，E_n和L_n分别为活动n的最早完成时间和最晚完成时间。上述优化模型目标要求为最大化承包商现金流的净现值；约束条件式(1-7)确保为每个活动安排的完成时间位于其相应的时间窗内；式(1-8)为每个活动选择一种执行模式；式(1-9)为网络优先关系约束，保证活动n完成时间与其紧前活动m完成时间的差值，不小于活动n的工期；式(1-10)使得项目的最后一个活动N的完成时间不超过项目的截止日期D；式(1-11)限制了决策变量的取值范围。

需要特别指出的是，由于支付活动集合是业主决定的，因此上述优化模型中的x_{kn}（即X）是已知的。也就是说，承包商对活动模式及完成时间的优化，是在业主给定支付活动的基础上进行的。所以，当业主对支付活动进行改变时，上述优化模型的求解结果y_{nq}^*（即Y^*）、z_{nt}^*（即Z^*）和NPV_{cont}^*也必然随之发生改变，这正反映了业主通过支付的调整对承包商项目调度的影响。鉴于上述原因，将承包商优化模型的求解结果表示为业主支付活动安排的函数，即$Y^*(X)$、$Z^*(X)$和$NPV_{cont}^*(X)$。

1.3.4 算例说明

下文将以算例来说明本章的研究内容。项目网络图见图1-1，图中优先弧上的数字为v_{nm}，业主在每个活动完成时的收益以及活动的执行模式见表1-1。

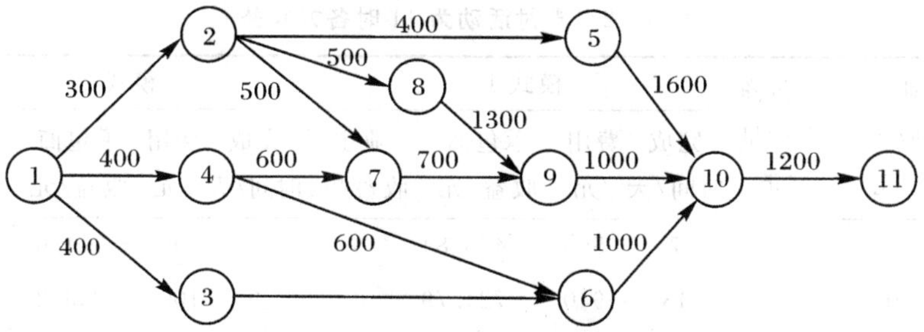

图 1-1　项目网络图

表 1-1　活动收益及模式

活动编号	业主收益	承包商挣值	活动模式			
			模式 1		模式 2	
			工期/天	费用/元	工期/天	费用/元
1	0	1100	7	560	4	590
2	0	1400	6	940	5	1000
3	0	900	8	400	7	500
4	0	1200	8	700	6	770
5	0	1600	9	1280	7	1400
6	0	1000	5	600	4	650
7	0	700	3	360	2	400
8	0	1300	8	670	7	700
9	0	1000	9	660	7	690
10	0	1200	12	830	10	890
11	16000	0	0	0	0	0

其中项目的支付比例 $v=0.9$，折现率 $\alpha=0.02$，项目的完成时间为 42 天。下面对业主的支付安排讨论三种情况。

1.3.4.1　支付次数为 1 次时

当支付活动为 1 次时，即业主选择只在最后一个活动完成时进行支付，支付量为承包商挣值之和：11400 元。承包商最优进度安排与双方收益见表 1-2。从中可以看到项目越早完成，业主收益就越大，承包商收益也就越大，在选择模式 2 时可以使承包商以较快的速度完成项目，以此来获得较大的净现值收益。

表 1-2 支付活动为 11 时各方收益

活动编号	业主收入/元	承包商支付量/元	模式 1				模式 2			
			完成时间/天	费用/元	承包商收益/元	业主收益/元	完成时间/天	费用/元	承包商收益/元	业主收益/元
1	0	0	7	560	-486.84	0	4	590	-544.64	0
2	0	0	13	940	-724.79	0	9	1000	-835.27	0
3	0	0	15	400	-296.33	0	19	500	-341.93	0
4	0	0	18	700	-488.37	0	14	770	-581.95	0
5	0	0	30	1280	-702.48	0	23	1400	-883.80	0
6	0	0	30	600	-329.29	0	23	650	-410.33	0
7	0	0	21	360	-236.54	0	16	400	-290.46	0
8	0	0	21	670	-440.22	0	16	700	-508.30	0
9	0	0	30	660	-362.22	0	23	690	-435.59	0
10	0	0	42	830	-358.32	0	33	890	-459.99	0
11	18000	11400	42	0	4921.50	2849.29	33	0	5892.11	3411.22
合计	18000	11400		7000	496.11	2849.29		7590	599.83	3411.22

1.3.4.2 支付次数为 4 次时

业主对承包商进行 4 次支付，且支付安排在活动 1、3、10、11 上时，承包商和业主的收益详细情况见表 1-3。

表 1-3 支付活动为 1、3、10、11 时各方收益

活动编号	业主收入/元	承包商支付量/元	模式 1				模式 2			
			完成时间/天	费用/元	承包商收益/元	业主收益/元	完成时间/天	费用/元	承包商收益/元	业主收益/元
1	0	990	7	560	373.82	-860.67	4	590	369.25	-913.89
2	0	0	13	940	-724.79	0	9	1000	-835.27	0
3	0	810	15	400	303.74	-600.06	19	500	211.99	-553.93
4	0	0	18	700	-488.37	0	14	770	-581.95	0
5	0	0	30	1280	-702.48	0	23	1400	-883.80	0
6	0	0	30	600	-329.29	0	23	650	-410.33	0

续表 1-3

活动编号	业主收入/元	承包商支付量/元	模式 1				模式 2			
			完成时间/天	费用/元	承包商收益/元	业主收益/元	完成时间/天	费用/元	承包商收益/元	业主收益/元
7	0	0	21	360	−236.54	0	16	400	−290.46	0
8	0	0	21	670	−440.22	0	16	700	−508.30	0
9	0	0	30	660	−362.22	0	23	690	−435.59	0
10	0	8460	42	830	3293.95	−3652.27	33	890	3912.57	−4372.56
11	18000	1140	42	0	492.15	7278.64	33	0	589.21	8714.11
合计	18000	11400		7000	1179.76	2165.64		7590	1137.31	2873.74

从表 1-3 中可以看出，业主在对承包商进行支付时，承包商会选择模式 1 实施项目，此时业主获得项目收益小于承包商采用模式 2 时业主的收益。但业主不能直接控制承包商的活动模式选择以及项目进度，因此在承包商追求自身利益最大化的情况下，业主只能获得 2165.64 元的收益。

1.3.4.3　支付次数为 5 次时

当业主把支付安排在活动 2、7、8、9、11 上时，承包商在各活动上获得的支付量以及各种模式下承包商和业主所获得的收益见表 1-4。

表 1-4　支付活动为 2、7、8、9、11 时各方收益

活动编号	业主收入/元	承包商支付量/元	模式 1				模式 2			
			完成时间/天	费用/元	承包商收益/元	业主收益/元	完成时间/天	费用/元	承包商收益/元	业主收益/元
1	0	0	7	560	−486.84	0	4	590	−544.64	0
2	0	1530	13	940	454.92	−1179.71	9	1000	442.69	−1277.96
3	0	0	15	400	−296.33	0	19	500	−341.93	0
4	0	0	18	700	−488.37	0	14	770	−581.95	0
5	0	0	30	1280	−702.48	0	23	1400	−883.80	0
6	0	0	30	600	−329.29	0	23	650	−410.33	0
7	0	1170	21	360	532.21	−768.75	16	400	559.13	−849.59
8	0	1170	21	670	328.52	−768.75	16	700	341.29	−849.59

续表 1-4

活动编号	业主收入/元	承包商支付量/元	模式 1				模式 2			
			完成时间/天	费用/元	承包商收益/元	业主收益/元	完成时间/天	费用/元	承包商收益/元	业主收益/元
9	0	900	30	660	131.71	−493.93	23	690	132.57	−568.16
10	0	0	42	830	2011.77	−2370.09	33	890	2377.52	−2837.51
11	18000	6630	42	0	492.15	7278.64	33	0	589.21	8714.11
合计	18000	11400		7000	1647.98	1697.42		7590	1679.76	2331.29

从表 1-4 中可以看到，在承包商采用模式 2 时，业主和承包商均能取得最好收益。因此只要业主和承包商追求自身利益的最大化，在此种支付活动安排下，项目肯定会以模式 2 的进度完成。

在上面三种情况中，支付次数不同，业主和承包商的收益也随之变化，可见在基于业主视角的多模式项目进度问题中业主和承包商的收益是冲突的，不可能使业主和承包商同时满意。

现在，考虑承包商有最低期望收益值的情况，若承包商的最低期望收益为 1000 元。此时，业主只能选择多次支付，当业主支付次数为 4 次时，从表 1-3中可以看到业主在模式 2 下取得最优收益为 2873.74 元，但承包商最优收益是在模式 1 下取得，此模式下业主收益为 2165.64 元。在支付次数为 5 次时，在模式 2 下承包商最优收益为 1679.76 元，此时业主也取得较大值。因此，在承包商的最低期望收益为 1000 元时，业主应选择支付次数为 5 次，承包商选择模式 2 进度实施项目，此时业主收益为 2331.29 元，承包商收益为 1679.76 元。

从上面的分析可以看到，业主通过支付活动的调节能影响承包商对活动模式的选择及进度的安排，使得业主能在保证承包商最低期望收益值的情况下获得较大的收益。在实际项目的执行过程中，业主可选的支付活动集合很多，承包商的进度安排也有很多种，因此业主如何选择一个支付活动集合，既能使承包商达到最优进度下的最低期望收益，又能使自身的收益最大化是一个很复杂的问题，也正是本章要解决的问题。

1.4　CPMPSP 遗传算法设计

CPMPSP 中的承包商子问题，本质上等同于离散/时间费用权衡问题中的工期子问题[7]，而后者已经被证明是一个强的 NP - hard 问题，因此，前者也必然是一个强 NP - hard 问题。由于业主问题的解决建立在承包商子问题求解结果的基础上，所以，也必然是强 NP - hard 问题。自然地，可以立即得到下述结论：基于业主视角的多模式项目进度问题为一强的 NP - hard 问题。因此本章设计了一个遗传算法求解 CPMPSP 模型。

1.4.1　CPMPSP 遗传算法总体思路

由本章构建的模型可以看出，业主和承包商是相互影响的，业主最终的收益不仅取决于对支付活动的选取，更重要的是取决于承包商对活动开始时间的安排。因此要求解业主模型，首先得求解承包商模型。求解基于业主视角的多模式项目进度问题优化模型的算法思路见图 1 - 2。

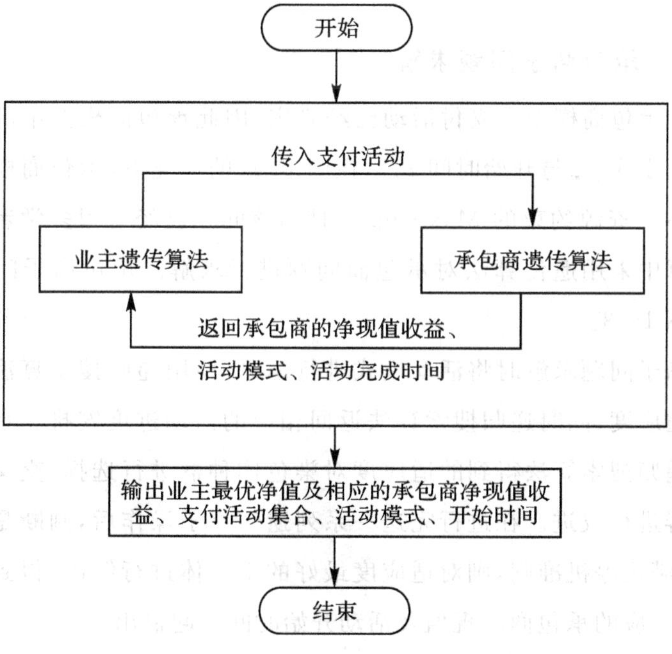

图 1 - 2　遗传算法总体思路

由于在 CPMPSP 优化模型中业主的决策变量是支付活动集合，承包商的决策变量是活动模式的选择以及项目活动进度的安排，这三个决策变量共同决定了业主和承包商的收益。因此，在计算过程中，需要业主先确定支付活动集合并将其传递给承包商，承包商使用遗传算法计算在支付活动集合限制下寻求使自身净现值收益最大化的活动模式以及活动完成时间。若此时承包商获得的收益小于最低期望收益值，则承包商将拒绝这个支付活动安排，此时业主的支付活动集合是不可行的，业主需要重新选择一个支付活动集合；若承包商获得的收益大于最低期望收益值，则承包商将计算结果返回给业主，业主根据承包商返回的活动完成时间就可以计算出相应的业主收益，之后业主判断此时的收益是否达到最大值。若没有达到，则业主根据遗传算法选择另一个支付活动集合，并将其传递给承包商遗传算法；若达到，则停止计算，输出满足承包商最低期望要求，业主净现值最优的计算结果，包括业主的最优净现值、相应的承包商收益、支付活动集合、活动模式以及活动开始时间。

1.4.2 承包商子问题求解

因为在承包商模型中支付活动已经确定，因此承包商模型中的决策变量只包含活动模式 y_{nq} 与开始时间 z_{nt}。在固定 y_{nq} 的情况下，承包商模型就变成了经典的不受资源约束的 Max - npv 问题，该问题已经有很多学者进行了研究。在本章中采用遗传算法对承包商问题进行求解。承包商子问题遗传算法流程见图 1 - 3。

承包商子问题求解时将活动模式进行编码，使用递归搜索算法对各条染色体计算适应度，同时递归搜索算法返回相应的活动进度安排。承包商遗传算法根据递归搜索算法得到的适应度对染色体种群进行选择、交叉、变异，对染色体种群进行改进。在进行完这一系列遗传算子操作后，判断是否达到停机准则；若满足停机准则，则对适应度最好的染色体进行解码，得到活动的执行模式，与相应的承包商净现值及活动开始时间一起输出。

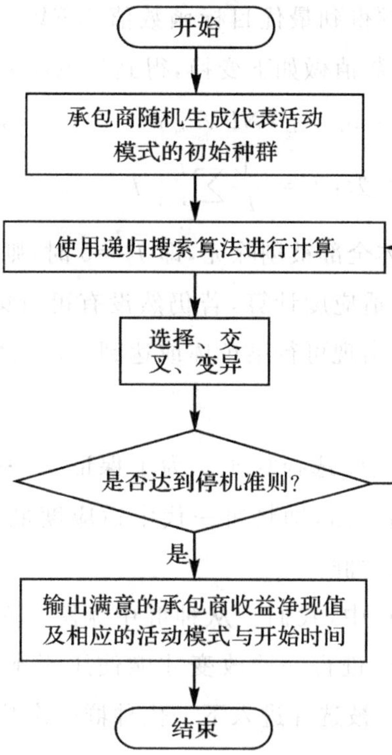

图 1-3　承包商问题求解流程

下面将使用遗传算法对承包商活动模式的选择进行求解。

1.4.2.1　编码及解码

本章采用直接对模式进行编码的方法，即采用如图 1-4 所示的数字方式进行编码，编码的长度为 N，编码中第 n 个位置上的数字 q_n（$1\leqslant q_n\leqslant Q_n$）即表示活动 n 采用 q_n 种执行模式。给定某一染色体编码，若在其所给定活动执行模式下的关键路径长不大于项目完成时间 D，则该染色体为一可行染色体；否则，该染色体不可行。这样编码使得染色体的长度很短，减小了算法后续交叉、变异算子的操作难度。

q_1	q_2	…	q_n	…	q_N

图 1-4　承包商子模型解的编码

1.4.2.2　适应度函数

适应度函数是指给定可行染色体 i 所确定的活动执行模式，利用混合递归搜索算法求解单模式问题得到最优目标函数值 NPV_{cont}^{i}，对包含有 I_2 条可行染色体的种群，对目标函数值做如下变换，得到染色体 i 的适应度 f_i：

$$f_i = NPV_{cont}^{i} - \min_{1\leqslant i\leqslant I_2}\{NPV_{cont}^{i}\} \qquad i = 1,2,\cdots,I_2$$

种群染色体平均适应度为：$F = \frac{1}{I_2}\sum_{i=1}^{I_2} f_i$ 。

若当前种群中的染色体全部被剔除完，即 $I_2=0$ 时，则重新随机生成 I 条染色体构成新种群，再进行适应度计算，若仍然没有可行染色体，则再重新生成新的种群进行计算，直到出现可行染色体或达到一定次数时停止。

1.4.2.3 选择算子

本章采用常用的确定式样选择算子。为了保证每一代的优良染色体不被破坏，采用最优个体保留策略，即将每一代中适应度最好的 I_1 个染色体保留下来，直接进入选择后的种群。

由于在适应度计算过程中，我们会从种群中剔除一些不可行的染色体，则需要对确定式样选择算子进行一些改变才能使用于本章的算法中。设原始种群规模为 I，则染色体 i 被选择进入下一代种群的次数期望值为 $e_i=(I-I_1)f_i/\sum_{i=1}^{I_2} f_i$ 。对第 i 条染色体选择 $\lfloor e_i \rfloor$ 次，再按照 $e_i-\lfloor e_i \rfloor$ 从大到小对染色体排序，依次取出 $I-I_1-\sum_{i=1}^{I}\lfloor e_i \rfloor$ 个染色体，得到含有 I 个染色体的新种群。

1.4.2.4 交叉算子

本文将适应度最好的 I_1 条染色体直接复制到交叉后的种群中，然后随机对原始种群中的染色体两两配对，配对之后随机产生一个[0,1]之间均匀分布的随机数 Ran_i，若 $Ran_i\leqslant BJ$（BJ 为交叉系数，$0\leqslant BJ\leqslant 1$），则在配对的染色体上分别随机地选择一个点进行交叉操作，由此生成两个新的染色体；否则配对的这两条染色体不进行交叉操作，之后随机选择 $I - I_1$ 条染色体进入交叉后的种群，与直接进入的 I_1 条染色体组成新的种群。

1.4.2.5 变异算子

对除适应度最好的 I_1 条染色体之外的其他染色体进行变异操作，对于染色体 i，随机地选定一个位置 n，再随机生成一个在[0,1]之间均匀分布的随机数 Ran_i，若 $Ran_i\leqslant BP$（BP 为变异系数，$0\leqslant BP\leqslant 1$），则将该位置所对应活动的活动模式随机改变为该活动的另一种模式；否则，该位置所对应活动的执行模式不变。

1.4.2.6　停机准则

停机准则有两个：①当遗传算法的代数达到给定值 Gen 时；②当连续5代的承包商收益值相同时。当连续5代的承包商收益值都相同时，说明此时的遗传算法已经达到稳定的状态，不可能再改进，因此可以停止。

1.4.3　业主问题求解

本节将使用遗传算法对业主模型，即 MPPSPCC 模型进行求解。

1.4.3.1　编码及解码

业主的决策变量为支付活动的选择变量 X，其为一个0－1变量，但若直接采用0－1编码对其编码，会产生以下两个问题：1)染色体长度过长，因为每次支付都要与 N 个活动联系，即染色体长度为 $K^{*} N$，这给后面的交叉、变异算子增加了计算难度；2)对于经过遗传算子处理后染色体的可行性不能保证，即当交叉或变异算子采用的不合适时，可能会使得交叉或变异后的染色体不可行，由此可能造成较优模式的丢失。因此在本章中对支付活动集合采用优先权编码的方式，这样就可以避免上述两个问题的出现，而且解码也较方便。采用图1－5所示的浮点数编码，编码的长度为$|N|$，其中每个位置上的数字均为[0,1]之间的实数，表示了对应活动被选为支付活动的优先权高低。由于项目结束时有一次支付，因此最后一个活动的优先权值设定为1，即最后一个活动必然为支付活动。

给定一条染色体，按照优先权高低从编码中选出 K 个位置，对应位置上的活动即为支付活动，由此得到 x_{kn}(即 X)；在 X 下调用承包商子模型求解算法，得到承包商最优目标函数值 $NPV^{*}_{cont}(X)$，若 $NPV^{*}_{cont}(X) \geqslant V_{cont}$，则该染色体为一条可行染色体；否则，该染色体不可行。

r_1	r_2	…	r_n	…	r_{N-1}	1

图1－5　业主子模型解的编码

1.4.3.2　初始种群的产生

假设种群规模为 I。每条染色体中除最后一个位置外，其他位置的活动优先权都是随机生成的[0,1]之间的实数，这样 I 条染色体构成初始种群。

1.4.3.3 适应度函数

给定可行染色体 i 所确定的支付活动（即 X^i），调用承包商子模型的遗传算法，计算得到 $Y^*(X^i)$、$Z^*(X^i)$和 $NPV^*_{cont}(X^i)$，若 $NPV^*_{cont}(X^i)>V_{cont}$，再计算 X^i、$Y^*(X^i)$和 $Z^*(X^i)$下的业主净现值 $NPV^*_{clie}(X^i)$；否则此染色体不可行，将此染色体从种群中剔除。对包含有 I_2 条可行染色体的种群，对目标函数值做如下变换，得到染色体 i 的适应度 f_i：

$$f_i = NPV^*_{clie}(X^i) - \min_{1\leqslant i\leqslant I_2}\{NPV^*_{clie}(X^i)\} \qquad i = 1,2,\cdots,I_2$$

若当前种群中的染色体全部被剔除完，即 $I_2=0$ 时，则重新随机生成 I 条染色体构成新种群，再进行适应度计算，若仍然没有可行染色体，则再重新生成新的种群进行计算，直到出现可行染色体或达到一定次数时停止。

1.4.3.4 选择算子

本章采用常用的确定式样选择算子。同时由于交叉、变异等算子的操作的随机性，可能使当前种群中适应度最好的染色体被破坏掉，从而影响算法的收敛性，因此为了保证每一代的优良染色体不被破坏，本章采用最优个体保留策略，即将每一代中适应度最好的 I_1 个染色体保留下来，直接进入选择后的种群。

设原始种群规模为 I，则染色体 i 被选择进入下一代种群的次数期望值为 $\lfloor e_i \rfloor=(I-I_1)f_i/\sum_{i=1}^{I_2} f_i$。对第 i 条染色体选择$\lfloor e_i \rfloor$次，再按照 $e_i-\lfloor e_i \rfloor$ 从大到小对染色体排序，依次取出 $I-I_1-\sum_{i=1}^{I}\lfloor e_i \rfloor$ 个染色体，得到含有 I 个染色体的新种群。

1.4.3.5 交叉算子

将适应度最好的 I_1 条染色体直接复制到交叉后的种群中。然后随机对原始种群中的染色体两两配对，配对之后随机产生一个[0,1]之间均匀分布的随机数 Ran_i，若 $Ran_i\leqslant BJ$（BJ 为交叉系数，$0\leqslant BJ\leqslant 1$），则在配对的染色体上分别随机地选择一个点进行交叉操作，由此生成两个新的染色体；否则配对的这两条染色体不进行交叉操作。之后随机选择 $I-I_1$ 条染色体进入交叉后的种群，与直接进入的 I_1 条染色体组成新的种群。

1.4.3.6 变异算子

对除适应度最好的 I_1 条染色体之外的其他染色体进行变异操作。对于

染色体 i，随机地选定一个位置 n，再随机生成一个在[0,1]之间均匀分布的随机数 Ran_i，若 $Ran_i \leqslant BP$（BP 为变异系数，$0 \leqslant BP \leqslant 1$），则将该位置所对应活动的优先权 r_{ni} 随机地改变为 $1 - r_{ni}$；否则，该位置所对应活动的优先权不变。

1.4.3.7　停机准则

停机准则有两个：①当遗传算法的代数达到给定值 Gen 时；②当连续 5 代的业主收益值相同时。当连续 5 代的业主收益值都相同时，说明此时的遗传算法已经达到稳定的状态，因此可以停止。

1.4.3.8　算法步骤

求解业主模型的遗传算法具体实现步骤如下。

步骤 1　初始化：输入迭代代数 Gen、种群规模 I、交叉系数 BJ、变异系数 BP。

步骤 2　随机生成一个初始种群 POP^0，对染色体解码后通过承包商的遗传算法计算其中各染色体的适应度，得到剔除不可行染色体后的种群，令当前代数 $NUM=0$。

步骤 3　通过选择算子由当前种群生成一个新种群，利用交叉算子对新种群中的染色地进行成对交叉操作，再使用变异算子对其中的每个染色体进行变异操作，最终得到一个新种群 POP^1。

步骤 4　计算 POP^1 中各可行染色体的适应度及种群可行染色体平均适应度 F^1，判断 F^1 是否连续 5 代保持不变，若是，转步骤 6；否则，转步骤 5。

步骤 5　$NUM=NUM+1$。判断 $NUM \geqslant Gen$ 是否成立，若是，转步骤 6；否则，转步骤 3。

步骤 6　从当前种群中选出适应度最高的染色体，输出该染色体所对应的活动执行模式、活动完成时间、支付活动集合及承包商和业主的净现值。

1.5　算法测试

1.5.1　测试指标

由于难以求得模型的最优解，因此，在本章的研究中主要使用算法复杂性和解的稳定性对算法进行测试[9]。算法的复杂性在本章中体现为平均计算时间。

1.5.1.1 平均计算时间 $\overline{CT}$

通过计算耗费的计算机中央处理器(CPU)的计算时间表现,评价算法的计算效率。本章使用平均计算时间 $\overline{CT}$ 来评价算法效率,即在 m 次运算中从开始运行到获得满意解的平均计算时间:

$$\overline{CT} = \frac{1}{m}\sum_{i=1}^{m} CT_i$$

其中,m 为运算次数。

1.5.1.2 解的稳定性 CV

通过对相同测试实例进行重复计算,比较输出结果差距来评价解的稳定性。本章对同一个测试实例使用遗传算法进行 m 次重复计算,以输出的满意解的标准差与其均值的百分比作为评价指标:

$$CV = \frac{\sqrt{\frac{1}{m-1}\sum_{i=1}^{m}(NPV_i - E(NPV))^2}}{E(NPV)} \times 100\%$$

其中的 $E(NPV) = \frac{1}{m}\sum_{i=1}^{m} NPV_i$ 为算法在 m 次运算中获得的满意解的均值。

1.5.2 算例生成与测试结果

为测试本章所设计的遗传算法,使用随机生成的算例对算法进行测试。利用 ProGen 生成项目网络[10],并随机生成每个活动相应的业主收益、承包商收益和活动模式。详细内容见表 1-5。

表 1-5 ProGen 算例生成相关参数

名称			范围	备注
活动数			10、20、30、40、50	每种活动个数 10 个算例
业主收益			承包商收益的 1～3 倍	
承包商收益			[100,1000]	
模式	模式 1	工期	[1,10]	
		费用	承包商收益的 0.7～1.1 倍	
	模式 2	工期	[11,20]	
		费用	承包商收益的 0.3～0.7 倍	

本章对设计的遗传算法采用 Borland 公司出品的 Jbuilder 2006 软件包(内含 jdk1.5)进行编程实现。在固定支付活动 $K=4$,折现率 $\alpha=0.01$,支付比例 $\theta=0.85$,承包商的净现值收益为合同总价的 5%时,分别对具有不同活动个数的项目进行计算,每种活动个数的项目网络算例为 10 个,每个算例计算 5 次。

1.5.2.1　平均计算时间测试结果

平均计算时间测试结果见表 1-6。

表 1-6　遗传算法平均计算时间测试结果

活动数(个)	$\overline{CT}$/ ms
10	29800
20	81186
30	196005
40	328880
50	504688

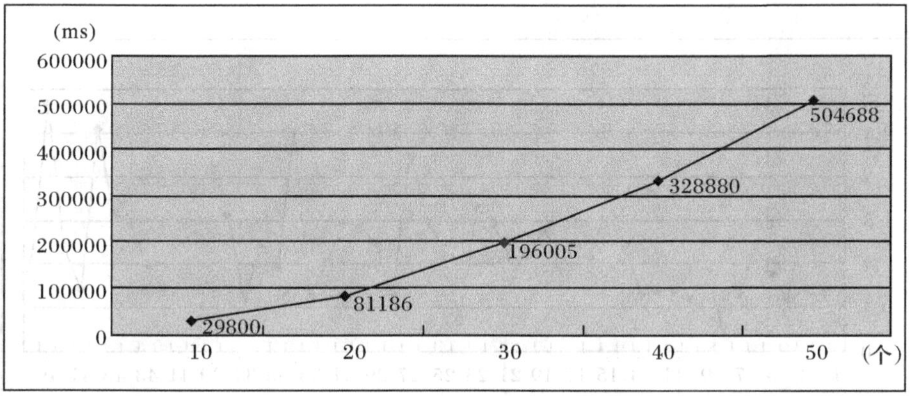

图 1-6　平均计算时间测试结果

从图 1-6 中可以看到,随着活动个数的增加,遗传算法的平均运算时间在不断增加,在具有 50 个活动的项目中,运算时间已经增加到 504688 毫秒。这主要是由于随着活动个数的增加,遗传算法中包含的递归搜索算法需要寻找的能使承包商净现值增大的活动集合更多造成的。

1.5.2.2　解的稳定性

算法稳定性的测试结果如表 1-7 所示。

表 1-7　稳定性测试结果汇总表

算例编号 \ 活动数	10	20	30	40	50
1	0.364069	0.672664	1.104783	1.481747	N/A
2	0.680705	0.703095	1.466868	0.996993	0.710367
3	1.549979	0.645594	1.669059	0.5957	1.025734
4	0.591271	1.215755	0.357665	2.512589	1.474511
5	0.876465	1.764727	1.214664	0.950323	1.57974
6	1.206924	1.070496	1.490035	1.199764	2.558065
7	0.678011	1.244162	2.267253	0.557701	0.70565
8	0.260776	1.167427	0.626569	1.581924	1.199899
9	0.928082	1.370518	1.232065	2.106633	2.833126
10	0.579836	1.075673	1.436025	1.861175	1.04788
均值	0.771612	1.093011	1.286499	1.384455	1.459441

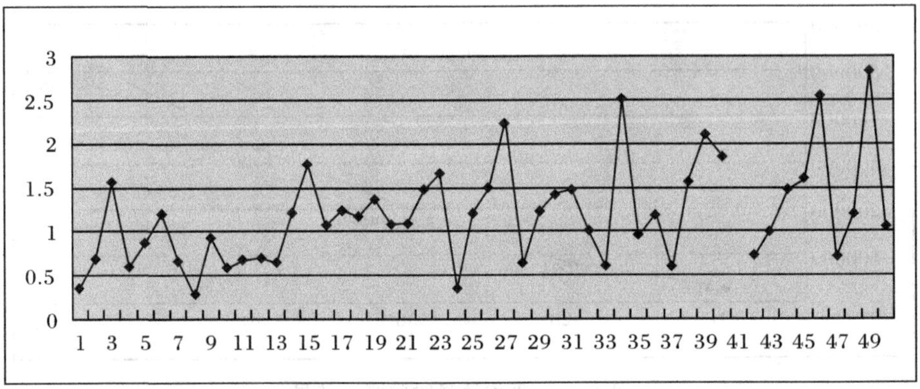

图 1-7　解的稳定性随活动个数变化示意图

从表 1-7 中可以看到解的稳定性随着活动个数的增加，波动越来越大。在 10 个活动时，解的变异系数最小为 0.26，最大为 1.54；但在 50 个活动时，解的变异系数最小为 0.71，最大为 2.6。这说明随着活动个数的增加，承包商遗传算法输出的解的质量不稳定，也就是说业主在做决策时的依据不稳定，这就导致业主的最终净现值收益波动比较大，因此最终的变异系数波动也就比较大了。

1.5.3　关键参数分析

对模型中涉及关键参数对模型输出结果的影响进行分析，包括支付次数 K，折现率 α，业主对承包商的支付比例 θ，以及承包商的收益底线 V_{cont}。下文将对这些参数逐一讨论分析。

1.5.3.1　支付次数 K

为讨论支付次数 K 对业主和承包商净现值收益的影响，此处将其他参数分别固定如下：折现率 $\alpha=0.01$，每次支付比例 $\theta=0.85$，承包商的收益底线 V_{cont} 为合同总价的 5%。对含有 10～50 个活动的项目，分别将 K 的取值定为 4、5、6 进行计算，得到业主和承包商的收益平均值如表 1-8 所示。

表 1-8　支付次数对收益的影响

支付次数	业主平均净现值收益	承包商平均净现值收益
4	14635	2543
5	14670	2800
6	14666	2838

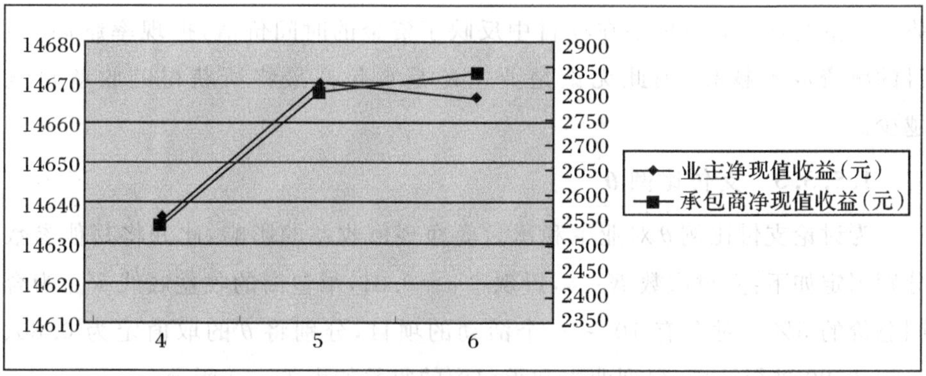

图 1-8　支付次数对收益的影响

从表 1-8 可以看到，当支付次数从 4 次增加到 5 次时，业主的平均净现值收益增加了 0.2%，承包商的平均净现值收益增加了 10.1%；当支付次数从 5 次增加到 6 次时，业主的平均净现值收益减小了 0.02%，承包商的平均净现值收益增加了 1.4%。从图 1-8 中可以看到总体上的变化趋势：随着支付活动个数的增加，承包商的净现值收益随之增加，但是对业主净现值的影响不确定。主要是因为支付次数的增加使得业主不得不将部分支付量提前，从而使承包商在保持活动进度不变的情况下能更早的获得支付，从而增加承包商的净现值收益。

1.5.3.2 折现率 α

为讨论折现率 α 对业主和承包商净现值收益的影响，此处将其他参数分别固定如下：支付次数 $K=4$，每次支付比例 $\theta=0.85$，承包商的收益底线 V_{cont} 为合同总价的 5%。对含有 10～50 个活动的项目，分别将 α 的取值定为 0.01、0.015、0.02 进行计算，得到业主和承包商的收益如表 1-9 所示。

表 1-9 折现率对收益的影响

折现率	业主平均净现值收益/元	承包商平均净现值收益/元
0.01	14635	2543
0.015	12827	1232
0.02	11062	855

从表 1-9 中可见，业主和承包商的收益都随着折现率的增加而呈下降趋势。这主要是因为折现率在项目中反映了资金的时间价值，折现率越高，项目的融资成本越高，因此无论是业主还是承包商最终所获得的收益也就越少。

1.5.3.3 支付比例 θ

为讨论支付比例 θ 对业主和承包商净现值收益的影响，此处将其他参数分别固定如下：支付次数 $K=4$，折现率 $\alpha=0.01$，承包商的收益底线 V_{cont} 为合同总价的 5%。对含有 10～50 个活动的项目，分别将 θ 的取值定为 0.80、0.85、0.90 进行计算，得到业主和承包商的收益如表 1-10 所示。

表 1-10 支付比例对承包商收益的影响

支付比例	业主平均净现值收益/元	承包商平均净现值收益/元
0.8	15034	2399
0.85	14635	2543
0.9	13998	2683

从图 1-9 中可以看到随着支付比例的增加，业主的净现值收益呈下降趋势，而承包商的净现值收益呈上升趋势。造成这样结果的原因是当支付比例增加时，会造成更多的支付量提前，这样业主的净现值支出就会增加，同时承包商的净现值收入也就增加了。因此从总体上来看，业主净现值收益随支付比例的增加呈上升趋势，承包商净现值收益随支付比例的增加呈下降趋势。

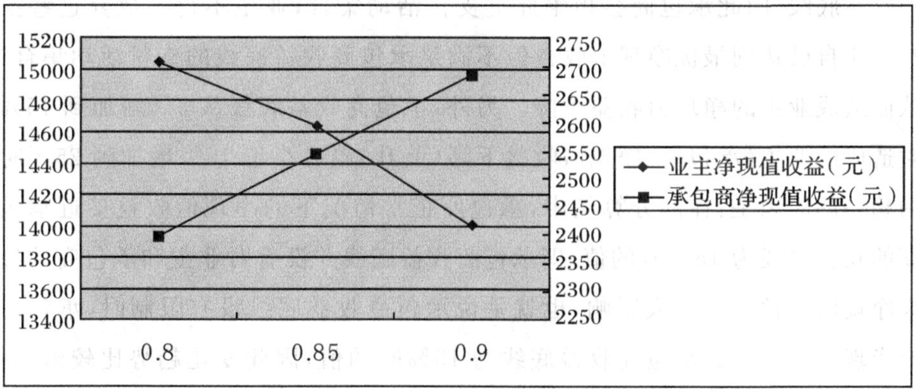

图 1-9　支付比例对收益的影响

1.5.3.4　承包商收益底线 V_{cont}

为讨论承包商收益底线 V_{cont} 对业主和承包商净现值收益的影响，此处将其他参数分别固定如下：支付次数 $K=4$，每次支付比例 $\theta=0.85$，折现率 $\alpha=0.01$。对含有 10～50 个活动的项目，分别将 V_{cont} 的取值定为合同总价的 5%、15%、25%进行计算，得到业主和承包商的收益如表 1-11 所示。

表 1-11　承包商收益底线对收益的影响

承包商收益底线	业主平均净现值收益/元	承包商平均净现值收益/元
5%	14635	2543
15%	14599	2609
25%	14332	2780

从图 1-10 中可以看到随着承包商收益底线的提高，业主的净现值收益是呈下降趋势的，承包商的净现值收益是上升的。当从 5%增加到 15%时，业主的净现值下降了 0.2%，承包商的净现值增加了 2.5%；当从 15%增加到 25%时，业主的净现值下降了 1.8%，承包商的净现值收益上升了 6.6%。业主净现值收益随承包商收益底线下降的原因是：当承包商收益底线提高时，业主能达到最高收益的支付活动集合使得承包商的最优净现值收益不能达到收益底线，因此承包商会拒绝此类支付活动集合，业主不得不放弃这些虽然能使自己达到最优净现值收益但不满足承包商收益底线的支付活动集合，从而造成业主的净现值收益下降。另外，承包商收益底线从 5%增加到 15%时造成的业主（承包商）净现值收益下降（上升）趋势小于 15%增加到 25%时的趋势的原因是：在部分算例中，承包商正常情况下的净现值收益接近承包商的收益底线为 15%时的值，即承包商收益底线并没有对业主和承包商的最终净现值收益产生很大影响，也就是说承包商收益底线没有限制时，承包商的净现值也能达到承包商收益底线为 15%时的值，因此变化趋势比较微弱；当承包商收益底线提高到 25%时，大部分算例正常情况下的承包商净现值收益达不到该水平，此时最终的承包商净现值收益肯定会提高，相应的业主净现值收益也就下降，由于大部分算例存在这样的情况，因此变化趋势比较明显。

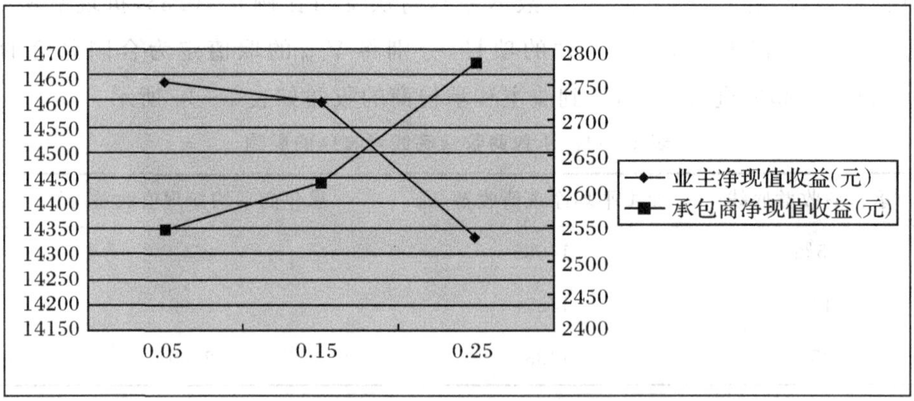

图 1-10　承包商收益底线对收益的影响

1.5.3.5　支付活动的分布情况

为统计业主选择的支付活动集合的分布情况，本章对 50 个支付次数 $K=4$ 的算例的计算结果中支付活动集合进行了统计，分别统计各种活动数下在支付活动集合中除最后一个活动外出现次数前 3 的活动编号（因为最后一个活动必然为支付活动，所以不用再统计），统计结果见表 1-12。

表 1-12　支付活动分布情况

活动个数	前一	前二	前三
10	9(90%)	1(64%)	8(58%)
20	1(32%)	18(30%)	19(28%)
30	1(32%)	29(28%)	28(24%)
40	35(18%)	1(16%)	38(16%)
50	1(20%)	49(16%)	46(16%)

通过表 1-12 可以发现业主选择的支付活动集合中项目的首位活动及末位活动相对来说所占比例较大，这说明业主是偏好于在项目开始或结束时进行支付的。其原因为业主选择在项目开始时支付，承包商能够迅速得到现金，方便项目的启动执行；业主选择项目结束时支付，由于支付量对于业主来说是负现金流，所以将负现金流推迟将减少业主的净现值支出，可以提高业主的收益。

通过大量算例的计算分析，得到以下模型参数与业主和承包商净现值收益的关系：承包商净现值收益与支付活动的个数呈正相关关系；业主和承包商净现值收益与折现率呈负相关关系；业主净现值收益与支付比例呈负相关关系，承包商净现值收益与支付比例呈正相关关系；业主净现值收益与承包商收益底线呈负相关关系，承包商净现值收益与承包商收益底线呈正相关关系；业主偏好于在项目开始或结束时进行支付。

1.6　实际案例分析

1.6.1　项目背景与数据提炼

本章的研究对象是南水北调中线一期工程中的 ZBH 暗渠施工工程。在此工程中项目甲方会采用计量支付的形式对项目乙方进行 4 次支付，每次支付时甲方扣留 5%的质量保证金，在项目结束时通过验收后将保证金付清。而项目甲方则会在此项目开始时和完成时获得国家财政预算和南水北调工程基金的拨款，在项目开始时会获得预付款 800 万元人民币，在项目结束时获得结算款 1400 万元人民币。

由于本工程是已完工项目，因此大部分数据能够比较精确的取得，在此只给出本章案例研究中所要用到的项目网络图以及各项活动各种执行模式下的工期与费用，以及应获得的计量支付值。项目网络图见图 1-11。项目网络图中乙方各活动的挣值及不同模型下的工程费用和工期清单见表1-13。项目的工期为 306 天，项目采用计量支付方式进行支付，一共进行了 4 次支付，支付比例为 95%，每次支付中剩余的 5%金额在项目完成时进行支付，项目的折现率为 0.003，乙方对此项目的期望收益为 150 万元人民币。

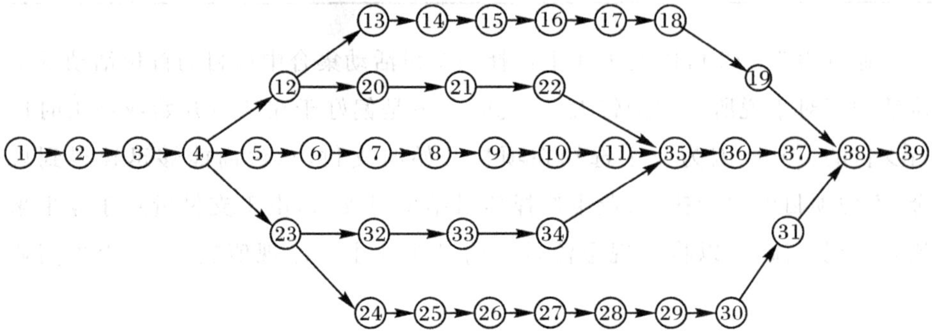

图 1-11 ZBH 暗渠工程项目网络图

表 1-13 乙方各活动工程费用清单

活动编号	活动名称	活动挣值/元	模式 1		模式 2	
			工期/天	费用/元	工期/天	费用/元
1	项目开始	0	0	0	0	0
2	施工准备	0	20	200698	16	239605
3	导流工程	54569	11	43368	9	45412
4	洞身开挖	1092799	30	715116	25	737274
5	4＃涵节	26223	20	18367	15	21904

续表 1-13

活动编号	活动名称	活动挣值/元	模式1		模式2	
			工期/天	费用/元	工期/天	费用/元
6	5#涵节	27972	20	15857	16	18766
7	3#涵节	25084	20	16908	18	17883
8	6#涵节	25191	20	14842	15	16990
9	2#涵节	20297	20	14907	17	17325
10	7#涵节	24943	20	13718	15	16719
11	1#涵节	39947	20	22190	16	26992
12	进口检修闸开挖	179150	10	112203	6	119862
13	进口底板浇注	410229	10	313033	8	337790
14	进口闸墩浇注	858815	15	647827	13	695864
15	进口闸槽预埋件安装	964052	20	668190	16	697800
16	进口闸门安装	72968	5	51443	4	53142
17	进口交通桥、检修桥现浇	131429	20	95796	17	102262
18	闸房、桥头堡施工	12638689	60	8997883	52	9053092
19	启闭机安装	149133	10	101735	8	110129
20	进口渐变段开挖	474319	20	339063	15	355329
21	进口渐变段底板浇注	326558	15	211488	13	220799
22	进口翼墙砼浇注	2126897	120	1425294	105	1509524
23	出口检修闸、库房开挖	153056	10	105806	7	125441
24	出口检修闸、库房底板浇注	324475	7	232278	6	233722
25	出口检修闸闸墩浇注	204194	20	151378	16	156978
26	出口库房闸墩浇注	202710	15	132394	12	138970
27	出口检修闸、库房闸槽预埋件安装	1065700	20	779593	14	807781
28	出口检修闸闸门安装	292839	20	179938	14	203470
29	出口检修闸工作桥、交通桥现浇	149710	20	112510	16	121383
30	出口检修闸闸房、库房施工	178701	60	124318	50	133071

续表 1－13

活动编号	活动名称	活动挣值/元	模式 1		模式 2	
			工期/天	费用/元	工期/天	费用/元
31	出口检修闸卷扬机安装	133441	10	81245	8	89933
32	出口渐变段开挖	571447	25	486772	16	514057
33	出口渐变段底板浇注	353691	15	241490	12	282111
34	出口翼墙砼浇注	1608668	135	1078083	110	1146662
35	回填	347220	30	263786	20	299002
36	附属工程	804895	20	642499	15	705547
37	导流拆除	32755	5	26924	4	28973
38	扫尾	0	5	37669	3	48848
39	项目结束	0	0	0	0	0

1.6.2 模型求解与实际对比分析

本节将根据工程的实际相关数据，应用本章建立的优化模型以及求解算法对此工程进行优化分析并与实际项目进展情况进行对比分析。

1.6.2.1 实际项目进度情况

在项目的实际进行过程中，每次的支付量及支付活动的完成时间如表 1－14 所示。

表 1－14 实际支付量及支付时间

支付活动编号	活动名称	支付量/元	完成时间/天
19	启闭机安装	14895198	211
31	出口检修闸、卷扬机安装	2842936	243
35	回填	6254225	276
39	项目结束	2100406	306

从表 1－14 中可以看到，实际支付发生在标志性活动完成时，对此标志性活动的前继活动进行支付。乙方在实际中所有的活动都采用模式 1 完成，项目的进度按照紧前关系进行。在此情况下甲方和乙方的收益如表 1－15 所示。

表 1-15　实际中甲方及乙方收益

甲方收益/元	乙方收益/元	项目完成时间/天	支付活动
738395	1705748	306	19、31、35、39

从表 1-15 中可以看到在实际中乙方采用模式 1 按照紧前关系安排项目活动可以获得的收益为 1705748 元，已经达到了乙方的最低期望收益 150 万元。同时这样的活动安排使得甲方的收益为 738395 元。但在支付活动为 19、31、35、39 时乙方这样的进度安排并不是最优的，对于乙方来说，在此支付活动下的最优进度安排如表 1-16 所示。

表 1-16　支付活动为 19、31、35、39 时乙方最优进度安排

甲方收益/元	乙方收益/元	活动编号	活动完成时间/天	活动模式
175909	2169955	1	0	1
		2	20	1
		3	29	2
		4	54	2
		5	95	1
		6	115	1
		7	135	1
		8	155	1
		9	175	1
		10	195	1
		11	215	1
		12	60	2
		13	70	1
		14	85	1
		15	101	2
		16	105	2
		17	122	2
		18	174	2
		19	182	2
		20	80	1

续表 1 - 16

甲方收益/元	乙方收益/元	活动编号	活动完成时间/天	活动模式
		21	95	1
		22	215	1
		23	64	1
		24	71	1
		25	87	2
		26	99	2
		27	119	1
		28	133	2
		29	149	2
		30	199	2
		31	207	2
		32	90	1
		33	105	1
		34	215	2
		35	235	2
		36	255	1
		37	259	2
		38	262	2
		39	262	1

从表 1 - 16 中可以看到乙方在甲方选择活动 19、31、35、39 进行支付时，项目在 262 天时完成是最优的，此时获得的净现值收益为 2169955 元，比乙方在实际中按照模式 1 采用紧前安排所获得净现值收益 1705748 元要高出 27.2%。此时甲方的净现值收益变为 175909 元，为实际情况的 23.8%。由此可见，在此支付活动安排下，若乙方采用对自己最优的模式及进度实施项目，对于甲方来说损失是很大的。因此，在实际中甲方把 19、31、35、39 作为支付活动是具有很大风险获得较低收益的。所以甲方在选择支付活动的时候一定要考虑乙方的反应，通过支付活动去影响乙方，使乙方安排的进度能让甲方获得较大的净现值收益。

1.6.2.2 理论与实际情况比较

根据上面建立的模型，应用本章所设计的遗传算法对该案例进行求解。求解的理论最优结果如表 1 - 17 所示。

表 1 - 17 理论最优支付活动选择及相应的进度安排

甲方收益/元	支付活动	乙方收益/元	活动编号	活动完成时间/天	活动模式
			1	0	1
			2	20	1
			3	31	1
			4	61	1
			5	106	1
			6	126	1
			7	146	1
			8	166	1
			9	186	1
			10	206	1
			11	226	1
			12	71	1
2324529	3、32、36、39	1717867	13	149	1
			14	164	1
			15	184	1
			16	188	2
			17	205	2
			18	257	2
			19	265	2
			20	91	1
			21	106	1
			22	226	1
			23	85	1
			24	122	1
			25	142	1

续表 1-17

甲方收益/元	支付活动	乙方收益/元	活动编号	活动完成时间/天	活动模式
			26	157	1
			27	177	1
			28	191	2
			29	207	2
			30	257	2
			31	265	2
			32	101	2
			33	116	1
			34	226	2
			35	246	2
			36	261	2
			37	265	2
			38	268	2
			39	268	1

从表 1-17 中可以看到，理论优化的结果是甲方把 4 次支付活动安排在活动 3、32、36、39 上，此时乙方为了追求自身的利益最大化，必然会按照表 1-17中的模式及进度实施项目，乙方在此种支付活动安排下可以获得的最优收益为 1717867 元，甲方在此种进度下的收益为 2324529 元。相比现实中的情况，乙方的收益值从 1705748 元上升到 1717867 元，但甲方的收益从 738395 元上升到 2324529 元。理论优化结果的 4 次支付分别发生在导流工程、出口渐变段开挖、附属工程、项目结束活动上，通过在这 4 个活动完成时进行支付，既使得乙方在追求自身的最优收益情况下获得较大收益，又能保证甲方在乙方的进度安排下获得较大的收益值。

1.6.2.3 关键参数影响分析

1. 支付次数

在实际情况中，甲方对乙方进行了 4 次支付，分别发生在第 19、31、35、39 个活动完成时。经过上面的讨论，可知此种支付方案对于甲方来说并不是 4

次支付时最优的支付方案，最优的支付方案是在活动 3、32、36、39 完成时进行支付。另外，分别计算支付次数为 1～6 次时甲方最优的收益净现值及相应的乙方最优净现值及项目活动进度。

表 1-18　不同支付次数下甲方和乙方的收益

支付次数	甲方收益/元	乙方收益/元	支付活动
1	2389682	1511389	39
2	2410643	1525983	37、39
3	2336859	1564211	3、37、39
4	2324529	1717867	3、32、36、39
5	2274352	1761780	3、9、11、32、39
6	2229544	1811815	3、7、10、32、37、39

从表 1-18 中可以看到，在本项目中，随着甲方对乙方支付次数的增加，乙方的收益呈上升趋势，甲方的收益基本呈下降趋势。这是因为活动进度及模式选择都是由乙方决定的，在甲方增加一次支付时，一部分支付量必然要提前，乙方即使保持原来的活动进度和模式不变，其净现值也会增加。因此支付次数的增加对乙方获得更大的净现值是有利的。而对于甲方来说支付次数的增加或减少所带来的影响则不那么确定。若甲方能通过增加支付使得乙方改变项目进度，并且增加的支付所带来的收益减少量小于项目进度改变所带来的收益增加量，则甲方的最终收益也是增加的。因此，甲方需要寻找一个合适的支付次数与支付活动集合来使得乙方在能够达到其最低期望收益的情况下，使自己的收益最大化。在此项目中，当支付活动从 1 次增加到 2 次时，甲方的收益是增加的，当支付次数继续增加时，甲方的收益呈下降趋势。因此甲方的最优收益在支付活动为 2 次时取得，即在活动 37、39 完成时进行两次支付。

2. 乙方最低期望收益

运用本章模型及算法，我们对乙方不同的最低期望值对甲方造成的影响进行计算分析。

表 1-19　乙方最低期望值对甲乙两方收益的影响

乙方最低期望收益/元	甲方收益/元	乙方收益/元	支付活动
1500000	2324529	1717867	3、32、36、39
2000000	2074378	2008084	5、33、35、39
2500000	1158282	2522868	4、14、27、39

从表 1-19 中可以看出乙方最低期望值对甲乙两方的最终收益影响很大，当乙方最低期望收益值上升时，甲方为了使乙方达到其最低期望收益值，不得不放弃部分自身收益，因此乙方最低期望收益值与甲方收益是成负相关关系的。从表 1-19 中的支付活动中可以看到，为了保证乙方能够达到最低期望收益，甲方不得不将更多支付量提前，以此使得乙方获得支付的净现值增加。这是乙方除了项目进度安排外影响甲方的另一个方法。但在此项目中，乙方并不能提出过高的最低期望收益值，因为在项目招标过程中，甲方是处于强势地位的。因此在实际中，乙方需要综合各方面因素提出一个合理的最低期望收益。

3. 折现率

将 ZBH 暗渠工程实际中的折现率 0.003 变为 0.0035、0.004、0.0045、0.005，分别计算对项目各主体收益的影响。

表 1-20　不同折现率下的项目收益

折现率	甲方收益/元	乙方收益/元	支付活动
0.003	2324529	1717867	3、32、36、39
0.0035	2694497	1501357	3、21、33、39
0.004	2566574	1528004	4、14、34、39
0.0045	1345982	1590831	4、18、21、39
0.005	N/A	N/A	N/A

从表 1-20 中可以看到，随着折现率的提高，甲方的收益呈下降趋势，乙方收益的变化趋势从图中看起来则不是很明显。实质上，在甲方保持支付活动不变的情况下，乙方的收益是随着折现率的上升而下降的，这个结论本章已在前面的关键参数分析中说明了，但因为乙方的收益受到最低期望收益的

限制，所以当乙方的收益下降到期望收益之下时，甲方就必须选择一种对自己来说较差但能令乙方收益达到最低收益的解。此时甲方通过调节支付活动满足乙方的需求，但降低了自身的收益，因此甲方的收益是随着折现率上升而下降的。当折现率上升到 0.005 时，无论甲方怎样调节支付活动，乙方都不能达到最低期望收益值，此时双方不能达成共识，谈判失败，问题无可行解。

通过对该工程项目进度的分析，可以得到如下结论：①当有 4 次支付时，甲方在活动 3、32、36、39 对乙方进行支付时，能在满足乙方要求的前提下获得较高的收益 2324529 元；②当支付次数没有限定时，甲方对乙方在活动 37、39 完成时进行支付可获得最大收益 2410643 元；③甲方和乙方应把折现率控制在 0.005 以内，否则双方将不能达成共识。通过对该案例的分析，我们可以看到甲方可以通过合理安排支付活动使得乙方按照甲方期望安排项目进度，以保证甲方在达到乙方要求的前提下获得最优项目收益。

1.7　结论

本章从业主的视角出发，利用运筹及优化的相关理论对多模式项目进度问题进行了研究。本章以业主在经济方面的追求为目标，构建了基于业主视角的多模式项目进度问题(CPMPSP)，建立了包含承包商子模型的业主模型作为基于业主视角的多模式项目进度问题的优化模型，并以算例说明在此模型中业主如何通过支付活动来影响承包商的模式选择以及项目进度来使业主获得较大收益。

本文对 CPMPSP 优化模型的解空间进行了分析，设计包含递归搜索的双环路遗传算法对此问题进行求解，并通过算例测试对本章模型进行参数分析，得到如下结论：①支付活动的个数与承包商净现值收益呈正相关关系；②折现率与业主和承包商净现值收益呈负相关关系；③支付比例与业主净现值收益呈负相关关系，与承包商净现值收益呈正相关关系；④承包商收益底线与业主净现值收益呈负相关关系，与承包商净现值收益呈正相关关系；⑤业主偏好于在项目开始或结束时进行支付。

本文通过对南水北调中线工程中的 ZBH 暗渠工程实际案例进行分析，运用本章模型及算法进行优化，并将理论结果和实际情况进行对比分析，说明甲方业主通过调整支付活动能使甲方业主和乙方承包商的收益同时增加。并分析了实际中各关键参数对项目收益的影响，提出如下建议：①当甲方和乙方商定有 4 次支付时，甲方应把支付定在活动 3、32、36、39 完成时，这样甲方就能在满足乙方要求的前提下获得较高的收益 2324529 元；②当支付次数没有限定时，甲方对乙方进行两次支付，并将活动 37、39 作为支付活动可在满足乙方要求的情况下获得最大收益 2410643 元；③甲方和乙方应把折现率控制在 0.005 以内，否则不论甲方如何调整支付活动，乙方都不能达到最低收益期望值，此时项目将难以继续下去。

第 2 章　基于承包商视角的具有资源约束的项目支付进度问题研究

2.1　问题背景

2.1.1　问题提出

在上一章中提到，项目支付问题的核心是支付进度(payment schedule)的设计，包括支付次数、支付量、支付时间及支付位置(即与支付相联系的里程碑活动)等的安排。在项目支付进度安排上，业主和承包商的偏好是不同的。现实中，支付进度一般是在项目招投标谈判时决定的。工程款的支付方式是工程合同谈判的永恒主题，也是工程建设实施过程中业主和承包商双方关注的焦点。如果在谈判之前能够获知在现有条件下对自己最优的支付进度，对于业主和承包商双方，尤其是对一般处于弱势地位的承包商来说具有较高的实用价值。

通过对理论文献的研究发现，不论是对项目支付问题做了奠基性工作的 Dayanand 和 Padman[11]，还是提出联合支付进度问题的 Ulusoy 与 Cebeli[12]，以及将单模式项目支付问题扩展到多模式项目支付问题的何正文[13]，许多作者研究的都是没有资源约束的项目支付问题，而实际中，项目的执行一般会存在某种资源约束，针对这一情况，本章提出具有资源约束条件的项目支付进度问题 RCPPSP (resource-constrained project payment scheduling problems)。将无资源约束条件下项目支付问题扩展到具有资源约束条件下，能使项目支付进度问题理论更深入一步且更贴近实际情况，因而更具理论价值。我们从承包商的视角对具有资源约束条件下的项目支付进度问题进行研究，在实际中能够为承包商在项目工期控制、招投标谈判等方面提供决策支持；在理论中可以将项目支付进度问题的研究向前推进一步。

2.1.2 实际背景

在现实中，项目收益是项目合同双方最为关心的问题。从承包商视角来看，其项目涉及的现金流分为流入和流出两部分。现金的流入仅限于业主的支付，由合同规定的支付模式（包括支付次数、支付量、支付时间）决定。在实际项目支付中，采用较多的支付模式有周期性时间支付、里程碑式支付[14]。对于周期性时间支付，支付量为该周期内完成活动的累积挣值乘以一个支付比例，支付次数可以简略通过项目规定的总工期除以周期时间计算得到；对于里程碑式支付，以每个里程碑活动的完成作为一次支付，支付量为该时期内完成活动的累积挣值乘以一个支付比例，支付次数由谈判指定的里程碑活动数决定。

项目的现金流出就是完成项目所需的各项费用，包括直接费用和间接费用。直接费用指完成各项活动的资源费用之和，包括人力费用、设备费用和材料费用等，间接费用指项目管理费用。一般来说，活动的直接费用与活动工期负相关，即费用小的执行模式对应较长的活动工期，活动工期短的执行模式对应较高的费用。项目的现金流出由其活动进度模式（包括活动执行模式及活动执行时间）决定。

从上面的分析可知，承包商项目收益净现值 NPV 等于其现金流入的折现值减去其现金流出的折现值。承包商关心的项目收益问题具体到实际就是使自己获得的净现值最大化，即：如何安排支付模式和活动进度模式以最大化其 NPV 收益。因此，本章基于承包商视角的优化研究可以作为承包商项目招投标谈判时的决策工具，根据现有条件为承包商设计合理的支付模式和进度安排模式，使承包商在谈判时掌握更多的有利信息，明晰在各种情况下对自己有利的支付进度，在谈判过程中影响业主决策，得到有利于承包商自己的支付进度，为承包商带来最大化的净现值收益，具有重要的经济现实意义。

2.2 具有资源约束的项目支付进度问题界定

2.2.1 假设条件

通过上述研究背景的分析，针对此研究问题，本文提出假设条件如下。

(1)项目活动优先关系是已知的，项目活动的工期、费用、对某种资源的需求量与活动模式有关，是确定已知的，每种资源的可用量是确定已知的。

(2)项目活动的费用发生在活动开始时刻。

(3)项目活动的挣值是确定已知的，发生在活动完成时刻。业主基于项目的进展程度按一定比例确定每次支付的支付量。

(4)支付次数在项目开始之前由合同双方确定。

2.2.2　问题描述

本文采用基于活动的研究方法，即项目网络采用 AoN(activity-on-node)表示方式，节点代表活动，现金流与活动相联系。假定某项目有 n 个活动；合同确定业主对承包商进行 K 次支付；资源有 Q 种；单位时期资源 $q(0<q<Q)$的可用量为 R_q^ρ；活动 $n(n=1,2,\cdots,N)$具有离散的 M 种执行模式；活动 n 以模式 $m(m=1,2,\cdots,M)$执行时，工期、费用和单位时期资源使用量分别为 d_{nm}、c_{nm}、r_{nqm}^ρ；活动 n 完成时的挣值为 B_n；折现率为 α；合同总价款为 U；项目完成时间为 D。

令 x_{kn} $(k=1,2,\cdots,K)$为第 k 次支付与活动 n 相联系的 0-1 变量

$$x_{kn}=\begin{cases}1 & \text{第 } k \text{ 次支付在活动 } n \text{ 发生时进行}\\ 0 & \text{其他}\end{cases}$$

令 y_{nm} 为活动 n 采取执行模式 m 的 0-1 变量

$$y_{nm}=\begin{cases}1 & \text{活动 } n \text{ 采用执行模式 } m\\ 0 & \text{其他}\end{cases}$$

P_k 为第 k 次的支付量，s_n 为活动 n 的开始时间，f_n 为活动 n 的完成时间。本章主要从承包商视角对具有可更新资源约束条件下的项目支付问题进行研究。根据这点，我们对 RCPPSP 的求解要求就是确定使承包商项目收益最大化的支付进度 Π^*：

$$\Pi^*=\{\Omega^*,\Gamma^*,\Psi^*\}$$

其中，$\Omega^*=\{n:x_{kn}=1,k=1,2,\cdots,K\}$ 为支付活动集合；$\Gamma^*=(I^*,O^*)$ 表示活动进度，$I^*=\{m:y_{nm}=1,n=1,2,\cdots,N\}$ 为活动执行模式集合，$O^*=\{s_n,n=1,2,\cdots,N\}$ 为活动的开始时间集合；$\Psi^*=\{P_k,k=1,2,\cdots,K\}$ 为支付量集合。

2.3 优化模型构建

2.3.1 决策变量定义

从上文的问题描述中我们可知，对 RCPPSP 的求解目标是确定使承包商项目收益最大化的支付进度 $\Pi^* = \{\Omega^*, \Gamma^*, \Psi^*\}$ 。

对于该问题，当活动支付确定，即 Ω^* 确定，活动进度 $\Gamma^* = (I^*, O^*)$ 确定即活动执行模式集合 I^* 和活动的开始时间集合 O^* 确定时，支付量集合即 Ψ^* 也随之确定，而其中活动的开始时间集合依赖于活动执行模式集合。

因此，在求解过程中需要首先确定支付活动集合，再确定活动执行模式，然后确定既定活动执行模式下的活动开始时间集合，最后根据支付活动集合和活动进度确定支付量集合。因此，决策变量为：支付活动变量 x_{kn} ，活动执行模式变量 y_{nm} ，活动执行的开始时间 s_n 及活动执行的完成时间 f_n 。

2.3.2 优化模型构建

引入资源约束条件，建立基于承包商视角的项目支付进度优化模型如下。

$$\text{Max} \quad NPV_{cont} = \sum_{k=1}^{K} P_k \sum_{n=1}^{N} x_{kn} \exp(-\alpha f_n) - \sum_{n=1}^{N} \sum_{m=1}^{M} c_{nm} \exp(-\alpha s_n)\, y_{nm} \tag{2-1}$$

$$\text{s.t.} \quad \sum_{n=1}^{N-1} x_{kn} = 1 \quad k = 1,2,\cdots,K-1 \quad n = 1,2,\cdots,N-1 \tag{2-2}$$

$$x_{KN} = 1 \tag{2-3}$$

$$\sum_{k=1}^{K} x_{kn} \leqslant 1 \qquad n = 1,2,\cdots,N \tag{2-4}$$

$$P_k = \theta \sum_{n \in A_k} B_n \qquad k = 1,2,\cdots,K-1 \tag{2-5}$$

$$P_K \leqslant U - \sum_{k=1}^{K-1} P_k \tag{2-6}$$

$$\sum_{m=1}^{M} y_{nm} = 1 \qquad n = 1,2,\cdots,N \tag{2-7}$$

$$f_j - f_n \geqslant \sum_{m=1}^{M} d_{nm}\, y_{nm} \qquad \forall (n,j) \in H \tag{2-8}$$

$$\sum_{n \in V_t} \sum_{m=1}^{M} r_{nqm}^{\rho}\, y_{nm} \leqslant R_q^{\rho} \qquad \forall q,t \tag{2-9}$$

$$x_{kn} \in \{0,1\} \quad k=1,2,\cdots,K \quad n=1,2,\cdots,N \tag{2-10}$$

$$y_{nm} \in \{0,1\} \quad m=1,2,\cdots,M \quad n=1,2,\cdots,N \tag{2-11}$$

$$s_n \in N^+ \quad n=1,2,\cdots,N \tag{2-12}$$

$$f_n \in N^+ \quad n=1,2,\cdots,N \tag{2-13}$$

上述优化模型为一个非线性混合整数规划模型。目标函数式式(2-1)表示最大化承包商净现值;约束式(2-2)表示第k次支付与某一活动相联系;约束式(2-3)表示最后一次支付活动即第K次支付发生在最后一个活动n上;约束式(2-4)表示每个活动上最多只能安排一次支付;约束式(2-5)表示第k次支付量的约束;约束式(2-6)表示最后一次支付即第K次支付量的约束;约束式(2-7)表示每个活动对应的活动执行模式;约束式(2-8)表示优先关系约束;约束式(2-9)表示资源约束条件;约束式(2-10)至约束式(2-13)为决策标量的定义域约束。

2.4 双环遗传算法设计

2.4.1 算法总体流程

资源约束 Max-npv 问题已经被 Herroelen 等证明是一个 NP-hard 问题[15],而 RCPPSP 可以看作是基于资源约束 Max-npv 问题增加了支付变量、活动执行模式变量扩展而来,RCMPPSP 也是一个 NP-hard 问题。对于该类问题的求解,主要的求解算法可以分为精确算法和启发式算法两类。精确算法实现难度大且只能求解较小规模的问题,对大规模问题无能为力,所以设计启发式算法来求解该问题。在启发式算法中,遗传算法在项目进度问题研究领域的应用相当广泛,且从求解效果来看,该算法已经被证明了是一种求解项目进度问题的优良算法。

基于以上考虑,本章设计了 DLGA(double-loop genetic algorithm)来求解 RCPPSP。DLGA 分为内、外两个回路,外层回路用于满意支付活动的求解,内层回路求解给定支付活动下的满意活动模式和活动进度安排,我们可以把内层回路看作为一个以最大化承包商净现值收益为目标的资源约束项目进度问题(RCPSP),外层回路与内层回路交互进行循环,最后达到一个满意解,算法流程图见图 2-1。

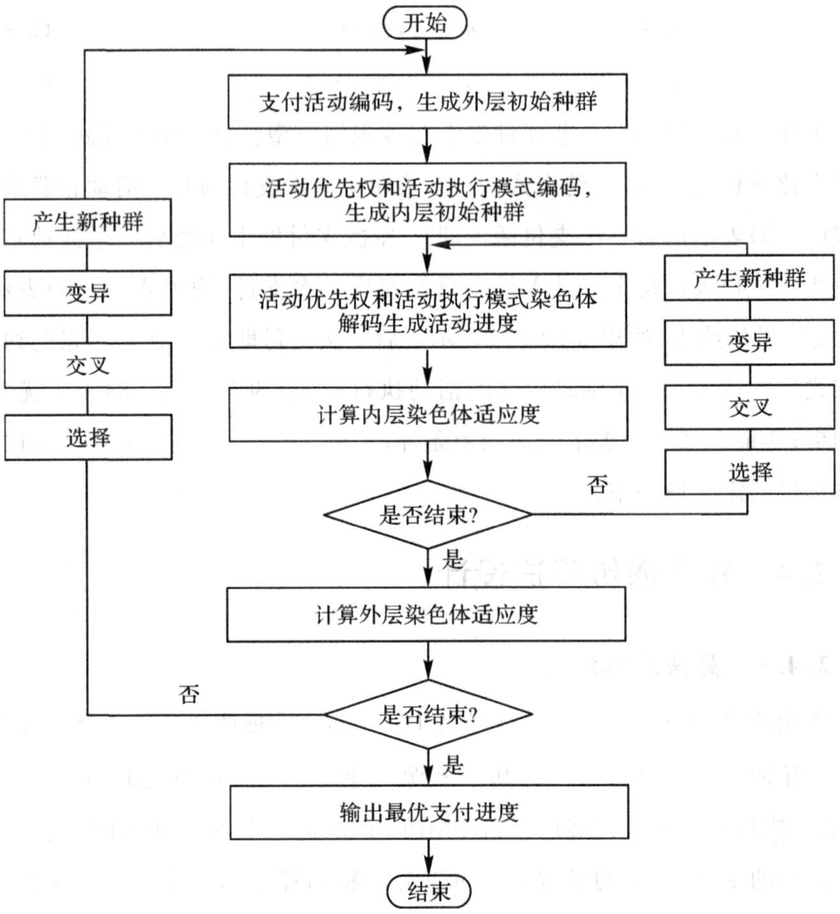

图 2-1 算法流程图

2.4.2 外层算法设计

2.4.2.1 编码方案

本文采用给活动设定支付优先权的编码,因为最后一个活动 N 一定为支付活动,不需要对其进行选择,所以设定染色体长度为活动数目 $N-1$,活动编号按 1 至 $N-1$ 的顺序与染色体上的位置一一对应,活动 n(表示中间的任意数)在染色体上对应位置的数值即为活动的支付优先权。

2.4.2.2　初始种群的产生

利用程序产生随机数的方法，按活动编号顺序为每个活动 n 随机产生一整数作为其支付优先权，从而构成一条长度为 $N-1$ 的染色体。按照该方法生成指定数目的个体构成初始种群。

2.4.2.3　解码方案

对于合同规定需要进行 K 次支付的项目来说，由于活动 N 一定为支付活动，所以只需在前 $N-1$ 的活动中选取 $K-1$ 个活动作为支付活动，对应的染色体解码方案为选择染色体中支付优先权最大的 $K-1$ 个活动作为支付活动，加上最后一次支付总共构成 K 次支付。

2.4.2.4　适应值函数

选择该染色体对应支付模式下内层最优个体计算承包商净现值收益 NPV_{cont} 作为该染色体适应度值进行选择。

2.4.2.5　选择算子

采用常用的比例选择策略，其基本原理是根据染色体的适应度值来确定个体选择概率，各个体被选中的概率与其适应度值的大小成正比。记种群规模为 PopSize，个体 I_n 的适应度值为 $f(I_n)$，则 I_n 复制的概率 $p(f_n)$ 为

$$p(f_n)=f(I_n)/\sum_{j=1}^{PopSize} f(I_n)$$

2.4.2.6　交叉算子

采用单点交叉算子来完成交叉操作。记参与交叉的两个父代个体为 $A=(p_1^A,p_2^A,\cdots,p_{N-1}^A)$ 和 $B=(p_1^B,p_2^B,\cdots,p_{N-1}^B)$，随机产生一个整数 $r(1<r<N-1)$ 作为交叉标记点，A 和 B 在 r 点进行交叉产生两个子代个体 A' 和 B'，则子代 A' 前 r 个支付优先权继承于 A，即 $p_n^{A'}=p_n^{A}, n=1,2,\cdots,r$，后 $N-r-1$ 个支付优先权继承于 B，即 $p_n^{A'}=p_n^{B}, n=r+1,r+2,\cdots,N-1$；类似的子代 B' 前 r 个支付优先权继承于 B，后 $N-r-1$ 个支付优先权继承于 A，即

$$p_n^{B'}=\begin{cases}p_n^B, n=1,2,\cdots,r\\ p_n^A, n=r+1,r+2,\cdots,N-1\end{cases}$$

2.4.2.7 变异算子

变异算子的操作过程是对染色体 $A=(p_1,p_2,\cdots,p_{N-1})$，随机产生一个整数 $r(1<r<N)$作为变异标记点，依变异概率 p_m 对该位置优先权 p_r 进行变异，具体操作为随机生成区间[0,1]之间的实数 w，与变异概率 p_m 进行比较，如果 $p_m<w$ 则对 r 位置优先权不做变化，如果 $p_m\geqslant w$ 则用能产生的最大随机数减去该位置现在的优先权作为变异后该位置的优先权，即进行变异操作后该位置的支付优先权 $p_r{}'$ 为

$$p_r{}'=\begin{cases}p_r,p_m<w\\ rand_{max}-p_r,p_m\geqslant w\end{cases}$$

2.4.3 内层算法设计

2.4.3.1 编码方案

由于活动之间存在着优先关系，任意的排序可能产生不可行的进行次序，所以本文对活动的编码采用的是一种基于优先权的编码方案来解决该问题。

定义 2.1 设有工作链表 $L=(j_1,j_2,\cdots,j_J)$，如果工作 L 中各工作的排列顺序满足紧前关系约束，即如果 $n\in P_j$，那么工作 n 在 L 中的位置处于工作 j 的前面，则称 L 为紧前关系相容链表。

在内层算法中采用二维编码方法来表示内层资源约束项目进度问题(MRCPSP)的解，该编码方式如下：

$$\begin{Bmatrix}p_1,p_2,\cdots,p_n,\cdots,p_N\\ m_1,m_2,\cdots,m_n,\cdots,m_N\end{Bmatrix}$$

其中，染色体由活动优先权和活动执行模式两行构成的二维结构组成：第一行中 p_n 的值表示该活动 n 的优先权，是区间[0,32767]之间的一个整数，数值越大表示活动优先权越高；第二行中 m_n 是区间[0,$M-1$]之间的一个整数，表示活动 n 的活动执行模式。

采用基于优先权的编码方法可以表示给定项目的所有可能紧前关系相容链表，并且任何染色体总是对应着一个紧前关系相容链表。

2.4.3.2 初始种群的产生

利用程序产生随机数的方法，按活动编号顺序为每个活动 n 随机产生区

间 [0,32767] 之间的一个整数作为其活动优先权，对应的随机产生区间 $[0,M-1]$ 之间的一个整数，表示活动 n 的活动执行模式，从而构成一条长度为 N 的二维结构的染色体，并按照该方法生成指定数目的个体构成初始种群。

2.4.3.3　解码方案

由于编码的时候就是对活动执行模式直接编码即活动 i 的活动执行模式就是对应该染色体上的 m_n，不需解码就可以直接使用，所以这里的解码只需对活动优先权解码，解码过程分为两步：

第一步为：根据染色体所表达的活动优先权生成紧前关系相容链表。

该过程按照从左到右依次确定一项活动在紧前相容链表中的位置进行。每一次循环过程中的所有活动均处于下列三种状态之一：

①已排序活动。已经放入紧前关系相容链表中的活动；

②合格活动。紧前活动都是已排序活动的活动；

③自由活动。所有其他活动。

令 $V^j=[n_1,n_2,\cdots,n_j](j\leqslant N)$ 表示包含 j 个活动的部分紧前关系相容链表；S 为合格活动集合。生成紧前关系相容链表过程步骤如下：

① $n_1\leftarrow 1$，$j_1\leftarrow 1$，转入③。

②当 $j\leqslant N$ 时，转入③；否则，转入⑤。

③检查所有未排序活动，将紧前活动全部位于 V^j 中的活动放入合格活动集合 S，转入④。

④将合格活动集合 S 中具有最高优先权的活动放入部分紧前关系相容链表 V^j 的 n_j 之后形成新的部分紧前关系相容链表 V^{j+1}，转入②。

⑤返回完整的紧前关系相容链表，结束。

第二步为：根据紧前关系相容链表 V、优先关系集合 H 和活动执行模式集合 $M=[m_1,m_2,\cdots,m_n,\cdots,m_N]$ 生成活动进度可行方案。

令 $s_n=(s_{n_1},s_{n_2},\cdots,s_{n_j})$ 表示第一步中生成的紧前关系相容链表中相应活动的开始时间，则生成活动进度可行方案具体的过程步骤为：

① $s_{n_1}\leftarrow 0,j\leftarrow 2$，转入②。

②当 $j\leqslant N$ 时，转入③；否则，转入⑥。

③ $s_{n_j} = max(s_j + d_{jm}),((j,n) \in H)$,转入④。

④判断活动 i_j 按其执行模式进行期间是否存在资源冲突,如果存在资源冲突转入⑤;否则的话 $j \leftarrow j+1$,转入②。

⑤ $s_{n_j} \leftarrow s_{n_j} + 1$,转入⑥。

⑥返回活动开始时间,结束。

2.4.3.4 适应值函数

根据外层解码的支付活动安排和内层解码的活动安排,我们计算承包商净现值收益 NPV_{cont} ,并把它作为适应度值。

2.4.3.5 选择算子

采用和外层一样的常用的比例选择策略,其基本原理是根据染色体的适应度值来确定个体选择概率,各个体被选中的概率与其适应度值的大小成正比。记种群规模为 $PopSize$,个体 I_n 的适应度值为 $f(I_n)$,则 I_n 复制的概率 $p(f_n)$ 为

$$p(f_n) = f(I_n) / \sum_{j=1}^{PopSize} f(I_n)$$

2.4.3.6 交叉算子

采用单点交叉算子来完成交叉操作。记参与交叉的两个父代个体为 $A=\begin{Bmatrix} p_1^A, p_2^A, \cdots, p_n^A, \cdots, p_N^A \\ m_1^A, m_2^A, \cdots, m_n^A, \cdots, m_N^A \end{Bmatrix}$ 和 $B=\begin{Bmatrix} p_1^B, p_2^B, \cdots, p_n^B, \cdots, p_N^B \\ m_1^B, m_2^B, \cdots, m_n^B, \cdots, m_N^B \end{Bmatrix}$,随机产生一个整数 $r(1<r<N)$ 作为交叉标记点,A 和 B 在 r 点进行交叉产生两个子代个体 A' 和 B' ,则子代 A' 前 r 个支付优先权和执行模式继承于 A,即 $p_n^{A'} = p_n^A, m_n^{A'} = m_n^A, n = 1,2,\cdots,r$,后 $(N-r)$ 个支付优先权继承于 B,即 $p_n^{A'} = p_n^B, m_n^{A'} = m_n^B, n = r+1, r+2,\cdots,N$;类似的子代 B' 前 r 个支付优先权继承于 B,后 $(N-r)$ 支付优先权继承于 A,即

$$p_n^{B'} = \begin{cases} p_n^B, n = 1,2,\cdots,r \\ p_n^A, n = r+1, r+2,\cdots,N \end{cases}, \quad m_n^{B'} = \begin{cases} m_n^B, n = 1,2,\cdots,r \\ m_n^A, n = r+1, r+2,\cdots,N \end{cases}$$

2.4.3.7 变异算子

变异算子的操作过程是对染色体 $A=\begin{Bmatrix} p_1, p_2, \cdots, p_n, \cdots, p_N \\ m_1, m_2, \cdots, m_n, \cdots, m_N \end{Bmatrix}$,随机

产生一个整数 $r(1<r<N)$ 作为变异标记点，依变异概率 p_m 对该位置优先权 p_r 和执行模式 m_r 进行变异，具体操作为随机生成区间 [0,1] 之间的实数 w，与变异概率 p_m 进行比较，如果 $p_m<w$ 则对 r 位置优先权不做变化，如果 $p_m \geqslant w$ 则用能产生的最大随机数减去该位置现在的优先权作为变异后该位置的优先权，即进行变异操作后该位置的支付优先权 p'_r 为

$$p'_r=\begin{cases} p_r,p_m<w \\ rand\_max-p_r,p_m \geqslant w \end{cases}$$

类似的，执行模式变异操作时，如果 $p_m<w$ 则对 r 位置活动执行模式值不做变化，如果 $p_m \geqslant w$ 则用活动模式种数 M 减去该位置现在的执行模式值作为变异后该位置的执行模式值，即：

$$m'_r=\begin{cases} m_r,p_m<w \\ M-m_r,p_m \geqslant w \end{cases}$$

对于上面的算法设计，由于选择、交叉和变异等遗传操作的随机性，不能保证算法收敛于最优解，为了保证每一代的优良个体不被破坏，我们采用改进的遗传算法，即算法总是从上一代中选择一定数量的优秀个体直接进入下一代，这样就可以保证最优个体的编码不被破坏，使算法收敛于最优解。

2.5　DLGA 测试及性能分析

2.5.1　算法测试总体方案

本节对于算法的测试分为算法测试及性能分析两个部分：

2.5.1.1　算法测试

该部分通过 30 个测试问题对算法求解效果进行初步评价。该部分选取纯随机算法作为 DLGA 的一个比较标准。其中选取的对算法进行评价的指标为平均运算时间 $\overline{CT}$、解的平均质量 $\overline{OQ}$、平均运算时间质量 $\overline{CTQ}$、解的最大偏差 B_{max}、解的变异系数 CV。关于这些指标的定义后面会有详细介绍。

2.5.1.2　性能分析

该部分通过 180 个测试问题从算法参数和问题参数两个方面对算法进

行较为深入的分析。其中选取的算法参数为种群规模和迭代代数、交叉概率、变异概率这 3 个参数。问题参数为网络复杂度 NC、可更新资源因素 RF^{ρ}、可更新资源强度 RS^{ρ} 这 3 个参数。关于这些参数的定义，后面会有详细介绍。其中对算法评价的指标选取为比较标准平均偏差 *avdev*、最大偏差 *maxdev* 和平均 CPU 运行时间。

2.5.2 算法测试

2.5.2.1 测试指标

选取平均运算时间 $\overline{CT}$、解的平均质量 $\overline{OQ}$、平均运算时间质量 $\overline{CTQ}$、解的最大偏差 B_{max}、解的变异系数 CV 等 5 个评价指标对算法进行评价，其中平均运算时间 $\overline{CT}$ 和解的变异系数 CV 这两个指标已经在第一章中做过介绍，在此主要介绍其他三个指标：

①解的平均质量 $\overline{OQ}$：算法在 nc 次运算中获得的满意解比其比较标准平均高出的百分比。该指标反映算法获得的满意解的质量：

$$\overline{OQ} = \frac{1}{nc}\sum_{i=1}^{nc} OQ_i$$

其中，nc 为运算次数；OQ_i 为算法第 $i(i = 1,2,\cdots,nc)$ 次运算获得的满意解比其比较标准高出的百分比，计算公式为：

$$OQ_i = \frac{NPV_i - NPV_{low}}{NPV_{low}} \times 100\%$$

其中，NPV_i 为算法在第 $i(i = 1,2,\cdots,nc)$ 次运算中的满意解；由于不知道这些问题的最优解，所以在随机生成的一定量的可行解中选取最大的一个可行解，将其设定为满意解的一个比较标准 NPV_{low}。

②平均运算时间质量 $\overline{CTQ}$：计算在 nc 次运算中获得的平均运算时间比其比较标准高出的百分比。该指标反映算法的求解速度：

$$\overline{CTQ} = \frac{1}{nc}\sum_{i=1}^{nc} \overline{CTQ_i}$$

其中，nc 为运算次数；$\overline{CTQ_i}$ 为算法第 $i(i = 1,2,\cdots,nc)$ 次运算获得的运算时间比其比较标准高出的百分比，计算公式为：

$$\overline{CTQ} = \frac{CT_i - CT_{low}}{CT_{low}} \times 100\%$$

其中，CT_i 为算法在第 $i(i=1,2,\cdots,nc)$ 次运算中的运算时间质量，CT_{low} 为上面所说的纯随机算法的运行时间。

③解的最大偏差 B_{max}：算法在 n 次运算中获得的最小满意解和最大满意解差异的百分比，该指标也反映算法获得的满意解的质量：

$$B_{max}=\frac{NPV_{max}-NPV_{min}}{NPV_{max}}\times 100\%$$

2.5.2.2　测试算例

我们借用 Kolisch 等人设计的算例生成器 ProGen 生成测试问题对算法进行测试。生成的测试算例根据项目包含活动的数量分为 3 组，分别包含 20、40、60 项活动（包括虚活动），需要 2 种可更新资源，每组 10 个算例，所以此次测试的算例总数为 30 个。

2.5.2.3　测试结果

对上面的 30 个算例进行测试。其中算法参数设置为：外层种群规模为 20、迭代代数为 10，内层种群规模为 20、迭代代数为 20，交叉概率为 0.3，变异概率为 0.1，可以看出算法运算中涉及的总个体数为 80000。据此，算例比较标准选取方式为：对算例随机生成与 DLGA 总个体数相等的 80000 个个体，对其进行解码，从中选择具有最好净现值收益的一个作为算例满意解的比较标准，该纯随机算法运行时间作为 DLGA 运行时间的比较标准。算法测试结果见表 2-1。

表 2-1　30 个算例测试结果汇总

测试问题	活动数	测试指标				
		$\overline{CT}$ /s	$\overline{CTQ}$ /%	$\overline{OQ}$ /%	B_{max} /%	CV/%
1	20	8.53	1.33	30.19	3.91	1.83
2	20	8.52	2.45	39.31	3.87	1.73
3	20	8.77	2.14	31.41	3.16	1.35
4	20	7.94	3.52	24.89	3.91	1.23
5	20	8.19	3.12	29.92	0.73	0.22
6	20	7.69	1.22	31.11	3.25	0.91
7	20	8.23	5.61	28.32	3.15	0.09

续表 2-1

测试问题	活动数	测试指标				
		$\overline{CT}$ /s	$\overline{CTQ}$ /%	$\overline{OQ}$ /%	B_{max} /%	CV/%
8	20	8.13	4.32	30.12	2.55	1.02
9	20	8.56	4.82	24.41	1.25	0.78
10	20	9.41	5.12	30.23	2.15	0.49
11	40	28.03	4.14	32.54	2.14	0.23
12	40	23.72	5.32	40.77	2.15	0.59
13	40	27.21	3.61	37.72	3.15	0.73
14	40	28.78	4.75	43.05	2.15	0.86
15	40	26.78	3.56	40.83	0.28	0.12
16	40	27.99	3.54	44.56	2.52	0.93
17	40	25.38	5.33	40.67	0.12	0.26
18	40	24.25	4.21	44.24	0.24	0.37
19	40	22.56	3.92	50.56	0.53	0.21
20	40	26.33	5.36	36.53	0.43	0.34
21	60	43.21	4.63	47.39	1.51	1.02
22	60	47.39	6.15	62.39	0.69	0.19
23	60	47.54	3.72	50.37	0.57	0.88
24	60	42.32	3.58	47.21	0.71	0.58
25	60	49.23	4.38	51.35	1.21	0.93
26	60	42.31	5.06	59.38	0.86	0.37
27	60	42.13	4.87	56.53	0.77	0.62
28	60	48.56	2.65	52.34	0.63	0.76
29	60	46.52	3.09	57.33	0.73	0.95
30	60	44.36	4.37	62.52	1.03	0.98
平均值	40	26.62	3.99	41.57	1.68	0.72

从上表 2-1 中的测试结果来看，对于这 30 个算例，算法平均运算时间为 26.62 秒，比纯随机算法运算时间平均只高出 3.99%，而解的平均质量却比其比较标准平均高出 41.57%，结果表明 DLGA 明显优于纯随机算法。

就稳定性来说，解的最大偏差平均值为 1.68%，变异系数平均值为 0.72%。我们可以看出，算法总的结果还是令人满意的，具有较好的实用价值。

2.5.3　算法性能分析

上面的测试只是从总体上评价了算法的实用性，下面我们将从算法参数和问题参数出发，依次进一步对算法进行测试分析，并根据测试结果对影响算法性能的因素进行讨论，以期对算法性能进一步改进。

2.5.3.1　参数选取

1. 算法参数选取

除了编码方式、遗传算子的设计之外，种群规模 *PopSize*、迭代代数 *Gen*、交叉概率 p_c 、变异概率 p_m 等参数的选择是影响遗传算法应用效果的另一些关键因素，因此本文选择种群规模和迭代代数、交叉概率、变异概率这三个算法参数测试其对求解效果的影响。

2. 算例参数选取

大量研究表明：项目网络的拓扑结构及资源约束特性对 RCPSP 的求解难度有很大影响。除了项目包含的活动数、资源种类数外，最重要的问题特性参数就是网络复杂性 *NC*(network complexity)、资源因素 *RF*(resource factor)和资源强度 *RS*(resources strength)。对于一个包含 n 个活动，采用 AoN 网络表示的项目，设 $N=(V,E)$ 代表项目网络，其中 V 为节点集合，E 为弧线集合，则项目特性参数定义如下：

定义 2.2　在项目网络 $N=(V,E)$ 中，对于弧 (h,j) ，如果存在弧 $(i_0, i_1),\cdots,(i_{s-1},i_s)\in E$ ，且 $i_0=i,i_s=j,s\geqslant 2$ ，则称弧 (h,j) 为冗余弧。

定义 2.3　在项目网络 $N=(V,E)$ 中，平均每项活动(包含虚活动 1，*N*)拥有的非冗余弧的数量称作网络复杂性 *NC*。

按照资源分类，资源因素 *RF* 可分为可更新资源因素 RF^ρ 和不可更新资源因素 RF^ν ，由于本文只研究可更新资源约束下的项目支付问题，所以下面只阐述可更新资源因素 RF^ρ 的定义。类似的，对于资源强度 *RS*，也只阐述可更新资源强度 RS^ρ 的定义。

定义 2.4　项目中每种活动——模式组合对每种可更新资源的需求变量(有需求为 1，没有则为 0)的均值称为不可更新资源因素 RF^ρ ，计算方

法为

$$RF^{\rho}=\frac{1}{N-2}\times\frac{1}{Q}\sum_{n=2}^{N-1}\left[\frac{1}{M_n}\sum_{m=1}^{M_n}\sum_{q=1}^{Q}\begin{cases}1, r_{nqm}^{\rho}>0\\0, r_{nqm}^{\rho}=0\end{cases}\right]$$

定义 2.5　在项目中，当可更新资源 q 在各阶段可获得量 R_q^{ρ} 表示为可更新资源 q 的最小需求水平 R_q^{min} 和最大需求水平 R_q^{max} 的凸组合时，其比例系数称为可更新资源强度 RS^{ρ}，计算方法为 $R_q^{\rho}=R_q^{min}+[RS^{\rho}\times(R_q^{max}-R_q^{min})]$。其中，$RS^{\rho}\times(R_q^{max}-R_q^{min})$ 为取整运算。

根据上面的分析，本文选择网络复杂度 NC、可更新资源因素 RF^{ρ}、可更新资源强度 RS^{ρ} 这三个问题参数测试其对求解效果的影响。

2.5.3.2　测试算例

和上面生成测试算例问题的方法相同，本文用 ProGen 生成测试对算法进行测试。生成的测试问题根据项目包含活动的数量分为 3 组，分别包含 20、40、60 项活动(包括虚活动)，需要 2 种可更新资源，其主要参数水平如表 2-2 所示。对于参数 NC、RF^{ρ}、RS^{ρ} 的每种组合随机生成 10 个问题实例(分别包含 20、40、60 项活动，个数为 4、3、3)，所以，此次测试包含的问题总数为 180 个(2×3×3×10)，其中第一组包含 20 个活动的问题 72 个，第二组包含 40 个活动和第三组包含 60 个活动的问题各 54 个。在试验中，我们统计出各个解距离其最优解的标准平均偏差 $avdev$、最大偏差 $maxdev$ 和平均 CPU 运行时间。

表 2-2　测试问题参数

NC	RF^{ρ}	RS^{ρ}
{1.5,1.8}	{0.4,0.7,1}	{0.4,0.7,1}

2.5.3.3　算法参数对求解效果的影响

在实验中，我们通过对各组测试问题多组参数组合的实验结果来测试算法参数对求解效果的影响，进而确定算法参数的最优配置。表 2-3 列出了各种参数的设置。

表 2-3　遗传算法参数的设置

$outSize \times inSize \times inGen \times outGen$	{20×20×20×10,20×20×10×20, 20×10×20×20,10×20×20×20}
p_c	{0.1,0.2,0.3,0.4,0.5,0.6,0.7,0.8,0.9}
p_m	{0.1,0.2,0.3,0.4,0.5,0.6,0.7,0.8,0.9}

我们就种群规模和迭代代数对算法求解结果进行率先测试，设定 p_c、p_m 分别为 0.4,0.4。我们通过对上面三组问题的计算，结果统计如表 2-4、表 2-5、表 2-6 所示：

表 2-4　种群规模、迭代代数对算法求解效果的影响，n=20

$outSize$	$inSize$	$inGen$	$outGen$	p_c	p_m	$avdev$	$maxdev$	CPU
20	20	20	10	0.4	0.4	28.20%	39.42%	8.45
20	20	10	20	0.4	0.4	27.59%	38.46%	8.45
20	10	20	10	0.4	0.4	26.93%	37.91%	8.39
10	20	20	20	0.4	0.4	27.06%	39.86%	8.42

表 2-5　种群规模、迭代代数对算法求解效果的影响，n=40

$outSize$	$inSize$	$inGen$	$outGen$	p_c	p_m	$avdev$	$maxdev$	CPU
20	20	20	10	0.4	0.4	44.1%	53.21%	28.03
20	20	10	20	0.4	0.4	42.91%	47.84%	27.26
20	10	20	10	0.4	0.4	43.39%	47.11%	27.57
10	20	20	20	0.4	0.4	43.7%	51.73%	27.13

表 2-6　种群规模、迭代代数对算法求解效果的影响，n=60

$outSize$	$inSize$	$inGen$	$outGen$	p_c	p_m	$avdev$	$maxdev$	CPU
20	20	20	10	0.4	0.4	55.33%	71.73%	47.84
20	20	10	20	0.4	0.4	52.01%	69.27%	47.83
20	10	20	10	0.4	0.4	53.23%	71.67%	47.23
10	20	20	20	0.4	0.4	52.6%	67.43%	47.11

从表 2－4、表 2－5、表 2－6 的结果可以看出，在总个体数（$outSize \times inSize \times inGen \times outGen$）相同的情况下，内、外层的种群规模和迭代代数对算法的求解效果影响较小。

选取上文求解效果相对好的内、外层种群规模和迭代代数组合 20×20×20×10 继续下面关于交叉概率和突变概率的测试，结果统计如下：

表 2－7　交叉概率对算法求解效果的影响，n＝20

outSize	*inSize*	*inGen*	*outGen*	p_c	p_m	*avdev*	*maxdev*	CPU
20	20	20	10	0.1	0.4	26.69%	39.23%	8.45
20	20	20	10	0.2	0.4	25.72%	38.34%	8.31
20	20	20	10	0.3	0.4	26.13%	40.71%	8.41
20	20	20	10	0.4	0.4	27.87%	41.71%	8.42
20	20	20	10	0.5	0.4	27.94%	41.86%	8.42
20	20	20	10	0.6	0.4	28.23%	40.32%	8.43
20	20	20	10	0.7	0.4	26.01%	38.56%	8.44
20	20	20	10	0.8	0.4	26.77%	39.83%	8.34
20	20	20	10	0.9	0.4	25.32%	39.13%	8.43

表 2－8　交叉概率对算法求解效果的影响，n＝40

outSize	*inSize*	*inGen*	*outGen*	p_c	p_m	*avdev*	*maxdev*	CPU
20	20	20	10	0.1	0.4	42.21%	53.21%	27.26
20	20	20	10	0.2	0.4	42.42%	50.34%	27.49
20	20	20	10	0.3	0.4	42.13%	52.71%	27.53
20	20	20	10	0.4	0.4	43.87%	51.71%	27.86
20	20	20	10	0.5	0.4	44.24%	53.86%	28.12
20	20	20	10	0.6	0.4	44.03%	54.58%	28.15
20	20	20	10	0.7	0.4	42.81%	53.64%	28.35
20	20	20	10	0.8	0.4	42.77%	53.67%	28.03
20	20	20	10	0.9	0.4	42.32%	52.32%	28.23

表 2-9　交叉概率对算法求解效果的影响，n=60

outSize	*inSize*	*inGen*	*outGen*	p_c	p_m	*avdev*	*maxdev*	CPU
20	20	20	10	0.1	0.4	53.13%	71.73%	47.84
20	20	20	10	0.2	0.4	52.72%	68.34%	47.83
20	20	20	10	0.3	0.4	52.13%	70.71%	47.39
20	20	20	10	0.4	0.4	54.97%	73.71%	47.41
20	20	20	10	0.5	0.4	55.24%	72.56%	47.92
20	20	20	10	0.6	0.4	54.73%	73.63%	48.43
20	20	20	10	0.7	0.4	53.01%	71.33%	48.44
20	20	20	10	0.8	0.4	52.77%	72.87%	48.44
20	20	20	10	0.9	0.4	52.32%	72.89%	48.13

从表 2-7、表 2-8、表 2-9 的测试结果来看，交叉概率对算法求解结果影响不大，当交叉概率 p_c 为 0.4～0.6 时，求解效果较好。当交叉概率 p_c 为 0.4、0.5、0.6 时，其对应的三组问题平均 *avdev* 为 42.24%、42.47%、42.33%。

我们选取内、外层种群规模和迭代代数相对好的组合 20×20×20×10 和上面测试中相对好的交叉概率 p_c=0.5，进行下面关于突变概率的测试。结果统计如下表 2-10、表 2-11、表 2-12 所示。

表 2-10　突变概率对算法求解效果的影响，n=20

outSize	*inSize*	*inGen*	*outGen*	p_c	p_m	*avdev*	*maxdev*	CPU
20	20	20	10	0.5	0.1	23.69%	40.33%	8.45
20	20	20	10	0.5	0.2	24.72%	39.45%	8.51
20	20	20	10	0.5	0.3	27.13%	40.52%	8.41
20	20	20	10	0.5	0.4	28.87%	41.34%	8.43
20	20	20	10	0.5	0.5	26.94%	41.55%	8.44
20	20	20	10	0.5	0.6	25.23%	40.53%	8.45
20	20	20	10	0.5	0.7	24.01%	39.76%	8.44
20	20	20	10	0.5	0.8	24.77%	40.76%	8.46
20	20	20	10	0.5	0.9	24.32%	40.31%	8.47

表 2-11 突变概率对算法求解效果的影响,$n=40$

outSize	*inSize*	*inGen*	*outGen*	p_c	p_m	*avdev*	*maxdev*	CPU
20	20	20	10	0.5	0.1	41.21%	53.21%	27.27
20	20	20	10	0.5	0.2	41.42%	51.53%	27.45
20	20	20	10	0.5	0.3	45.33%	51.69%	27.34
20	20	20	10	0.5	0.4	44.87%	50.54%	28.12
20	20	20	10	0.5	0.5	43.84%	51.97%	28.21
20	20	20	10	0.5	0.6	42.03%	54.35%	28.23
20	20	20	10	0.5	0.7	41.81%	53.64%	28.35
20	20	20	10	0.5	0.8	41.77%	53.67%	28.11
20	20	20	10	0.5	0.9	42.12%	52.32%	28.13

表 2-12 突变概率对算法求解效果的影响,$n=60$

outSize	*inSize*	*inGen*	*outGen*	p_c	p_m	*avdev*	*maxdev*	CPU
20	20	20	10	0.5	0.1	52.13%	71.63%	48.04
20	20	20	10	0.5	0.2	52.72%	69.32%	48.13
20	20	20	10	0.5	0.3	56.54%	70.62%	47.86
20	20	20	10	0.5	0.4	55.97%	71.64%	47.84
20	20	20	10	0.5	0.5	53.24%	71.34%	47.89
20	20	20	10	0.5	0.6	51.73%	71.34%	48.54
20	20	20	10	0.5	0.7	51.01%	71.21%	48.55
20	20	20	10	0.5	0.8	51.77%	72.78%	48.55
20	20	20	10	0.5	0.9	52.32%	72.56%	48.53

从表 2-10、表 2-11、表 2-12 的测试结果来看,变异概率对算法求解结果影响较大,当变异概率 p_m 为 0.3、0.4 时,求解效果较好。

2.5.3.4 问题参数对求解效果的影响

为了分析网络复杂度 NC、可更新资源因素 RF^{ρ}、可更新资源强度 RS^{ρ} 这三个问题参数对算法求解效果的影响,作者选择上面测试得出的较好参数配置(内、外层种群规模和迭代代数组合为 20×20×20×10 、交叉概率为 0.5、变异概率为 0.3),对其求解结果进行了进一步分析。图 2-2、图 2-3、图2-4 显示了问题参数对算法求解结果与其比较标准平均偏差 *avdev* 的影响。

由图 2-2、图 2-3、图 2-4 可见,算法求解效果随着网络复杂性的增加有所增加,当 *NC* 由 1.5 增加到 1.8 时,*avdev* 由 40.23%增加到 42.52%。而可更新资源因素 RF^{ρ} 和可更新资源强度 RS^{ρ} 对算法求解效果的影响较大,算法求解效果随着 RF^{ρ} 的增加下降明显,当 RF^{ρ} 由 0.4 增加到 1 时,*avdev* 由 44.11%下降到 38.51%;算法求解效果随着 RS^{ρ} 的增加而增加,当 RS^{ρ} 由 0.4 增加到 1 时,*avdev* 由 39.03%增加到 44.36%。

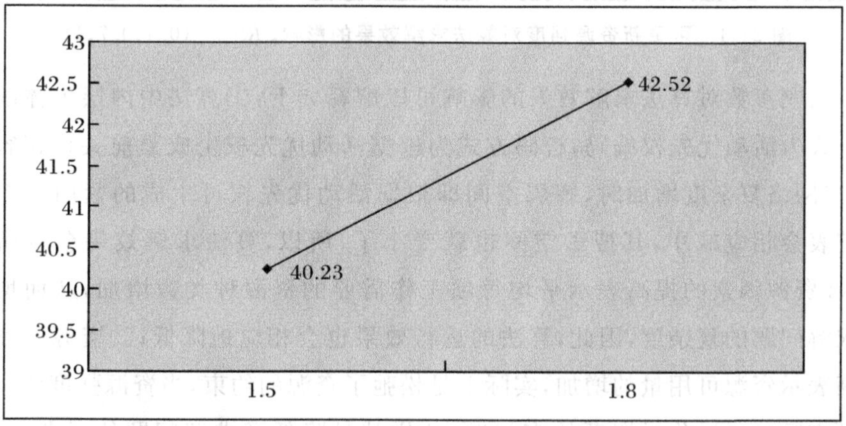

图 2-2　网络复杂性对算法求解效果的影响,*NC*={1.5,1.8}

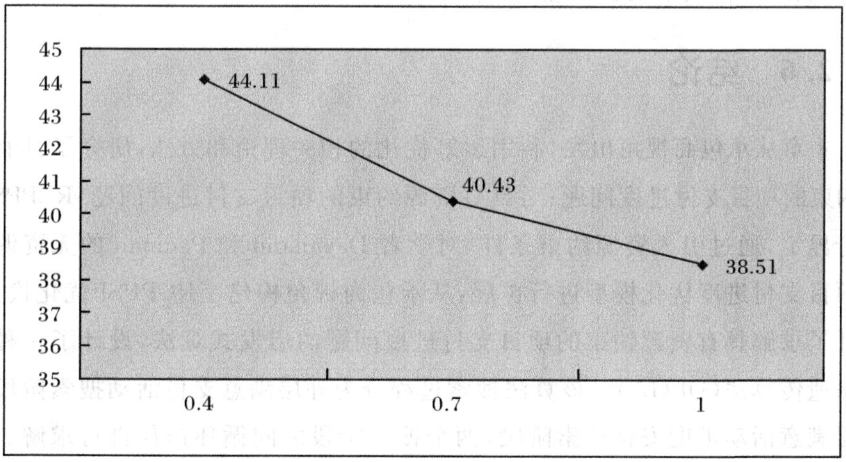

图 2-3　可更新资源因素对算法求解效果的影响,RF^{ρ} ={0.4,0.7,1}

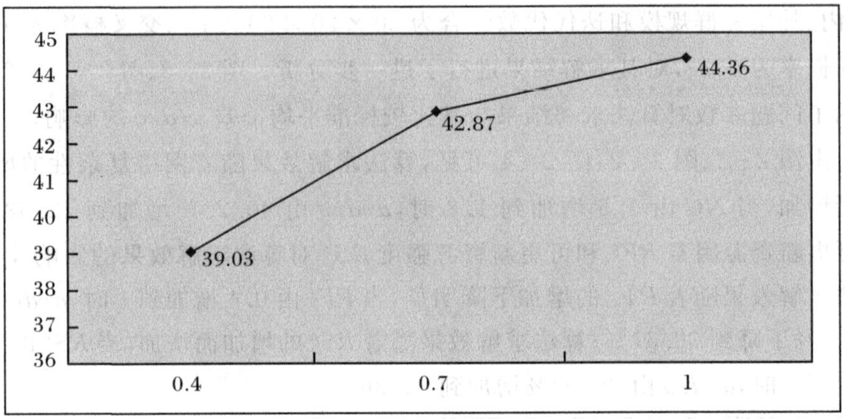

图 2-4 可更新资源强度对算法求解效果的影响，$RS^{\rho}=\{0.4, 0.7, 1\}$

问题参数对算法求解效果的影响可以解释如下：①算法中内层个体的编码方式为活动优先权编码，解码方式为根据活动优先权生成紧前关系相容链表，当网络复杂度增加时，解码空间即根据活动优先权可生成的紧前关系相容链表会相应减小，其搜索空间也就变小了，所以，算法求解效果会有所提高；②资源因素的提高表示平均每项工作需要的资源种类数增加，从而增大了求解问题的复杂度，因此，算法的运行效果也会相应地降低；③资源强度的提高表示资源可用量的增加，实际上是松弛了资源的约束，当资源强度为 1 时问题实际已经退化无资源约束问题，这样就是降低了求解问题的复杂度，因此，算法的运行效果也会相应地提高。

2.6 结论

本章从承包商视角出发，利用运筹优化的相关理论和方法，研究了具有资源约束的项目支付进度问题；对具有资源约束的项目支付进度问题(RCPPSP)进行界定，通过引入资源约束条件，对学者 Dayanand 和 Padman 的无资源约束项目支付进度优化模型进行扩展，从承包商视角构建了RCPPSP优化模型；设计了求解具有资源约束的项目支付进度问题的启发式算法，设计了一种双回路遗传算法(DLGA)。该算法搜索过程分为外层满意支付活动搜索阶段和内层满意活动进度安排搜索阶段，两个搜索阶段之间循环迭代进行求解。本章通过 30 个算例对算法进行测试，结果表明：算法平均运算时间为 26.62 秒，解的平均质量比其比较标准平均高出 41.57%，明显优于纯随机算法；进一步通过 180 个算例对算法进行性能分析，就影响算法求解效果的主要问题参数和算法参数进行分析研究，结果表明：测试的算法参数中种群规模、迭代代数、交叉概率对问题求解结果影响较小，变异概率对问题求解结果影响较大，当交叉概率 p_c 为 0.4～0.6、变异概率 p_m 为 0.3～0.4 时，算法求解效果较好；测试的问题参数中，问题求解效果随着网络复杂度 NC 的增加有所增加，随着资源因素 RF^{ρ} 的增加而下降，随着资源强度 RS^{ρ} 的增加而增加。

第3章 具有奖励惩罚机制的资源约束项目支付进度问题研究

上一章研究了具有资源约束项目支付进度问题，本章将在其基础上继续深入研究，构建具有奖励惩罚机制的资源约束项目支付进度问题的优化模型，对其进行求解说明，并运用实际案例进行对比分析。

3.1 具有奖励惩罚机制 RCPPSP 界定

3.1.1 问题提出

在实际中，为了激励承包商提前完成项目并且防止其项目完成时间超过截止日期，业主常常对项目设定惩罚奖励措施[18]，即当项目在设定的某日期之前完成时，业主对承包商给予一定的金额作为奖励；相反的，如果承包商在设定的截止日期之后完成项目，那么业主就会在原定支付额上扣除一定金额以示惩罚。学者 Ran Etgar 将奖励惩罚机制引入到项目进度问题中，从业主角度对激励问题进行了研究[19]。何正文从必要性、有效性、可行性等方面对激励机制进行了评价[20]。柴国荣等学者研究了关于截止日期的激励优化问题[21]。陈建华等学者从项目公司和承包商双层角度，考虑项目公司通过显性收益激励契约手段与单一标段承包商之间工期目标优化问题，对其进行了研究。本章在已有的奖励惩罚机制理论研究的基础上，从承包商角度构建具有奖励惩罚机制 RCPPSP 模型，研究在给定奖励惩罚机制下，承包商如何进行项目进度安排使自己收益最大，以及对奖励惩罚机制下影响承包商收益的因素进行分析和研究。

设定关于项目截止日期 D 存在如下的奖励惩罚机制：

(1)项目若在 $[D-\Delta D_1, D+\Delta D_2]$（ $\Delta D_1 \geqslant 0$ 为承包商获得奖励，项目完成时间必须超过项目截止日期 D 的最小日期数， $\Delta D_2 \geqslant 0$ 为承包商避免惩

罚，项目完成时间不能超过项目截止日期 D 的最大日期数）之中完成，则项目完成时业主不会对承包商进行奖励惩罚。

(2)项目若在 $D-\Delta D_1$ 之前完成，则项目完成时业主向承包商多支付 $\beta(D-\Delta D_1-f_n)$ 作为对承包商提前完成项目的奖励，以激励承包商尽早完成项目。其中，β 为合同双方事先商定的激励强度，f_n 为最后一个活动 n 的完成时间，即项目的完成时间。

(3)项目若在 $D+\Delta D_2$ 之后完成，则项目完成时业主向承包商少支付 $\delta(f_n-D-\Delta D_2)$ 作为惩罚，以使承包商按时完工。其中，δ 为合同双方事先商定的惩罚强度，f_n 为最后一个活动 n 的完成时间，即项目的完成时间。

3.2　具有奖励惩罚机制 RCPPSP 模型的构建

采用基于活动的研究方法，在第2章 RCPPSP 模型的基础上，从承包商视角构建具有奖励惩罚机制的 RCPPSP 模型如下：

$$\begin{aligned}\text{Max } NPV_{cont} = & \sum\nolimits_{k=1}^{K} P_k \sum\nolimits_{n=1}^{N} x_{kn} \exp(-\alpha f_n) - \\ & \sum\nolimits_{n=1}^{N}\sum\nolimits_{m=1}^{M} c_{nm} \exp(-\alpha s_n)\, y_{nm} + BP \exp(-\alpha f_N)\end{aligned} \tag{3-1}$$

s. t.

$$\sum\nolimits_{i=1}^{N-1} x_{kn} = 1 \qquad k=1,2,\cdots,K-1 \tag{3-2}$$

$$x_{KN} = 1 \tag{3-3}$$

$$\sum\nolimits_{k=1}^{K} x_{kn} \leqslant 1 \qquad n=1,2,\cdots,N \tag{3-4}$$

$$P_k \leqslant \theta \sum\nolimits_{n\in A_k} B_n \qquad k=1,2,\cdots,K-1 \tag{3-5}$$

$$P_K = U - \sum\nolimits_{k=1}^{K-1} P_k \tag{3-6}$$

$$\sum\nolimits_{m=1}^{M} y_{nm} = 1 \qquad n=1,2,\cdots,N \tag{3-7}$$

$$f_j - f_n \geqslant \sum\nolimits_{m=1}^{M} d_{nm}\, y_{nm} \qquad \forall (n,j) \in H \tag{3-8}$$

$$\sum\nolimits_{n\in V_t}\sum\nolimits_{m=1}^{M} r_{nqm}^{\rho}\, y_{nm} \leqslant R_q^{\rho} \qquad \forall q,t \tag{3-9}$$

$$BP = \begin{cases}\beta(D-\Delta D_1-f_n) & f_n < (D-\Delta D_1) \\ 0 & (D-\Delta D_1) \leqslant f_n \leqslant (D+\Delta D_2) \\ -\delta(f_n-D-\Delta D_2) & f_n \geqslant (D+\Delta D_2)\end{cases} \tag{3-10}$$

$$x_{kn} \in \{0,1\} \qquad k = 1,2,\cdots,K \quad n = 1,2,\cdots,N \tag{3-11}$$

$$y_{mn} \in \{0,1\} \qquad m = 1,2,\cdots,M \quad n = 1,2,\cdots,N \tag{3-12}$$

$$s_n \in N^+ \qquad n = 1,2,\cdots,N \tag{3-13}$$

$$f_n \in N^+ \qquad n = 1,2,\cdots,N \tag{3-14}$$

其中，BP 为承包商在项目完成时获得的奖励或惩罚。与第 2 章中的基于承包商视角的 RCPPSP 模型相比，上述具有奖励惩罚机制的 RCPPSP 模型特别之处在于目标函数中添加了奖励惩罚项 $BP\exp(-\alpha f_n)$，该项即为项目的奖励惩罚机制在模型中的体现，BP 值的大小由约束条件式(3-10)确定，BP 的值随着项目完成时间 f_n 的改变而改变，与激励强度 β、惩罚强度 δ、截止日期 D、ΔD_1 及 ΔD_2 的设定相关。

3.3 具有奖励惩罚机制 RCPPSP 模型的求解

在此，采取上一章的遗传算法来求解该问题。具有奖励惩罚机制的 RCPPSP 模型与典型的 RCPPSP 模型的区别在于前者多了一个随项目完成时间 f_n 变动的奖励惩罚项 BP。因此，若将无奖励惩罚机制的承包商项目收益 NPV'_{cont}，加上该项目完成时间 f_n 下的奖励惩罚因子 BP 时的净现值，即可得到奖励惩罚机制下的承包商收益 NPV_{cont}。将奖励惩罚机制下的承包商收益 NPV_{cont} 作为染色体的新的适应度，就可以利用遗传算法获得具有奖励惩罚机制下的 RCPPSP 的满意解。所以，在此添加新的条件后，可以利用上一章设计的 DLGA 来求解具有奖励惩罚机制的 RCPPSP 模型。具体如下所述：

(1)定义项目截止日期 D、$D-\Delta D_1$、$D+\Delta D_2$ 及奖励强度 β、惩罚强度 δ。

(2)根据染色体解码生成的活动进度可行方案获得项目完成时间 f_n，根据式(3-10)计算项目完成时间在 f_n 下奖励惩罚因子的 BP 值。

(3)利用下式计算项目完成时间在 f_n 下承包商的最终收益 NPV_{cont}，作为染色体的适应度。

$$NPV_{cont} = NPV'_{cont} + BP\exp(-\alpha f_n)$$

通过添加上述新的条件，第 2 章中设计的 DLGA(双回路遗传算法)已经可以用来求解具有奖励惩罚机制下的 RCPPSP 模型。

3.4 算例研究

3.4.1 算例说明

运用 ProGen 生成算例对本章研究进行说明。图 3-1 是 AoN 项目活动网络，其中，箭线表示活动优先关系，节点表示活动。生成的算例参数如表 3-1所示。其中，该项目活动模式数为两种，模式 0 表示加急模式，模式 1 表示常规模式，可更新资源约束种类数为两种。

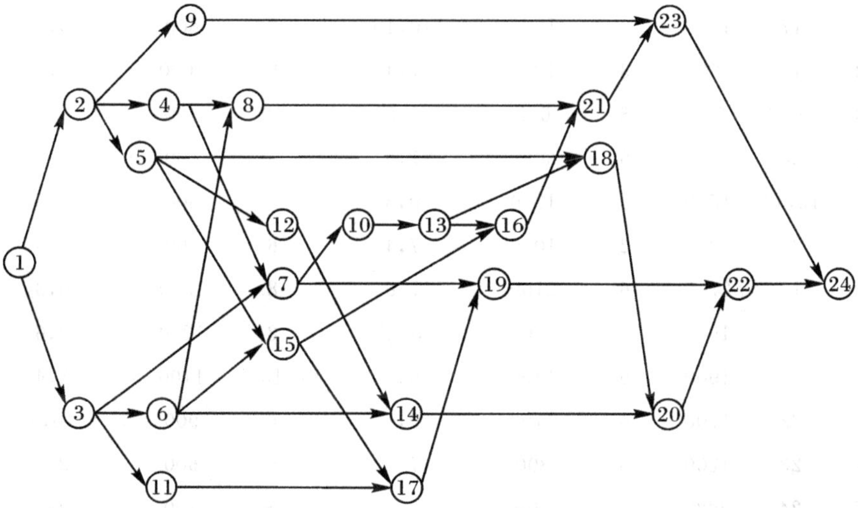

图 3-1 项目网络图

表 3-1 项目活动具体参数

活动编号	后继活动	挣值	模式 0(加急)			模式 1(常规)		
			工期/天	费用/元	资源使用量/人	工期/天	费用/元	资源使用量/人
1	2,3	0	0	0	0	0	0	0
2	4,5,9	1000	7	600	7,8	10	400	4,8
3	6,7,11	760	4	600	10,9	6	400	4,8
4	7,8	1800	3	1400	9,7	5	1000	6,3
5	12,15,18	1800	7	1400	5,9	10	1000	4,9

续表 3-1

活动编号	后继活动	净值	模式 0(加急)			模式 1(常规)		
			工期/天	费用/元	资源使用量/人	工期/天	费用/元	资源使用量/人
6	8,14,15	1300	8	1000	6,7	10	600	4,6
7	10,19	1000	1	800	2,5	1	500	3,3
8	21	1000	6	800	6,7	10	500	6,6
9	23	1000	9	800	4,9	10	600	4,5
10	13	420	4	300	8,2	10	200	6,2
11	17	1500	4	1200	10,10	8	800	6,8
12	14	1500	3	1200	7,4	5	1000	7,3
13	16,18	760	8	600	4,8	10	400	4,3
14	20	760	5	600	7,5	6	400	5,4
15	16,17	1500	5	1200	9,3	8	800	5,3
16	21	1300	2	1000	7,4	6	700	2,3
17	19	2700	6	2100	7,9	8	1800	6,3
18	20	1900	4	1500	10,7	8	1200	7,6
19	22	1900	6	1400	6,7	10	1100	3,4
20	22	1700	6	1100	9,9	6	900	10,8
21	23	1200	5	800	7,2	9	600	2,2
22	24	900	2	500	9,5	6	400	3,3
23	24	1600	4	1300	5,8	6	1000	3,2
24	—	0	0	0	0	0	0	0

项目的其他参数如下：项目合同总价款 U 为 33000 元，支付比例 θ 为0.9，支付次数 K 为 5 次，折现率 α 为 0.02。资源的可用量分别为：22 人和 26 人。假设项目的完成时间为 D=55 天，存在如下奖励惩罚机制：$\Delta D_1=5$ 天，$\Delta D_2=3$ 天，$\beta=400$ 元，$\delta=400$ 元。即项目在[50,58]区间完成，业主既不对承包商进行奖励，也不对承包商进行惩罚，按照预定的支付方式和合同价款对承包商进行支付，若完成时间早于 50 天，则业主在项目完成时的最后一次支付中向承包商多支付 $\beta(50-f_n)$ 的金额作为奖励；若项目完成时间晚于 58 天，则业主在项目完成时的最后一次支付中向承包商少支付 $\delta(f_n-58)$ 的金额作为惩罚。

3.4.2 计算结果及讨论

利用 DLGA(双回路遗传算法)对该问题进行求解。求解的结果见下表3-2。

表 3-2 满意支付进度结果收益

支付进度		结果
	Ω	{6,10,12,16,24}
Π	I	{0,0,1,1,1,0,1,0,1,0,1,0,0,1,0,1,0,1,1,1,1,0,1,1}
	O	{0,0,0,7,7,6,12,2,7,13,14,22,17,31,17,25,25,31,31,39,31,45,40,47}
	Ψ	{5274,2898,4734,4500,15594}
NPV'_{cont}		4954
NPV_{cont}		5423

从计算结果可以看出,具有奖励惩罚机制的资源约束项目进度问题的满意支付进度中支付活动为 6、10、12、16、24 这 5 个活动,对应的支付量为 5274 元,2898 元,4734 元,4500 元,15594 元,奖励惩罚因子 BP 值为 $400 \times (50 - 47) \times \exp(-47 \times \alpha) = 469$ 元,该满意支付进度下无奖励惩罚机制下承包商收益 NPV'_{cont} 为 4954 元,加上奖励惩罚因子 BP 的值,最终在奖励惩罚机制下承包商收益 NPV_{cont} 为 5423 元。在 22 个活动中(不考虑第一个活动 1 和最后一个活动 n 这两个虚活动的活动执行模式)采用加急活动执行模式的活动为 2、6、8、10、12、13、15、17、20、22。其余活动选择常规活动执行模式。

该求解结果对比上一章中无奖励惩罚机制下对 RCPPSP 模型求解的满意解,可以看出具有奖励惩罚机制的 RCPPSP 求解结果与无奖励惩罚机制的 RCPPSP 求解结果区别较大,如表 3-3 所示。无奖励惩罚机制下活动采用加急模式的个数为 4,具有奖励惩罚机制时,活动采用加急模式的个数有明显的增加,达到了 10 个;无奖励惩罚机制下项目完成时间为 57 天,具有奖励惩罚机制时,项目完成时间比无奖励惩罚机制下项目完成时间提前了 10 天,只需要 47 天就可以完成,比项目完成时间 55 天提前了 8 天,说明在该奖励惩罚机制下业主激励承包商尽早完成项目的目的已经达到;对于项目收益,无奖励惩罚机制时承包商项目收益为 5249 元,具有奖励惩罚机制时承包商项目收益为 5423 元,具有奖励惩罚机制时承包商项目收益比无奖励惩罚机制时承包商项目收益高出了 174 元。但是在具有奖励惩罚机制时得到的满意支付进度安排下，无奖励惩罚机制的承包商项目收益为 4954 元，该数值比无奖励惩罚机制时求得的满意解 5249 元低出 295 元。由此可以得出承包商为了提前完成项目付出了更多的费用，但是通过提前完成项目时间获得业主的奖励弥补了这些费用，使承包商得到补偿，获得更高的项目收益。因此，可以看出业主通过奖励惩罚机制确实可以使得承包商尽早完成项目。

表 3-3 结果对照表

	无奖励惩罚机制 RCPPSP	具有奖励惩罚机制 RCPPSP			
采用加急模式的活动数/个	4	10			
项目完成时间/天	57	47			
项目收益/元	5249	NPV'_{cont}	4954	NPV_{cont}	5423

3.4.3 奖励惩罚机制下影响满意支付进度及项目收益的因素分析

通过对具有奖励惩罚机制的 RCPPSP 优化模型分析可知，具有奖励惩罚机制下的 RCPPSP 影响承包商满意支付进度及项目收益的因素有：奖励惩罚区间 $[D-\Delta D_1, D+\Delta D_2]$、奖励强度 β、惩罚强度 δ，下文依次对这些因素进行分析。

3.4.3.1 奖励惩罚区间

首先我们需要确定奖励惩罚区间 $[D-\Delta D_1, D+\Delta D_2]$ 的可行域 $[Min\ f_n, Max\ f_n]$，以评价其是否有效：当 $(D-\Delta D_1) \leqslant Min\ f_n$ 时在任何奖励惩罚强度下承包商都无法按期完成项目；当 $(D+\Delta D_2) \geqslant Max\ f_n$ 时，即使没有奖励惩罚机制，承包商也会在截止日期之前完成项目；所以只有当 $[D-\Delta D_1, D+\Delta D_2] \subset [Min\ f_n, Max\ f_n]$ 时，奖励惩罚区间 $[D-\Delta D_1, D+\Delta D_2]$ 是有效的。确定其可行域的方法为：使奖励和惩罚强度由 0 开始逐步增大，分析其工期的变化，从而确定项目工期的变化范围，即为奖励惩罚区间 $[D-\Delta D_1, D+\Delta D_2]$ 的可行域。通过计算确定奖励惩罚区间 $[D-\Delta D_1, D+\Delta D_2]$ 的可行域为 $[Min\ f_n, Max\ f_n]=[43,58]$。在可行域下设置不同的奖励惩罚区间，计算其满意支付进度，获得的该支付进度下项目完成时间及项目收益，计算结果见表 3-4。其中，奖励强度 $\beta=400$ 元，惩罚强度 $\delta=400$ 元。

表 3 - 4　不同奖励惩罚区间下满意支付进度及项目收益

奖励惩罚区间		项目完成时间	项目收益/元	
$D-\Delta D_1$	$D+\Delta D_2$	f_n/天	NPV'_{cont}	NPV_{cont}
44	57	52	5255	5255
45	57	51	5272	5272
46	57	51	5229	5229
47	57	51	5268	5268
48	57	51	5268	5268
49	57	51	5279	5279
50	57	47	4954	5423
51	57	47	4954	5579
52	57	46	4709	5666
53	57	46	4719	5835
54	57	46	4711	5987
55	57	46	4719	6153
46	47	48	5069	4916
46	48	48	5069	5069
46	49	49	5109	5109
46	50	49	5109	5109
46	51	51	5205	5205
46	52	52	5229	5229
46	53	51	5239	5239
46	54	54	5233	5233
46	55	51	5260	5260
46	56	51	5248	5248
46	57	57	5249	5249

为了更好地分析上文计算的结果，可以通过下文图 3 - 2、图 3 - 3、图 3 - 4、图 3 - 5 直观地表示出项目完成时间及项目收益分别随 $D-\Delta D_1$ 和 $D+\Delta D_2$ 变化而变化的情况。

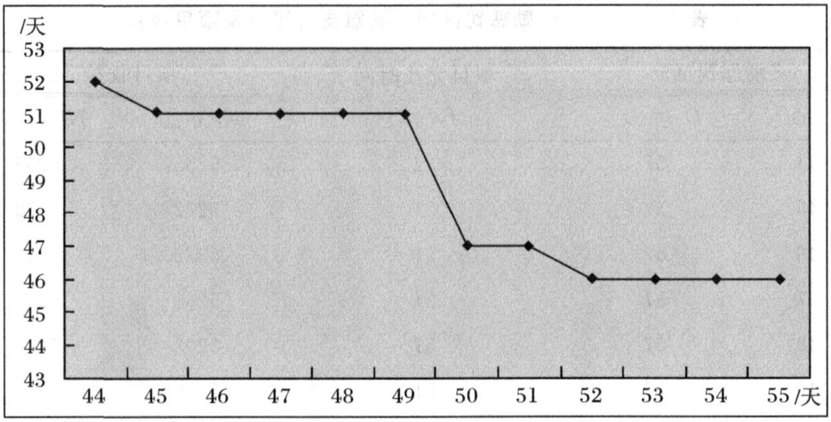

图 3－2　项目完成时间随 $D-\Delta D_1$ 变化图

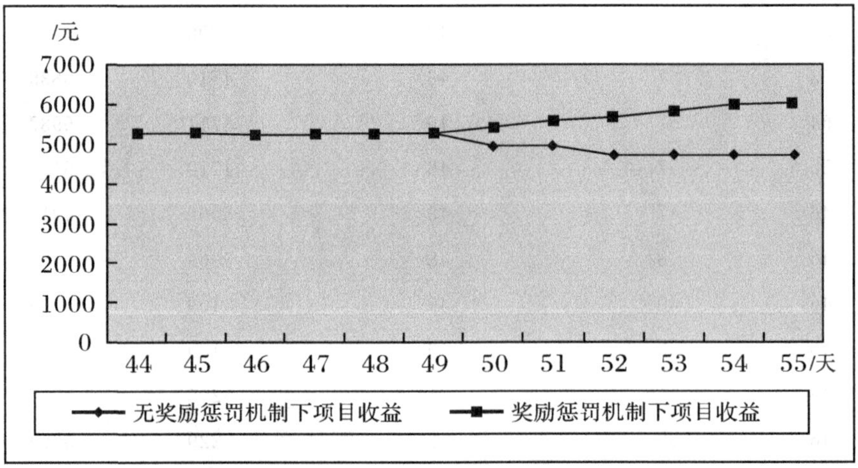

图 3－3　项目收益随 $D-\Delta D_1$ 变化图

从图 3－2 和图 3－3 我们可以看出项目完成时间及承包商项目收益随 $D-\Delta D_1$ 变化的情况。当 $D-\Delta D_1$ 即承包商为获得奖励所需要的项目完成时间必须要早于预先设定的时间限制，由 44 天变化到 49 天时，项目完成时间基本稳定在 51 天，没有明显改变，表明 $D-\Delta D_1$ 设定在这个范围里时，业主设定的奖励惩罚措施并没有达到激励承包商提早完成项目的效果，也就是说当前承包商提前完成项目所获得的业主奖励还不能弥补由于加急项目所带来的费用的增加；当 $D-\Delta D_1$ 变化到 50 天时，项目完成时间有了明显下降，说明这时承包商提前完成项目所获得的业主奖励已经可以弥补由于加急项目所带来的费用的增加，理性的承包商选择了提前完成项目获得更多的收益，业主的奖励惩罚机制达到了激励承包商提前完成项目的作用；当 $D-\Delta D_1$ 由 51 天变化到 55 天时，我们可以看出项目完成时间微弱下降后开始稳定不再下降，说明如果承包商再提前项目完成时间，所增加的费用大于由于这点项目完成时间的提前业主因此再多给予的奖励金额。从项目收益来看，其变化和项目完成时间相对应，在 $D-\Delta D_1$ 由 44 天到 49 天时承包商并没有选择加急项目，所以 NPV'_{cont} 与 NPV_{cont} 相等，从 50 天开始时承包商选择提前完成项目获得业主的奖励，NPV'_{cont} 虽然下降了，但是业主的奖励很好地弥补了这点损失，承包商最终收益 NPV_{cont} 上升了。

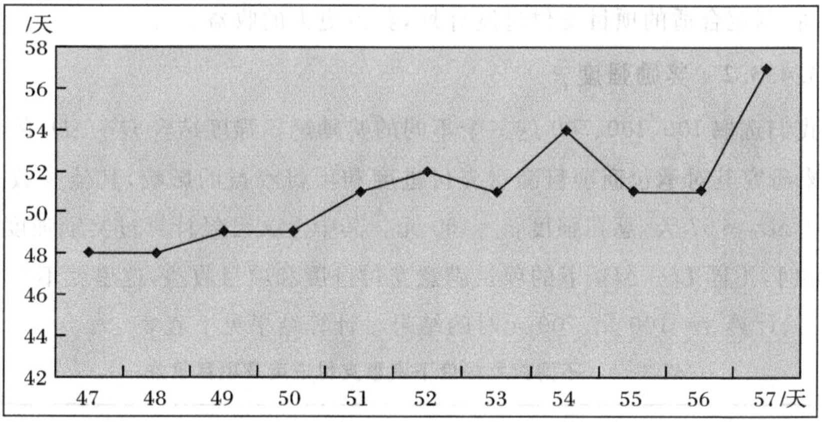

图 3－4　项目完成时间随 $D+\Delta D_2$ 变化图

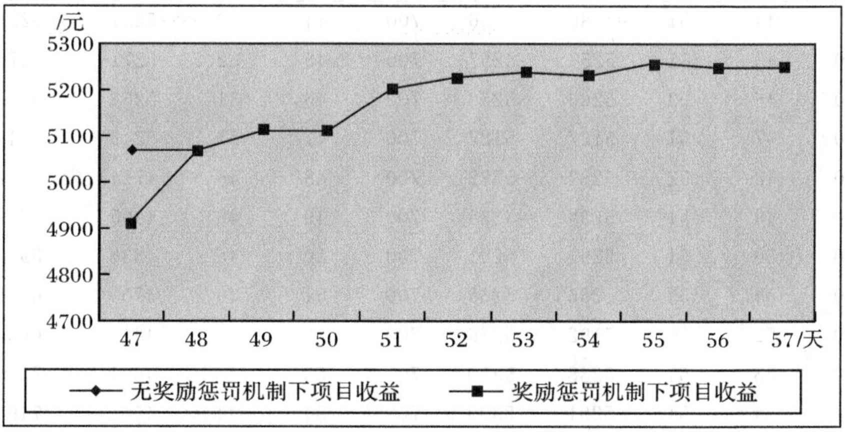

图 3－5　项目收益随 $D+\Delta D_2$ 变化图

从图 3－4 和图 3－5 我们可以看出项目完成时间及承包商项目收益随 $D+\Delta D_2$ 变化的情况。当 $D+\Delta D_2$ 为 47 天时，承包商选择接受惩罚也要延时项目完成时间，表明这时按时完成项目的费用高于延时项目完成时间所带来的业主的惩罚，NPV'_{cont} 在这里是高于 NPV_{cont} 的，因为承包商受到了一定惩罚；$D+\Delta D_2$ 从 48 天开始承包商都选择了在 $D+\Delta D_2$ 时间之前完成项目，避免受到惩罚，随着 $D+\Delta D_2$ 的增大承包商的项目收益也慢慢上升，最后基本稳定，这个过程中无奖励惩罚机制下项目收益 NPV'_{cont} 等于奖励惩罚机制下项目收益 NPV_{cont} 。

从上文分析我们得出以下结论：不同奖励惩罚区间的设置，对承包商影响是不同的。承包商可以通过与业主的谈判过程，选取对自己有利的奖励惩罚区间，制定合适的项目支付进度计划，获得更大的收益。

3.4.3.2 奖励强度 β

我们选取 100、400、700 这三个不同的奖励惩罚强度结合 $D-\Delta D_1$ 的不同设置来研究其对承包商项目满意支付进度和项目收益的影响，其他参数设置为 $D+\Delta D_2=57$ 天，惩罚强度 $\delta=400$ 元。其中上文已经计算过奖励强度 $\beta=400$ 元时，不同 $D-\Delta D_1$ 下的项目满意支付进度和项目收益，这里就不再重复计算，只计算 $\beta=100$ 元、700 元时的结果。计算结果见下表 3－5。

表 3－5　不同奖励强度下满意支付进度及项目收益

β/元	$D-\Delta D_1$/天	f_n/天	NPV'_{cont}/元	NPV_{cont}/元	β/元	$D-\Delta D_1$/天	f_n/天	NPV'_{cont}/元	NPV_{cont}/元
100	44	51	5236	5236	700	44	52	5281	5281
100	45	51	5257	5257	700	45	52	5271	5271
100	46	53	5266	5266	700	46	51	5253	5253
100	47	51	5127	5127	700	47	51	5249	5249
100	48	52	5282	5282	700	48	46	4764	5322
100	49	51	5238	5238	700	49	46	4805	5642
100	50	51	5291	5291	700	50	46	4836	5952
100	51	52	5266	5266	700	51	46	4700	6095
100	52	50	5192	5266	700	52	44	4610	6933
100	53	51	5238	5310	700	53	44	4621	7234
100	54	51	5291	5399	700	54	44	4591	7494
100	55	51	5268	5412	700	55	43	4395	7950

从表 3－5 的结果来看不同奖励强度下，承包商满意支付进度和项目收益有较大的不同，当奖励强度 $\beta=100$ 元时，这样的奖励强度对承包商没什么激励作用，承包商基本还是按照没有奖励惩罚机制时的情况安排活动，当奖励强度 $\beta=400$ 元时，产生了一定的激励作用，当奖励强度 $\beta=700$ 元时，激励作用表现得很明显，承包商积极采用了提前项目完成时间，获得业主奖励的方式，项目完成时间有大幅的提前。这些我们可以通过图 3－6、图 3－7 直观地表示出来。

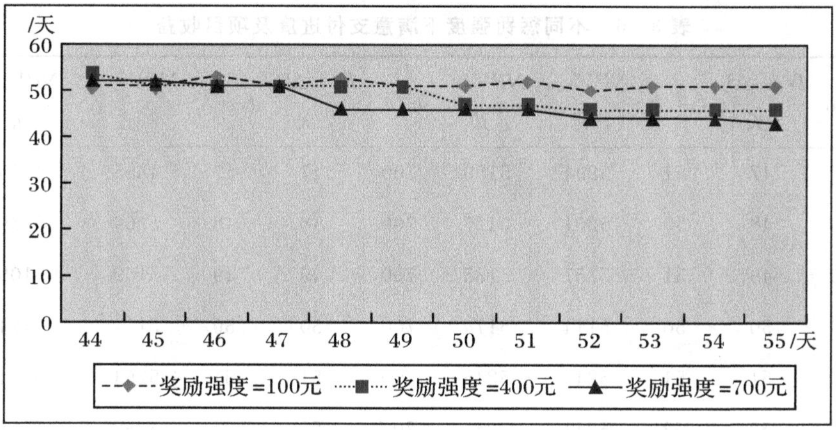

图 3－6　不同奖励强度下项目完成时间的变化

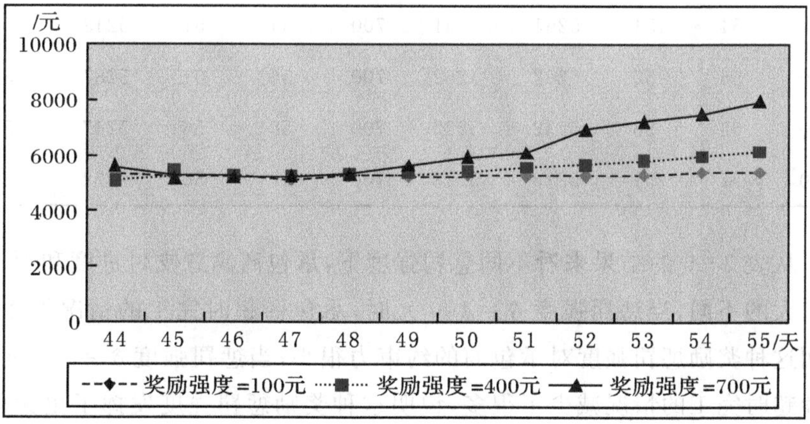

图 3－7　不同奖励强度下项目收益 NPV_{cont} 的变化

因此，还可以得出如下结论：其他参数不变的情况下，随着奖励强度的增加项目完成时间是非单调增加的，而项目收益是非单调减少的。

3.4.3.3 惩罚强度δ

我们选取100、400、700这三个不同的惩罚强度结合$D-\Delta D_1$的不同设置来研究其对承包商项目满意支付进度和项目收益的影响，其他参数设置为$D-\Delta D_1=46$天，奖励强度$\delta=400$元。其中上文已经计算过惩罚强度$\delta=400$元时，不同$D+\Delta D_2$下的项目满意支付进度和项目收益，这里就不再重复计算，只计算$\delta=100$元、700元时的结果。计算结果见下表3-6。

表3-6 不同惩罚强度下满意支付进度及项目收益

δ/元	$D+\Delta D_2$/天	f_n/天	NPV'_{cont}/元	NPV_{cont}/元	δ/元	$D+\Delta D_2$/天	f_n/天	NPV'_{cont}/元	NPV_{cont}/元
100	47	51	5294	5150	700	47	47	4855	4855
100	48	50	5201	5127	700	48	48	5069	5069
100	49	51	5257	5185	700	49	49	5109	5109
100	50	50	5174	5174	700	50	50	5174	5174
100	51	51	5245	5245	700	51	51	5264	5264
100	52	52	5241	5241	700	52	51	5257	5257
100	53	53	5260	5260	700	53	52	5267	5267
100	54	54	5261	5261	700	54	51	5243	5243
100	55	52	5262	5262	700	55	51	5287	5287
100	56	56	5232	5232	700	56	56	5247	5247
100	57	51	5318	5318	700	57	50	5322	5322

从表3-6的结果来看不同惩罚强度下，承包商满意支付进度和项目收益有较大的不同，当惩罚强度$\delta=100$元时，承包商超时完工的情况发生较多，说明这种奖励惩罚强度对承包商的约束力很小；当惩罚强度$\delta=400$元时，承包商超时完工的情况减少了很多，说明这种奖励惩罚强度发挥了更大的约束作用；当惩罚强度$\delta=700$元时，承包商没有发生超时完工的情况，说明这种奖励惩罚强度下，如果超时完成项目而受到的惩罚大于按时完成项目而付出的加急费用，理性的承包商不会选择超时完成项目。下面我们可以通过图3-8、图3-9更直观地表示承包商满意支付进度和项目收益随惩罚强度的变化。

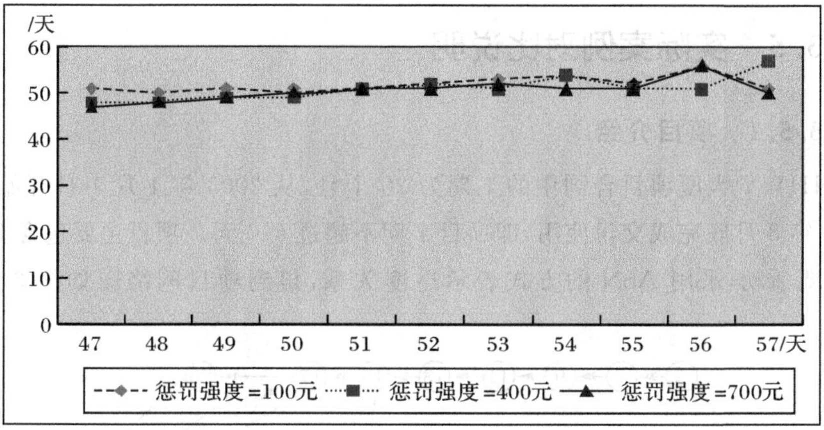

图3-8 不同惩罚强度下项目完成时间的变化

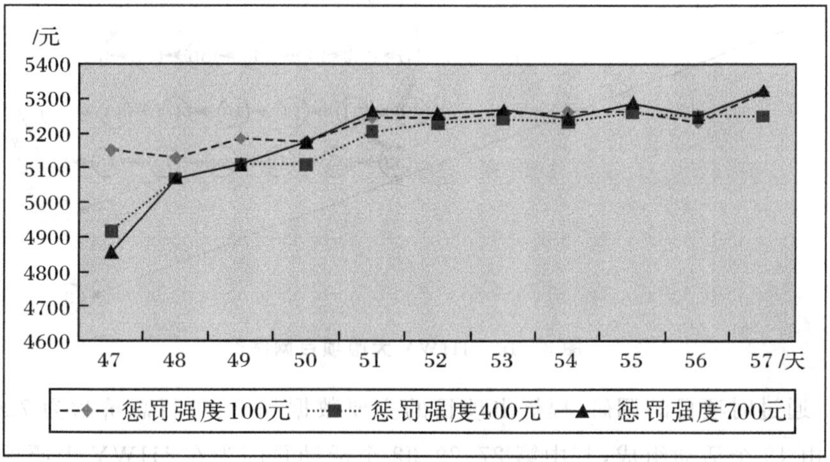

图3-9 不同惩罚强度下项目收益 NPV_{cont} 的变化

同时，还可以得出如下结论：其他参数不变的情况下，随着惩罚强度增加，承包商安排项目完成时间越长，项目收益呈现出非单调增加。

通过对上述奖励惩罚区间、奖励强度、惩罚强度的讨论分析，我们可以得出如下结论：在其他条件不变的情况下，奖励惩罚区间、奖励强度、惩罚强度对项目完成时间及承包商收益有显著影响。对于奖励惩罚区间的设置，$D-\Delta D_1$ 越大对于承包商越有利，$D+\Delta D_2$ 越小对于承包商越有利；奖励强度 β 越大对承包商越有利；惩罚强度 δ 越小对承包商越有利。

3.5 实际案例对比说明

3.5.1 项目介绍

JHWY 大厦项目合同中的工期为 20 个月，从 2003 年 1 月 1 日开始，到 2004 年 8 月底完成交付使用，即项目工期不超过 610 天。项目主要包含有 49 个主要活动，采用 AoN 的方式表示进度关系，得到项目网络图如图 3 - 10 所示。

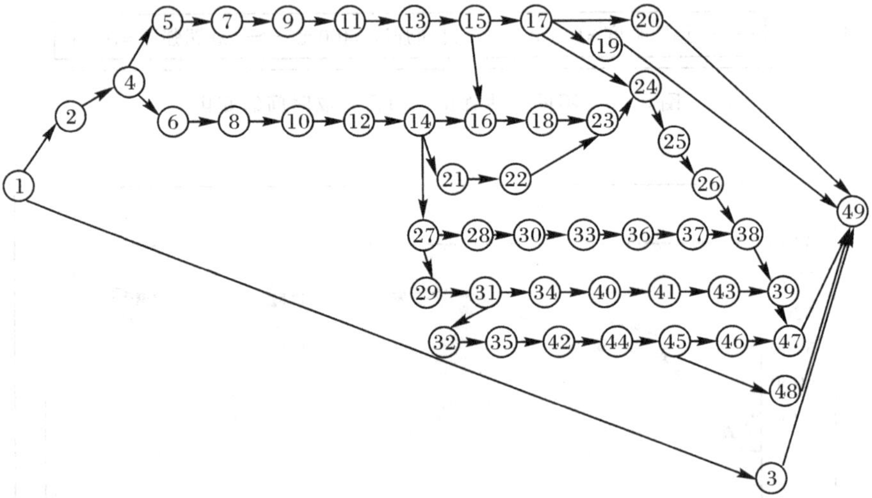

图 3 - 10 JHWY 大厦项目网络图

通过对项目的调研，提炼出项目的主要数据如下：项目总价款为 7200 万元，由 49 个活动组成，其中第 27、29、32 个活动是因为在 JHWY 大厦项目实施过程中，某些特定活动完工之后需要通风晾晒一段时间，下一活动才可以开工，为了保证项目质量，所以专门设置了间隔 1、2、3 等 3 个虚拟活动，最后一个活动 49 交工验收为设定的虚拟结束节点。资源约束主要为人力资源方面，各期所能提供的员工数量基本恒定为 340 人。项目的活动执行模式可以分为加急和常规两种模式，每种模式对应不同的工期、费用、资源消耗量，见表 3 - 7。

表 3-7 项目主要数据参数

活动编号	后继活动	挣值/万元	加急			常规		
			工期/天	费用/万元	所需员工数/人	工期/天	费用/万元	所需员工数/人
1	2,3	62	37	55	80	41	50	74
2	4	65	26	61	154	30	50	136
3	49	0	520	0	40	520	0	40
4	5,6	508	59	463	243	65	418	228
5	7	776	64	761	173	71	697	158
6	8	743	74	722	120	86	634	100
7	8,9	806	24	782	171	33	697	158
8	10	100	23	91	94	28	81	85
9	11	806	24	783	169	33	697	158
10	12	110	24	89	95	28	81	85
11	13	806	24	783	168	33	697	158
12	14	101	24	89	98	28	81	85
13	15	806	24	781	169	33	694	158
14	16,21,27	65	16	54	70	19	49	60
15	16,17	340	11	323	120	15	279	100
16	18	95	24	89	96	28	81	85
17	19,20,24	30	42	20	155	47	15	140
18	23	81	18	75	70	23	65	60
19	49	41	125	35	70	142	29	60
20	49	80	47	75	115	57	65	100
21	22	20	22	16	18	28	13	32
22	23	20	22	16	18	28	13	32
23	24	20	22	15	40	28	13	32
24	25	21	22	17	40	28	14	32
25	26	20	22	15	40	28	13	32
26	38	8	8	6	40	10	5	32
27	28,29	0	9	0	0	9	0	0

续表 3-7

活动编号	后继活动	挣值/万元	加急			常规		
			工期/天	费用/万元	所需员工数/人	工期/天	费用/万元	所需员工数/人
28	30	30	23	26	40	28	22	32
29	31	0	9	0	0	9	0	0
30	33	20	22	17	40	28	14	32
31	32,34	32	22	29	40	28	24	32
32	35	0	9	0	0	9	0	0
33	36	20	22	17	40	28	14	32
34	40	32	22	28	40	28	24	32
35	42	20	22	17	40	28	14	32
36	37	32	22	28	40	28	24	32
37	38	20	22	17	40	28	14	32
38	39	20	22	17	20	28	14	15
39	47	22	22	19	20	28	15	15
40	41	20	22	16	40	28	14	32
41	43	39	22	31	40	28	24	32
42	44	21	22	16	40	28	14	32
43	39	32	22	27	40	28	24	32
44	45	20	22	16	40	28	14	32
45	46,48	20	22	15	40	28	13	32
46	47	20	22	15	40	28	13	32
47	49	13	22	10	20	28	8	15
48	49	93	49	87	120	57	76	100
49	—	0	0	0	0	0	0	0

该项目支付方式为里程碑支付，即到某些关键活动结束时，承包商建筑工程公司会收到支付款，支付款为该阶段实施的活动挣值的 90%（剩余的 10%会在 JHWY 大厦项目验收完工之后支付）。合同规定如未能如期完成 JHWY 大厦项目，该承包商建筑工程公司将会受到每天 3 万元的惩罚。具体支付点及其对应支付活动见表 3-8 所示。

表 3-8　项目支付情况

活动编号	活动名称	是否支付点	活动编号	活动名称	是否支付点
1	破桩基防水层放线	是	26	26 层以上门窗	
2	基础筏板	是	27	间隔 1	
3	安装工程		28	5 层以下抹灰	
4	地下三层	是	29	间隔 2	
5	1—5 层主体		30	6—10 层抹灰	
6	灰土回填	是	31	5 层以下地面	
7	6—10 层主体		32	间隔 3	
8	5 层以下砌体	是	33	11—15 层抹灰	
9	11—15 层主体	是	34	6—10 层地面	
10	6—10 层砌体	是	35	5 层以下油漆涂料	
11	16—20 层主体		36	16—20 层抹灰	
12	11—15 层砌体	是	37	21—25 层抹灰	是
13	21—25 层主体		38	26 层以上抹灰	
14	16—18 层砌体		39	26 层以上地面	
15	26 层以上主体	是	40	11—15 层地面	
16	19—23 层砌体	是	41	16—20 层地面	
17	塔楼	是	42	6—10 层油漆涂料	
18	24 层以上砌体		43	21—25 层地面	是
19	玻璃幕墙		44	11—15 层油漆涂料	
20	屋面工程		45	16—20 层油漆涂料	
21	5 层以下门窗		46	21—25 层油漆涂料	是
22	6—10 层门窗	是	47	26 层以上油漆涂料	
23	11—15 层门窗	是	48	室外工程	
24	16—20 层门窗	是	49	交工验收	是
25	21—25 层门窗				

3.5.2 项目满意支付进度理论分析

3.5.2.1 项目主要参数

n:JHWY 大厦项目所包含的活动个数 $n=49$;

DD:将项目开工时间设定为 0,规定完成 JHWY 大厦的完成时间为 610 天;

U:合同规定项目总价款为 7200 万元,但是业主会扣除 5%的项目总价款作为项目质量保证金,在项目完成使用 3 年后才进行支付,所以求解时需要考虑的合同价款为 6840 万元;

R_q^ρ:资源约束为人力的约束,可用量为 340 人;

K:选择和实际支付次数相同的 18 次作为计算考虑的支付次数;

α:按照 2003 年到 2004 年建设银行的年贷款率为 5.94%,每年按照 365 天计算,得出其对应的折现率为 0.00015;

β:实际项目中无奖励设置,所以设定其为 0;

δ:惩罚强度为 3 万元/天。

3.5.2.2 无奖励惩罚机制的情况

不考虑奖励惩罚机制情况下的求解结果如表 3-9 所示,可以看出无奖励惩罚机制的满意支付活动进度下,支付活动为 1、4、5、6、8、9、14、18、26、27、31、34、35、37、39、40、48、49 这 18 个活动,对应的支付量依次为 55、515、698、668、815、725、1699、554、28、64、18、192、7、71、64、37、132、498。采用加急活动执行模式的活动有 3、22、23、32、33 这 5 个活动,考虑到活动 3 只有一种活动执行模式,活动 32 为虚活动,所以实际上采用加急模式的只有活动 22、23、33 这 3 个活动,其余活动都采用了常规活动执行模式,项目最后完成时间为 629 天,超出了规定项目完成时间 19 天,承包商最后的净现值收益为 823 万元,为合同价款 6840 万元的 12.03%。

表 3-9　无奖励惩罚机制下项目满意支付进度及项目收益

支付进度		结果
	Ω	{1,4,5,6,8,9,14,18,26,27,31,34,35,37,39,40,48,49}
	I	{1,1,0,1,1,1,1,1,1,1,1,1,1,1,1,1,1,1,1,1,1,1,0,0,1,1,1,1,1,1,1,1,0,0,1,1,1,1,1,1,1,1,1,1,1,1,1,1,1 }
Π	O	{0,41,41,71,136,136,207,240,268,268,301,301,334,329,367,382,382,410,483,429,348,376,433,455,486,514,348,357,385,438,410,438,466,438,447,488,516,544,572,488,516,475,544,516,544,572,600,572,629}
	Ψ	{55,515,698,668,815,725,1699,554,28,64,18,192,7,71,64,37,132,498}
NPV_{cont}		823

3.5.2.3　具有奖励惩罚机制的情况

上面计算了无奖励惩罚机制下的承包商满意支付进度及项目收益，下面考虑奖励惩罚机制，将项目参数输入求解具有惩罚奖励机制下的承包商项目满意支付进度及项目收益，得出的结果如表 3-10 所示。

表 3-10　具有奖励惩罚机制下项目满意支付进度及项目收益

支付进度		结果
	Ω	{4,6,9,10,11,16,23,26,31,32,35,38,39,40,42,44,47,49}
	I	{0,0,1,1,1,1,1,1,1,1,1,1,1,1,1,1,1,1,1,1,0,0,1,0,0,1,0,1,0,0,1,0,0,1,0,0,1,1,1,1,1,0,1,0,0,1,1,1,0}
Π	O	{0,37,37,63,128,128,199,232,232,265,265,293,298,346,331,365,346,393,393,535,293,415,437,465,487,509,365,393,393,421,402,430,443,430,439,465,487,519,547,458,486,487,514,509,532,553,581,553,610 }
	Ψ	{571,1367,1540,99,725,1293,146,18,64,36,18,84,60,18,83,37,101,580}
NPV'_{cont}		789

从表 3-10 中可以看出，具有奖励惩罚机制的满意支付活动进度下，支付活动为 4、6、9、10、11、16、23、26、31、32、35、38、39、40、42、44、47、49，这 18 个

活动对应的支付量依次为 571、1367、1540、99、725、1293、146、18、64、36、18、84、60、18、83、37、101、580，采用加急活动执行模式的有活动 1、2、21、22、24、25、27、29、30、32、33、35、36、42、44、45、49 这 17 个活动，考虑到活动 27、29、32、49 为虚活动，所以实际上采用加急模式的活动为 13 个，其余活动采用了常规活动执行模式，项目最后完成时间为 610 天，刚好等于规定的项目截止日期，承包商最后的净现值收益 NPV_{cont} 为 789 万元，为合同价款 6840 万元的 11.54%。

3.5.2.4 奖励惩罚机制评价

分别在无奖励惩罚机制和有奖励惩罚机制下对问题进行求解，通过表 3－11分析两种机制对项目满意支付进度的影响。

表 3－11 有无奖励惩罚机制对求解结果的影响

	无奖励惩罚机制	具有奖励惩罚机制
采用加急模式的活动数/个	3	13
项目完成时间/天	629	610
项目收益/万元	823	789

从上面的结果可以看出，与无奖励惩罚机制相比，具有奖励惩罚机制下，项目工期有了较大幅度的提前，比无奖励惩罚下项目完成时间 629 天提前了 19 天，达到了 610 天，刚好等于规定的项目完成日程，具有奖励惩罚机制下项目包含的活动中采用加急执行模式的活动个数为 13 个，无奖励惩罚机制下项目包含的活动中只有 3 个活动采用加急模式，表明在具有奖励惩罚机制下，承包商在因活动延缓而带来的费用支出结余和因项目完成时间推迟而受到业主惩罚之间进行权衡后，选择付出更多的费用来按时完成项目，避免因项目完成时间推迟而受到业主惩罚。这说明该项目中业主设定的奖励惩罚机制起到了督促承包商完成项目时间的作用，该奖励惩罚机制是有效的。从项目收益来看，具有奖励惩罚机制下，承包商收益为 789 万元，比无奖励惩罚机制下项目收益 823 万元减少了 34 万元，可以看出承包商为了按时完成项目而对更多的活动采用了加急执行模式，付出了更多的费用使其收益下降。

3.5.3 项目支付进度及收益分析

3.5.3.1 项目实际支付进度及收益

项目实际进度安排如表 3－12 所示。

表 3－12　实际项目进度安排

活动编号	活动模式	开始时间/天	完成时间/天	活动编号	活动模式	开始时间/天	完成时间/天
1	加急	0	37	26	加急	534	542
2	常规	37	67	27	加急	383	392
3	常规	37	557	28	加急	392	415
4	常规	67	132	29	加急	392	401
5	常规	132	203	30	加急	415	437
6	常规	132	218	31	常规	406	434
7	常规	203	236	32	加急	434	443
8	加急	236	259	33	加急	437	459
9	常规	236	269	34	常规	434	462
10	加急	259	283	35	常规	443	471
11	常规	283	316	36	常规	459	487
12	常规	283	311	37	常规	487	515
13	常规	316	349	38	加急	542	564
14	常规	364	383	39	加急	564	586
15	常规	349	364	40	加急	462	484
16	常规	406	434	41	常规	484	512
17	加急	364	406	42	加急	487	509
18	常规	439	462	43	常规	534	562
19	常规	406	548	44	加急	509	531
20	加急	557	604	45	加急	532	554
21	常规	383	411	46	常规	553	581
22	常规	411	439	47	加急	586	608
23	加急	462	484	48	常规	553	610
24	加急	484	506	49	常规	610	610
25	常规	506	534				

实际中项目支付活动为活动 1、2、4、6、8、9、10、12、15、16、17、22、23、24、37、43、46、49，这 18 个活动对应的支付时间、支付量、项目收益如表 3－13 所示。

表 3-13 实际支付安排及项目收益

支付活动	支付量/万元	支付时间/天
1	55.8	37
2	58.5	67
4	457.2	132
6	1367.1	218
8	815.4	259
9	725.4	269
10	99	283
12	90.9	311
15	1756.8	364
16	130.5	434
17	85.5	406
22	64.8	439
23	155.7	484
24	65.7	506
37	72	515
43	126.9	562
46	36	581
49	676.8	610
项目实际收益	713.12	

3.5.3.2 项目实际收益与理论收益的差异分析

从上面结果可以看出理论求解的承包商收益为789万元，而实际中承包商收益为713.12万元，理论收益比实际收益高出了10.66%，说明了理论研究所建立的模型与算法确实能很好地解决实际中承包商项目支付进度安排的问题，为承包商带来更多收益。计算实际支付进度安排与理论支付进度安排得到的满意支付进度收入与费用，见表3-14，其中总收入现值为业主支付折现之和，总费用现值为活动费用折现之和。

表 3-14　实际收益与理论收益的差异分析

	实际支付进度安排	理论支付进度安排
加急活动/个	19 个	13 个
项目完成时间/天	610 天	610 天
总收入净现值/万元	6513.89 万元	6516 万元
总费用净现值/万元	5800.77 万元	5727 万元
项目收益/万元	713.12 万元	789 万元

从上文可以看出在项目完成时间基本相同的情况下，实际支付进度安排中有 19 个活动采用了加急执行模式，而理论支付进度安排中只有 13 个活动采用加急模式，更多的加急活动导致了更多费用的支出，可以看见在实际支付进度安排下总的费用支出现值为 5800.77 万元，而在理论支付进度安排下总的费用支出现值为 5727 万元，后者比前者低出了 73.77 万元。这说明理论支付安排比实际支付安排更好地优化了活动进度。

3.6　结论

本章构建并求解了具有奖励惩罚机制的 RCPPSP 优化模型，对RCPPSP引入奖励惩罚机制，通过奖励惩罚项 BP 在 RCPPSP 优化模型的基础上构建了具有奖励惩罚机制的 RCPPSP 优化模型；利用修改的 DLGA 对具有奖励惩罚机制的 RCPPSP 优化模型进行求解；通过一个算例对建立的具有奖励惩罚的 RCPPSP 优化模型的优化效果进行了说明，并就奖励惩罚区间、奖励强度、惩罚强度对承包商支付进度安排的影响进行了分析研究。结果表明：在其他条件不变的情况下，奖励惩罚区间、奖励强度、惩罚强度对项目完成时间及承包商收益有显著影响。对于奖励惩罚区间的设置，$D-\Delta D_1$ 越大对承包商越有利，$D+\Delta D_2$ 越小对承包商越有利；奖励强度 β 越大对承包商越有利；惩罚强度 δ 越小对承包商越有利。

本文通过实际建筑项目——JHWY 大厦项目，进行实证研究。结果表明：通过理论求解的承包商收益为 789 万元，而实际中承包商收益为 713.12 万元，理论收益比实际收益高出了 10.66%，证明理论研究所建立的模型与算法能很好地解决实际中承包商项目支付进度安排的问题，为承包商项目支付进度的安排提供有效的决策支持，帮助承包商较大幅度地提高项目净现值收益。

第4章　基于合同双方交互作用的资源约束项目支付进度问题研究

4.1　问题背景

现实中，承包商的项目进度与业主的支付安排通常紧密地联系在一起，并对合同双方的收益产生直接影响，由此形成项目支付进度问题。前文已经分别从承包商和业主各自角度对项目支付进度问题进行了研究。

在具体项目实施过程中，业主的目标是最小化支付给承包商现金流的净现值，而承包商的目标则是最大化自己收到现金流的净现值。在大多数情形下，业主和承包商彼此的目标都存在冲突，因此在确定项目进度计划的过程中应该同时考虑彼此的谈判能力。在合同谈判过程中，业主和承包商会由于各自的经济能力、技术能力、社会影响，以及项目特点和投竞标情况等各个方面的因素处于并不完全对等的谈判地位，处于劣势地位的一方就会做出部分让步，以促成双方的合作。本章就是尝试根据双方的谈判地位，建立合理的模型并对其进行求解，以使得处于劣势地位的一方能够损失尽可能少的利益，即做出较小的利益让步，就可以取得另一方的满意，从而促成双方的合作。

鉴于支付进度问题涉及承包商和业主两个主体，Ulusoy 和 Cebelln、Kavlak等学者基于合同双方的交互作用，分别研究了“平等”和“基于谈判能力”的项目支付进度问题，给出问题的优化模型并设计了相应的求解算法。但在他们的研究中，支付安排并非决策变量，其成果仅适用于特定支付方式下，有待于扩展到更为一般的情形。

本章针对上述理论及实际情形，将支付时间点、支付量作为决策变量，基于合同双方的交互作用，研究更为一般的项目支付进度问题。首先本章分别从承包商、业主的独立视角出发，建立相应的净现值最大化项目支付进度模型，并设计合理有效的求解算法，为其在项目执行过程中制定合理的进度支付安排，以解决项目实施过程中的工期延长、资源浪费、费用超支等问题，达到实现其自身收益最大化的目的。其次，在实际中业主会以支付安排为手段，对承包商的进度安排施加影响以实现自身的项目目标，同时承包商的现金流又与业主的支付有着密切的关系，如果将二者割裂开来研究，单单凭借经验或者惯例就做出支付、进度安排决策，不仅会对业主的收益有所影响，也会直接对承包商实施项目带来负面影响。因此，本章综合考虑承包商与业主交互问题，对承包商和业主在项目执行过程中的利益分配问题进行整合研究，以使得项目执行过程中的利益分配不会过度倾向于某一方，尽可能使处于劣势谈判地位的一方收益在保证另一方收益的前提下有所提高，从而实现在项目执行过程中共赢的局面。

4.2 合同双方各自视角下的资源约束项目支付进度优化问题界定

4.2.1 研究假设

本文通过以上对项目执行过程中问题的分析描述，针对资源约束下的单方项目支付进度问题的研究，提出以下假设条件：

(1)项目中包含的所有活动内容都是已知的，并且活动之间的优先关系在项目开工之前就全部确定下来。项目在执行过程中，不允许更改活动之间既有的优先关系。

(2)项目中所有活动对项目资源的需求种类，在不同的执行模式下，对资源的需求量都是已知确定的，并且假设活动最多有三种执行模式，即加急、正常和延迟，不同执行模式下活动对资源的需求量、工期长短都会有所变化，都遵循工期与资源的需求量成近似反比的关系。

(3)项目执行过程中，所有活动对应的现金流以及业主对承包商支付的款项，都发生在活动结束时刻，并且，业主向承包商支付的价款数目取决于承包商所完成的项目进度，即与承包商所取得的挣值相关，并成一定的比例关系。

(4)支付次数在项目开始之前由承包商和业主共同约定，并且支付点约定在活动的结束时刻。

(5)由于是在独立视角下进行研究，因此在进行支付、进度决策时都是有一方站在最有利于自己收益的情形来完成的，另外一方对其产生的影响暂不考虑。

(6)项目中所考虑的资源都为可更新资源，如人力、设备等可更新资源。

(7)项目必须在合同约定的截止日期前完成。

4.2.2 问题描述

本章采用的是一种基于活动的研究方法，即项目网络采用 AoN 表示方式，结点代表活动，箭线表示活动之间存在的优先关系顺序，现金流与活动相联系。以 AoN 网络表示的项目由 N 个活动组成，活动 $n(n=1,2,\cdots,N)$ 存在有 m 种执行模式($m=1,2,\cdots,M_n$)，在每种执行模式下，都具有确定的工期 d_{nm} 和现金流 c_{nm}。项目的实施需要 Q 种资源，活动 n 在第 m 个执行模式下对第 $q(q=1,2,\cdots,Q)$ 种资源的需求量为 r_{nqm}，并且在整个项目过程中第 q 种资源的每天可用量为 R_q。项目的截止日期为 DD，在时期 $u(u=1,2,\cdots,DD)$ 正在进行的活动集合表示为 S_u。令 s_n 表示活动 n 的开工时期，f_n 表示活动 n 的完工时间，现金流的折现率为 α。且项目执行过程中，承包商会收到业主对其的 K 次支付，第 K 次支付必须发生在项目结束时，其余各次支付由决策者来定，具体的支付量 p_k 会根据项目的进度情况，在承包商已发生的未被支付费用的基础上加上承包商的利润即可，但处于正在进行活动的费用，不会在本次进行支付，会在下次支付时被支付。在项目结束时刻，业主会收到项目成果带来的收益 U。

令 $x_{kn}(k=1,2,\cdots,K;n=1,2,\cdots,N)$ 为第 k 次支付与活动 n 相联系的 0—1变量

$$x_{kn}=\begin{cases}1\cdots \text{第 } k \text{ 次支付在活动 } n \text{ 结束时进行}\\0\cdots \text{其他}\end{cases}$$

令 $y_{nmt}(n=1,2,\cdots,N;m=1,\cdots,M;t=1,2,\cdots,DD)$ 为活动 n 采取执行模式 m 的 0—1 变量

$$y_{nmt}=\begin{cases}1\cdots \text{活动 } n \text{ 采取执行模式 } m \text{ 在 } t \text{ 时刻完成}\\0\cdots \text{其他}\end{cases}$$

$p_k(k=1,2,\cdots,K)$ 为第 k 次的支付量；

$b_k(k=1,2,\cdots,K)$ 为第 k 次支付发生的时刻。

本章主要从承包商、业主单方独立视角对具有可更新资源约束条件下的项目支付问题进行研究。根据这点，对 MPRCPSP 的求解目标就是确定使承包商项目收益最大化的支付进度 Π^* ：

$$\Pi^* = \{\Omega^*, \Gamma^*, \Psi^*\}$$

其中，$\Omega^* = \{n:x_{kn}, k = 1,2,\cdots,K\}$ 为支付活动集合；$\Gamma^* = \{I^*, O^*\}$ 表示活动进度，$I^* = \{m:y_{nm}, n = 1,2,\cdots,N\}$ 为活动执行模式集合，$O^* = \{s_n, n = 1,2,\cdots,N\}$ 为活动的开始时间集合；$\Psi^* = \{p_k, k = 1,2,\cdots,K\}$ 为支付量集合。

从上文的分析可以看出，求解资源约束下的单方项目支付问题需要确定三组决策变量，分别为：项目支付活动集合，即在哪些活动完成时业主会向承包商进行支付；项目活动执行模式集合，即确定拥有多模式执行方式的活动选择何种执行方式进行；项目活动的开始时间集合，该集合主要是确定项目活动的开工时间，一旦其确定之后，项目的工期也随之确定。此外，本研究采用事件支付的方式进行支付，支付活动集合、活动执行模式集合与活动开始时间集合共同决定了支付量集合，因此，支付量集合只能作为一个次生决策变量。

4.3　合同双方资源约束项目支付进度优化模型构建

根据前文的分析，在模型求解过程中，需要首先计算出项目的支付活动，活动的执行模式，活动的开始时间，随后计算出对应的支付量，进而求解得出承包商、业主的收益情况。

本模型在有资源约束的 Max－npv 项目调度模型的基础上，通过添加支付次数、支付量的约束，对原模型进行相应的扩展，由于需要从承包商和业主双方各自的视角进行考虑，因此，需要从二者的独立视角分别建立优化模型。

4.3.1　承包商视角优化模型

$$\text{Max} \quad NPV_{cont} = \sum_{k=1}^{K} (p_k \exp(-\alpha b_k)) - \sum_{n=1}^{N} \sum_{t=E_n}^{F_n} \sum_{m=1}^{M_n} (y_{nmt} c_{nm} \exp(-\alpha t)) \tag{4-1}$$

$$\text{s.t.} \quad \sum_{t=E_n}^{F_n} \sum_{m=1_n}^{M_n} y_{nmt} = 1 \quad n = 1,2,\cdots,N \tag{4-2}$$

$$\sum_{t=E_j}^{F_j}\sum_{m=1_n}^{M_n} y_{nmt}t - \sum_{t=E_n}^{F_n}\sum_{m=1_n}^{M_n} y_{nmt}t \geqslant d_{jm}$$

$$n < j \qquad n,j=1,2,\cdots,N \tag{4-3}$$

$$\sum_{t=E_N}^{F_{Nn}}\sum_{m=1_n}^{M_N} y_{nmt}t \leqslant DD \tag{4-4}$$

$$x_{KN} = 1 \tag{4-5}$$

$$\sum_{k=1_n}^{K} x_{kn} \leqslant 1 \quad n=1,2,\cdots,N \tag{4-6}$$

$$\sum_{n=1}^{N}\sum_{m=1_n}^{M_n}\sum_{a=t}^{t+d_{nm}-1} r_{nqm}\, y_{nma} \leqslant R_q$$

$$q=1,2,\cdots,Q;\ t=1,2,\cdots,DD \tag{4-7}$$

$$p_k = (1+\beta)\sum_{n=1}^{N}\sum_{t=b_{k-1}}^{b_k}\sum_{m=1}^{M_n} c_{nm}\, y_{nmt} \quad k=1,2,\cdots,K \tag{4-8}$$

$$y_{nmt} = \{0,1\} \quad n=1,2,\cdots,N;\ t=1,2,\cdots,DD;\ m=1,2,\cdots,M_n \tag{4-9}$$

$$x_{kn} = \{0,1\} \quad k=1,2,\cdots,K;\ n=1,2,\cdots,N \tag{4-10}$$

$$b_0 = 0 \tag{4-11}$$

其中，NPV_{cont} 为承包商在整个项目结束时的现金流净现值；E_n、F_n 分别为活动 n 的最早和最晚完成时间，β 为承包商的利润率，α 为项目执行过程中资金的折现率。b_k 与 t 含义相同，都表示时间，DD 为项目的合同结束日期。

上述优化模型为一个非线性混合整数规划模型。目标函数式(4－1)为最大化承包商现金流的净现值，通过计算业主对其所支付的所有支付现金的现值，减去承包商在项目执行中所支出的活动费用对应现金流的现值得到；约束条件式(4－2)是确保在项目周期中每个活动有且只有一个确定的执行模型，只对应一个结束时间点；式(4－3)为优先关系约束，即确保每个活动在开始执行时，其所有前续活动已经执行完成；式(4－4)为项目工期约束，在本文假设中已经提到，项目不允许超过合同截止日期；式(4－5)为确定在最后一个活动 N 结束时，必然会发生一次，即最后一次支付，第 K 次支付；式(4－6)为每个活动支付次数的约束，在每个活动结束时刻，最多只能发生一次支付；式(4－7)为可更新资源的约束，项目每天所有活动对可更新资源的消耗不能超过承包商可提供的资源量；式(4－8)为支付量的约束，即业主向承包商的支付量仅包括该次支付周期内承包商所完成的活动费用，加上承包商应得的对应利润；式(4－9)、式(4－10)和式(4－11)为决策变量的定义域约束。

如前文所述，在该模型中，支付活动集合、活动执行模式集合和活动开工时间为三个主要决策变量。承包商在决策的过程中，希望尽可能早获得业主的支付款，并且承包商会选择采用较多的加急模式来完成项目活动，这样项目的周期会缩短，自己也会较早获得支付款，以缩短自己垫付费用的周期，达到降低自己成本的目的，从而提高自己的收益。该模型的支付时间点是不确定的，通过对模型的求解才可以得到，这就使得承包商有更多的机会尽可能选择有利于自己的支付时间点向业主提出支付要求。

4.3.2　业主视角优化模型

$$\text{Max}\quad NPV_{die}=\sum_{k=1}^{K}(p_k\exp(-\alpha b_k))+U \tag{4-12}$$

$$\text{s.t.}\quad \sum_{t=E_n}^{F_n}\sum_{m=1_n}^{M_n} y_{nmt}=1\quad n=1,2,\cdots,N \tag{4-13}$$

$$\sum_{t=E_j}^{F_j}\sum_{m=1_n}^{M_n} y_{nmt}t-\sum_{t=E_n}^{F_n}\sum_{m=1_n}^{M_n} y_{nmt}t\geqslant d_{jm}\quad n<j\quad n,j=1,2,\cdots,N \tag{4-14}$$

$$\sum_{t=E_N}^{F_{Nn}}\sum_{m=1_n}^{M_N} y_{nmt}t\leqslant DD \tag{4-15}$$

$$x_{KN}=1 \tag{4-16}$$

$$\sum_{k=1_n}^{K} x_{kn}\leqslant 1\quad n=1,2,\cdots,N \tag{4-17}$$

$$\sum_{n=1}^{N}\sum_{m=1_n}^{M_n}\sum_{a=t}^{t+d_{nm}-1} r_{nqm}\,y_{nmt}\leqslant R_q\quad q=1,2,\cdots,Q;\ t=1,2,\cdots,DD \tag{4-18}$$

$$p_k=(1+\beta)\sum_{n=1}^{N}\sum_{t=b_{k-1}}^{b_k}\sum_{m=1}^{M_n} c_{nm}\,y_{nmt}\quad k=1,2,\cdots,K \tag{4-19}$$

$$y_{nmt}=\{0,1\}\quad n=1,2,\cdots,N;\ t=1,2,\cdots,DD;\ m=1,2,\cdots,M_n \tag{4-20}$$

$$x_{kn}=\{0,1\}\quad k=1,2,\cdots,K;\ n=1,2,\cdots,N \tag{4-21}$$

$$b_0=0 \tag{4-22}$$

在该模型中，NPV_{die} 为业主的项目现金流的净现值。目标函数式(4-12)为最大化业主现金流的净现值，即最大化业主的支付额对应的净现值，在该模型中，当承包商完成项目，将项目成果交付业主时，业主会一次性得到一个较大的资产，但由于不同项目对项目成果价值的判断方法不一，因此，在该模型中并未考虑该部分价值，业主在项目中只有现金流的支出，换句话说，通过业主的成本最小化来说明其收益最大化。除此之外，该模型中式(4-13)至式(4-22)与承包商模型的约束条件式(4-2)至式(4-11)含义相同。

业主视角的模型中，目标函数中包含有支付时间点和支付量两个变量，为了实现自己的净现值最大化，业主可以通过两个途径来实现：推迟项目的支付时间点，缩小每次的支付量。推迟支付时间点方面，业主可以通过选择较晚实施的活动作为支付活动，这样支付时间点就会有所推迟；缩小每次支付量方面，业主会在保证项目工期的前提下，更倾向于承包商采用正常执行模式实施项目，这样一方面由于活动的工期会较长，支付的时间点会延迟；另一方面当活动采用正常模式时，活动的费用会有所降低，支付量也相应会有所减少，二者都为提高业主的净现值而服务。

通过上文的分析可以看出，业主更倾向于推迟支付时间点、活动采用正常执行模式，这个与承包商期望的业主提早进行支付，活动采用加急模式相反，在项目执行过程中，承包商与业主处于利益分配的对立方，因此，对于二者的净现值最大化问题，应该分别站在各自的视角去研究分析。

4.3.3 算例研究

这部分主要通过一个算例说明模型及模型的求解结果，通过对MPRCPSP模型分析可知，影响支付进度安排及项目收益的主要因素有支付次数 K、承包商的利润率 β、折现率 α，对这 3 个因素依次进行分析。

4.3.3.1 算例说明

借用算例生成器 ProGen 生成一个算例对本章的研究成果加以说明，该项目包含有 16 个活动，采用 AoN 的方式来表示项目的网络图，其中，节点表示项目对应的活动，箭线表示项目活动之间的优先关系顺序。

对应的项目网络图如图 4-1 所示，该网络图中主要有 18 个活动(其中活动 1 和活动 18 是为了便于求解而添加的虚活动)，主要消耗两种资源，假设其为人力资源与共用设备两种主要资源，两种资源都为可更新资源，在项目工期内，每天只有一定的可用量，各自的可用量分别为 22 人和 32 人。

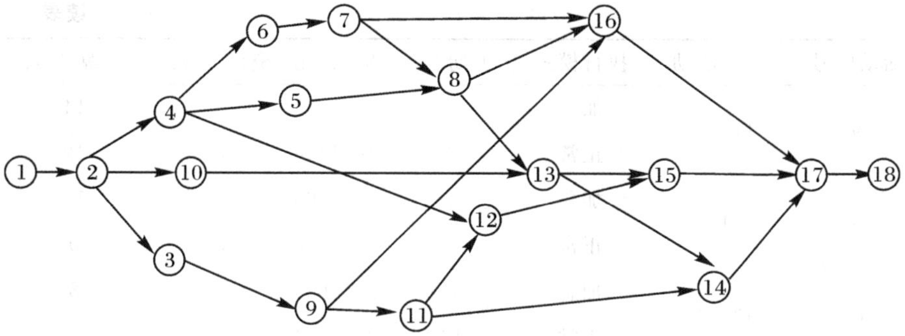

图 4－1　项目网络图

项目中的每个活动都具有两种执行模式：正常模式和加急模式，在正常模式下，活动对资源的需求量较多，在加急模式下，由于工期需要缩短，相应对资源的需求量会有所增加，成本也会有所提高。项目中活动的具体信息如表 4－1 所示。

表 4－1　项目活动优先关系和活动不同执行模式下资源、费用、工期信息

活动序号	后续活动	执行模式	工期/天	费用/元	资源 1/人	资源 2/人
1	2	加急	0	0	0	0
		正常	0	0	0	0
2	3　4　10	加急	5	878.639	7	4
		正常	15	292.88	2	4
3	9	加急	1	1010.93	8	0
		正常	7	144.418	3	10
4	5　6　12	加急	9	839.778	7	9
		正常	10	755.8	4	1
5	8	加急	13	1703.57	2	7
		正常	15	1476.43	0	6
6	7　15	加急	1	933.256	7	9
		正常	13	71.7889	0	7
7	16	加急	6	1384.94	0	15
		正常	9	923.291	9	11
8	13　16	加急	2	695.097	12	8
		正常	10	139.019	8	0

续表 4-1

活动序号	后续活动	执行模式	工期/天	费用/元	资源 1/人	资源 2/人
9	11 16	加急	6	24.1607	5	14
		正常	8	18.1206	0	12
10	13	加急	1	455.565	8	13
		正常	3	151.855	5	0
11	12 14	加急	5	258.639	4	8
		正常	13	99.4764	3	0
12	15	加急	4	668.538	6	0
		正常	9	297.128	3	0
13	14 15	加急	7	7.7578	0	14
		正常	14	3.8789	4	11
14	17	加急	11	691.202	3	8
		正常	11	691.202	0	9
15	17	加急	5	890.486	11	2
		正常	7	636.062	7	1
16	17	加急	2	821.831	10	11
		正常	8	205.458	6	10
17	18	加急	2	897.467	14	10
		正常	10	179.493	13	9
18		加急	0	0	0	0
		正常	0	0	0	0

项目在执行过程中，承包商的利润率为 20%，设定在整个项目执行过程中，业主向承包商进行三次支付，根据模型要求，第三次支付发生在项目结束时刻。在项目执行过程中，资金的折现率为 0.002，承包商会在项目结束时刻收到项目成果带来的收益 20000 元。

4.3.3.2 计算结果说明

本文通过对该模型设计的遗传算法，从承包商视角对该算例进行求解，求解结果具体如表 4-2 所示。从表中我们可以看出，满意支付进度中支付活动为活动 4、8、18 这 3 个活动，每次支付对应的支付量分别为 8101 元、668 元、

3308 元，在 18 个活动中(不考虑第一个活动 1 和最后一个活动 18 这两个虚活动的活动执行模式)只有活动 3、15 采用正常执行模式，其余都为加急执行模式，这主要是因为项目的工期约束较紧，且是从承包商视角进行求解的，因为承包商更希望项目尽快完工，获得支付，因此会有较多的活动采取加急执行模式，最终承包商项目收益为 1599.18 元，业主的收益为 5241.08 元。

表 4-2　承包商视角满意支付进度及项目收益

决策变量		求解结果
Π	Ω	{4,8,18}
	I	{0,0,1,0,0,0,0,0,0,0,0,0,0,0,1,0,0,0}
	O	{1,2,22,8,22,32,35,36,31,38,40,46,39,46,50,55,57,60}
	Ψ	{8101,668,3308}
NPV_{cont}		1599.18
NPV_{clie}		5241.08

再从业主的视角对该算例进行求解，结果如表 4-3 所示。

表 4-3　业主视角满意支付进度及项目收益

决策变量		求解结果
Π	Ω	{8,13,18}
	I	{0,0,1,1,1,1,1,1,1,1,0,1,0,1,0,1,0,0}
	O	{1,2,13,8,21,27,52,40,28,11,44,50,52,63,69,63,76,78}
	Ψ	{4318,348,1989}
NPV_{cont}		−163.325
NPV_{clie}		11110.45

从上表业主视角的计算结果来看，支付活动由承包商角度的{4,8,18}推迟为现在的{8,14,18}，说明业主更多期望推迟支付时间点；活动模式方面，只有 5 个活动采用了加急模式，与承包商角度的 14 个活动采用加急模式的情况相比减少了 9 个，这主要是因为业主更期望推迟支付，减少支付量所促使的；项目的工期也由 60 天增加为 78 天，也更有利于推迟支付。最后再来看二者的收益，在业主视角，承包商的收益为 −163.325 元，业主的收益为 11110.45元，对比承包商视角的情况可以看出，承包商的收益有大幅下跌，而

业主的收益由 5241.08 元增加到 11110.45 元，收益提高了近 111.99%。说明当业主从自己视角出发对项目支付进度进行计划时，会通过推迟支付时间点，更多活动采用正常执行模式的方式，在降低给承包商的支付量的同时，大幅提高自己的收益，达到自己期望的目的。

4.3.3.3 影响双方收益的因素分析

1. 支付次数

为了分析支付次数 K 对项目收益的影响，在其他参数不变的条件下，折现率为 0.001，承包商的利润率为 0.2，将 K 分别设置为 3、4、5，承包商视角计算结果如表 4-4 所示。

表 4-4 不同支付次数下的承包商满意支付及项目收益

K		3	4	5
Π	Ω	{4,8,18}	{4,11,13,18}	{8,10,11,13,18}
	I	{0,0,1,0,0,0,0,0,0,0,0,0,0,0,1,0,0,0}	{0,0,0,0,0,0,0,0,0,0,0,0,0,0,0,1,0,0}	{0,0,0,0,0,0,0,0,0,1,0,0,0,0,0,1,0,0}
	O	{1,2,22,8,22,32,35,36,31,38,40,46,39,46,50,55,57,60}	{1,2,19,10,21,33,40,35,23,35,36,47,37,45,51,47,56,59}	{1,2,21,7,17,31,37,31,26,29,33,43,33,41,47,44,52,55}
	Ψ	{8101,668,3308}	{879,2545,3375,5362}	{6080,455,258,4464,897}
NPV_{cont}		1599.18	1714.44	1840.84
NPV_{clie}		5241.08	5151.28	5121.9

从承包商视角的计算结果可见，当支付次数为 4 次时，承包商的项目收益比支付次数为 3 时上升了 7.2%，为 1714.44 元。当支付次数为 5 次时，承包商的项目收益比支付次数为 4 时上升了 7.32%。这表明其他条件不变时，承包商的项目收益随着支付次数的增加而上升，随着支付次数的减少而下降，同时，业主的收益也随着承包商收益的增加而有一定程度的减少。出现这一结果的原因在于当支付次数增加时，两次支付之间的平均时间间隔相应缩短，这使得承包商在项目实施过程中发生的费用得到补偿的及时程度有所增加，从而导致承包商收益增加，而业主则由于对承包商的支付更及时，支付发生的更频繁，从而收益有所下降。

在业主视角下将支付次数设置为 3、4、5 的计算结果如表 4-5 所示。

表 4-5　不同支付次数下的业主满意支付及项目收益

K		3	4	5
	Ω	{8,13,18}	{2,14,17,18}	{2,14,16,17,18}
	I	{0,0,1,1,1,1,1,1,1,1,0,1,0,1,0,1,0,0}	{0,0,0,1,1,1,1,1,1,1,0,1,0,1,1,1,0,0}	{0,0,0,1,1,1,1,0,1,1,1,1,0,1,0,1,0,0}
Π	O	{1,2,13,8,21,27,52,40,28,11,44,50,52,63,69,63,76,78}	{1, 3, 18, 10, 27, 28, 54,44,21,19,41,47,56,65,67,64,76,78}	{1, 3, 19, 10, 27, 28, 42,50,22,27,36,50,54,64,70,55,76,78}
	Ψ	{4318,348,1989}	{926,2281,2205,1327}	{828,4351,636,896,520}
NPV_{cont}		−163.325	−147.297	−127.382
NPV_{clie}		11147.49	11054.28	10893.8

从表中的数据可以看出，在其他参数不变的情况下，随着支付次数的增加，即使是站在业主的视角进行计算，业主的收益也有所下降，由 11147.49 元下降到 11054.28 元，最后当支付次数为 5 次时，业主的收益也降到了 10893.8 元；而承包商的收益则呈现出逐渐增加的趋势。出现这种情况的原因主要是：当支付次数增加时，承包商在项目实施的过程中，业主向其支付的周期会缩短，使得承包商垫付资金的周期缩短，其资金可以及时得到补充，因此收益会有所增加，而业主作为支付方，支付更及时，次数更频繁，收益当然会有所下降。

2. 承包商利润率

为了分析承包商的利润率 β 对项目收益的影响，在其他参数不变的条件下，支付次数为 3，项目的折现率为 0.001，将 β 分别设置为 0.1，0.2，0.3，从承包商视角的计算结果如表 4-6 所示。

表 4-6　不同承包商利润率下的承包商满意支付及项目收益

β		0.1	0.2	0.3
	Ω	{11,14,18}	{4,8,18}	{9,13,18}
	I	{0,0,0,0,0,0,0,0,0,0,0,0,0,0,0,0,0,0}	{0,0,1,0,0,0,0,0,0,0,0,0,0,0,1,0,0,0}	{0,0,0,0,0,0,0,0,0,0,0,0,0,0,1,0,0,0}
Π	O	{1,2,25,8,17,31,41,31,28,32,35,43,33,40,47,50,52,55}	{1,2,22,8,22,32,35,36,31,38,40,46,39,46,50,55,57,60}	{1,2,25,7,17,34,42,31,27,32,34,40,33,40,44,49,51,54}
	Ψ	{4220,1366,6541}	{8101,668,3308}	{879,2783,8499}

续表 4-6

β	0.1	0.2	0.3
NPV_{cont}	600.176	1599.18	2911.07
NPV_{clie}	6323.18	5241.08	4024.77

从上表的计算结果可以看出，承包商在完成部分工程后，都能够及时得到业主的支付款，随着β值的增加，同时又会获得越来越多的利润，因此，利润率增加，承包商的收益也会增加，而业主的收益则会减少。从表中可以得出，当承包商的利润率由 0.1 增加到 0.3 时，利润逐步由 600.18 元增加到 1599.18元、2911.07 元，收益的增加比例为 166%、82%，而业主的收益则由 6323.18 元减少到 5241.08 元，再到 4024.77 元，减少的比例为 17.11%、23.2%，业主收益下降的主要原因是，当承包商的利润率提高时，业主就必须对承包商支付更多的价款，其成本就会变大，收益自然就会有所下降。

在业主视角下将承包商收益率分别设置为 0.1、0.2、0.3 的计算结果如表 4-7 所示。

表 4-7 不同承包商利润率下的业主满意支付及项目收益

β		0.1	0.2	0.3
Π	Ω	{3,16,18}	{8,13,18}	{3,14,18}
	I	{0,0,0,1,1,1,1,0,0,1,0,1,0,1,1,1,0,0}	{0,0,1,1,1,1,1,1,1,1,0,1,0,1,0,1,0,0}	{0,0,1,1,1,1,1,0,1,1,0,1,1,1,0,1,0,0}
	O	{1,6,21,12,27,26,53,44,30,19,43,48,49,57,67,67,76,78}	{1,2,13,8,21,27,52,40,28,11,44,50,52,63,69,63,76,78}	{1,3,18,9,24,30,53,40,33,14,43,51,45,65,70,68,76,78}
	Ψ	{5881,691,636}	{4318,348,1989}	{1163,4654,841}
NPV_{cont}		−735.471	−163.325	470.925
NPV_{clie}		11201.93	11147.49	10529.16

从上表的计算结果可以看出，随着承包商利润率由 0.1 提高到 0.2 时，业主的收益从 11201.93 元降低到 11147.49 元，大约降低了 0.49%，当承包商的利润率继续由 0.2 提高到 0.3 时，业主的收益降低到了 10529.16 元，降低了 5.55%，这个结果与在承包商视角下的计算结果是一致的。主要原因是，

随着承包商利润率的提高，业主就必须在承包商费用的基础上支付更多的价款，这必然会增加业主的成本，降低其收益，而承包商由于得到了更多的支付款，收益也会随着自身利润率的提高而增加。

3. 折现率

为了分析折现率 α 对项目收益的影响，在其他参数不变的条件下，将 α 分别设置为 0.001、0.002、0.003，承包商视角的计算结果如表 4－8 所示。

表 4－8　不同折现率下的承包商满意支付及项目收益

α		0.001	0.002	0.003
Π	Ω	{4,8,18}	{11,16,18}	{2,11,18}
	I	{0,0,1,0,0,0,0,0,0,0,0,0,0,0,0,1,0,0,0,0}	{0,0,0,0,0,0,0,0,0,0,0,0,0,0,1,0,0,0,0,0}	{0,0,0,0,0,0,0,0,0,0,0,0,0,0,0,1,0,0,0,0}
	O	{1,2,22,8,22,32,35,36,31,38,40,46,39,46,50,55,57,60}	{1,1,26,7,17,32,42,31,28,31,35,42,33,40,46,49,51,54}	{1,1,20,6,17,36,43,31,27,33,34,40,34,41,44,50,52,55}
	Ψ	{8101,668,3308}	{1719,7142,3300}	{1,4432,7728}
NPV_{cont}		1599.18	1473.93	1130.34
NPV_{clie}		5241.08	5904.07	6610.97

从计算结果可以看出，当 α 由 0.001 提高到 0.002 时，承包商收益从 1599.18 元降低到 1473.93 元，减幅为 7.8％，业主的收益由 5241.08 元提高至 5904.07 元，增幅为 12.65％；当 α 由 0.002 上升至 0.003 时，承包商收益从 1473.93 元进一步下降到 1130.34 元，减幅为 23.3％，业主的收益由 5904.07 元提高至 6610.97 元，增幅为 11.97％。由此可见，承包商项目收益随着 α 的上升而下降，随着 α 的下降而上升，承包商的项目收益与折现率 α 呈一种较为显著的负相关关系，而业主的收益则随着折现率的提高而增加，主要是因为当折现率提高的时候，业主需要向承包商支付的价款变少了，所以其收益会有所增加。折现率 α 反映了资金的时间价值，本文中的 α 实质上是项目融资费用率。当 α 越高时表示融资费用越高，当 α 越低时表示融资费用越低。

在业主视角下将资金折现率分别设置为 0.001、0.002、0.003 的计算结果如表 4－9 所示。

表 4-9　不同折现率下的业主满意支付及项目收益

α		0.001	0.002	0.003
Π	Ω	{8,13,18}	{8,14,18}	{2,16,18}
	I	{0,0,1,1,1,1,1,1,1,1,0,1,0,1,0,1,0,0}	{0,0,0,1,1,1,1,0,1,1,0,1,0,1,0,1,0,0}	{0,0,0,1,1,1,1,1,1,1,0,1,0,1,0,1,0,0}
	O	{1,2,13,8,21,27,52,40,28,11,44,50,52,63,69,63,76,78}	{1,4,17,11,31,29,52,49,27,15,41,47,55,63,67,67,76,78}	{1,7,22,13,25,32,56,42,31,23,46,52,55,63,70,68,76,78}
	Ψ	{4318,348,1989}	{1719,7142,3300}	{1,2001,4737}
NPV_{cont}		−163.33	−350.49	−520.61
NPV_{clie}		11147.49	11609.50	12134.99

从上表业主视角下的计算结果看出，当 α 由 0.001 提高到 0.002 时，承包商收益从−163.33 元降低到−350.485 元，减幅为 114%，业主的收益由 11147.49 元提高至 11609.5 元，增幅为 4.14%；当 α 由 0.002 上升至 0.003 时，承包商收益从−350.485 元进一步下降到−520.607 元，减幅为 48.5%，业主的收益由 11609.50 元提高至 12134.99 元，增幅为 4.25%。主要是因为当折现率提高时，承包商发生费用的净现值就会有所下降，业主每次对承包商的支付量就会有所减少，使得业主成本有所降低、收益增加，而承包商的收益也由于自身费用的降低有所下降。

本章通过对上述算例的讨论分析，可以得出如下结论：其他条件不变的情况下，在承包商视角，支付次数、支付比例以及折现率对承包商收益有显著影响。其中承包商收益与支付次数及支付比例呈正相关关系，与折现率呈负相关关系。支付次数与支付比例一定程度上代表了承包商支出费用得到补偿的及时程度，折现率代表了项目的融资成本，上面得到的结果可以解释为现实中承包商支出费用得到补偿的及时程度越高，项目融资成本越低，对承包商来说越有利。从业主角度看，随着支付次数的增加，承包商利润率的提高，业主的收益有所下降，资金的折现率与业主的收益呈正相关关系。

从上文支付次数、承包商利润率、折现率的分析可以看出，从业主视角和承包商视角计算得到的项目支付、进度安排是完全不同的。在业主视角，只有在承包商具有特别高的利润率 0.3 时，承包商的收益才为正，即在该项目实施过程中获利，在其他情形下，承包商都是处于亏损状态；当从承包商视角出发时，承包商的收益都为正值，始终处于获利状态，而此时业主的收益则明显低于业主视角时的收益。说明在项目执行过程中，承包商和业主作为合同双方，在利益分配过程中，一方收益的提高都是建立在对方收益减少的情况下，双方处于对立位置。

4.4 MPRCPSP 求解算法

针对构建的优化模型，首先根据模型所具有的特点，有针对性地建立起有效求解算法——基于 MCUOX（multi component uniform order-based crossover）的遗传算法，其次，借助 ProGen 生成了 90 个算例，通过计算这些算例，对遗传算法进行测试分析。

4.4.1 MPRCPSP 求解难度分析

本文研究的 MPRCPSP 模型是对 RCPSP 模型做了进一步扩展得到的，分别从两个方面进行扩展：

(1)从活动的执行模式上，由单一活动执行模式扩展为活动具有多种执行模式，在不同的执行模式下，活动会消耗不同数量的资源、工期也会有所不同、所花费的费用也会有所不同。活动模式的扩展，增加了活动的解空间，求解最优解的难度也会增加；

(2)支付进度决策变量的加入，大多数对 RCPSP 研究中涉及现金流的支付问题时所作的假设相对过于简单，与现实的差距较大。例如，大多数研究均假定承包商在整个项目完成时才发生一个较大的正现金流[24]。这显然与承包商分阶段获得业主支付的实际情况不符合，本模型将支付时间点作为一个决策变量，在事先约定支付次数的情形下，由决策方来制定支付决策，与 RCPSP 相比，增加了一组决策变量，使其求解难度大于 RCPSP。

RCPSP 在求解难度方面，Blazewncz 等学者已经证明过 RCPSP(resource constranned project schedulnng problem)问题为 NP - hard 问题，通过上述的分析，我们可知 MPRCPSP 与 RCPSP 相比，求解难度增加了许多，因此，MPRCPSP 也是一个 NP - hard 问题。

求解 NP - hard 问题最优解、最常用的有效算法便是分支定界算法[26]，但由于精确算法耗费的时间较长，且随着问题规模的增加，其求解花费时间呈指数增加，对于类似中等规模的问题，精确算法已很难解决，只能求解较小规模的问题，实用价值不大。而启发式算法是近年来兴起的有效解决该类问题的一种有效途径，它在求得满意解的同时，花费的时间更小，效率更高，具有更高的实用性。因此，本文从实用的角度出发，尝试建立有效的遗传算法对MPRCPSP进行求解。之所以选择遗传算法，主要是从以下几方面考虑的。

①遗传算法对于求解多参数、多变量、多目标和在多区域但连通性较差的NP-hard优化问题有很好的效果，作为一种数值求解的方法，遗传算法具有很好的普遍适用性，对目标函数的性质几乎没有要求。

②遗传算法在求解的过程中，是对一个群体进行操作，即可以同时搜索多个解，这是禁忌搜索和模拟退火算法所不具有的性质，通过同时搜索多个解，当解空间较大时，其求解速度会比较快。

③遗传算法对问题的依赖性不强，不需要对问题有很深入的理解，也不需要较强的求解，可以直接根据求解问题的决策变量对问题进行多种形式的编码，具有较高的灵活性。

④在启发式算法中，遗传算法是学者用以求解该类问题最常用的方法，从其算法测试结果来看，遗传算法针对RCPSP这类问题都能够很好地解决。

综上考虑，本文就选择遗传算法作为求解MPRCPSP的主要算法，对MPRCPSP模型进行求解分析。

4.4.2 MPRCPSP算法设计

在此基础上，针对MPRCPSP的特点：项目的活动之间具有优先关系，编码的顺序不可以随便变化。本文选择MCUOX的交叉方法进行交叉操作，顾名思义，该交叉操作方法主要是针对具有先后顺序的多个体进行交叉问题，该方法可以在交叉的过程中根据父代染色体的基因顺序，直接生成满足优先关系顺序的个体，而不需要重新检测子代优先关系顺序的合理性。具体的算法设计将在以下几节详细阐述。

4.4.2.1 算法设计思路与流程

求解MPRCPSP即是要寻求使目标函数最大化且满足所有约束条件的满意支付进度安排$\Pi^* = \{\Omega^*, \Gamma^*, \Psi^*\}$，从前文的分析可知，当$\Omega^*$和$\Gamma^* =$

$\{I^*, O^*\}$ 确定之后，Ψ^* 也可以通过计算得出，因此，Ψ^* 并不是真正意义上的一个决策变量。整个问题的决策变量就剩下三组：每个活动的开工时间，每个活动的执行模式，发生支付的活动。因此，在进行遗传算法编码的时候，至少需要包括这三个变量。算法的求解流程与传统的遗传算法求解流程相似，具体求解流程图如图 4－2 所示。

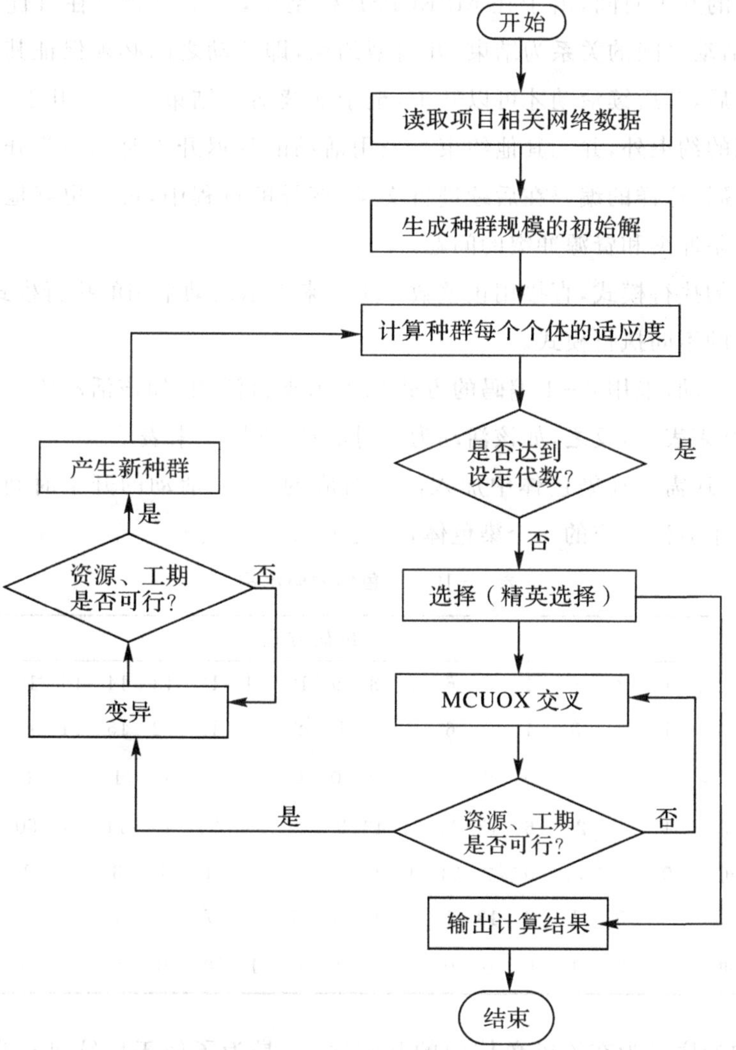

图 4－2　遗传算法流程图

4.4.2.2 算法流程说明

1.编码方式与解码方案

(1)编码方式

由上文可知,MPRCPSP 模型主要有三组决策变量:活动开工时间、活动执行模式、支付活动。因此采用直接编码的方式进行。具体如下:

活动的开工时间,由于在 MPRCPSP 模型中,活动之间存在有优先关系约束,且活动之间的关系为结束-开始型约束,即活动之间必须保证其前续活动结束之后,其后续活动才可以开工,至于前续活动结束后多久开工,除了项目总工期的约束外,并无其他约束。采用活动的延迟开工时间作为开工时间的替代编码,这样的编码在后续进行交叉、变异的过程中,可以更好地解决活动优先关系冲突和资源冲突的问题。

活动的执行模式,直接用正整数 0、1、2 来表示活动采用的执行模式,分别对应活动的不同执行模式。

支付活动,采用 0 - 1 编码的方式来表示支付活动,如该活动为非支付活动,则用 0 来表示,反之,如该活动为支付活动,则用 1 来表示。

此外,还需要在染色体中加入活动对应的序号,活动的开工时间。这样就构成一个算法对应的一个染色体,如表 4 - 10 所示。

表 4 - 10 染色体编码示例

基因内容	编码方式																	
序号	1	2	3	4	5	6	7	8	9	10	11	12	13	14	15	16	17	18
活动	1	2	3	4	5	6	8	7	10	9	11	13	12	15	14	16	17	18
模式	0	0	0	0	0	0	0	0	0	0	0	0	0	1	0	0	0	0
开始时间	1	1	20	6	17	36	31	43	33	27	34	34	40	44	41	50	52	55
延迟时间	0	0	14	0	2	21	1	6	27	6	1	1	1	3	2	1	1	1
工期	0	5	1	9	13	1	2	6	1	6	5	7	4	7	11	2	2	0
支付活动	0	0	1	0	0	0	0	0	0	0	1	0	0	0	0	0	0	1

表中的序号为在该染色体中的基因序号,是为了便于后续进行交叉、选择等操作而设置的;活动为实际项目中活动的编号,可以看到活动的编码与

序号并不是一致的，说明在执行项目时当活动处于同一级别的拓扑位置时，彼此之间的顺序可以调换；模式主要是指活动的执行模式，在这里活动有两种执行模式：正常和加急模式，分别用 1 和 0 来表示；开始时间、延迟时间、工期都直接用其相应的整数进行编码，延迟时间表示的是活动比其最早开工时间晚开工的时间，即活动需要等待多久才开工；支付活动采用 0－1 编码的方式进行，0 表示该活动为非支付活动，1 表示该活动为支付活动。

(2)解码方案

该遗传算法采用的是直接编码的方式进行，因此，不需要进行编码的转化等操作。只需要进行简单的编码识别即可：在支付基因上，值为 1 的活动为支付活动，其余支付基因值为 0 的活动为非支付活动。模式基因中的数字 m，即表示该活动执行第 m 种执行模式。活动的延迟开工基因中的数值，表示该活动会在其最早开工时间之后延迟开工的天数。

2. 初始解生成

为了提高遗传算法的效率，在生成初始解的时候，要求所有的初始解都为可行解。具体生成可行初始解的步骤如下。

步骤 1　将所有的活动都添加进备选列表中。借用计算项目活动拓扑顺序的思想，计算出所有活动的入度，这样，项目的第一个活动 n 入度为 0，将其放入染色体列表的第一位，并将其从备选列表中删除掉，转步骤 2。

步骤 2　为活动 n 随机生成执行模式(0 到 1 之间的随机数与 n 活动拥有的执行模式数 M_n 相乘得到)，并随机生成活动 n 的延迟开工时间(0 到 1 之间的随机数与 6 的乘积)，删除所有从活动 v 出发的后向箭头，并更新所有备选活动的入度，转步骤 3。

步骤 3　找到所有入度为 0 的活动，采用随机的方式从中选取一个活动 v，将其顺次添加到染色体列表中，并将其从备选列表中删除，转步骤 4。

步骤 4　检查备选列表是否为空，如为空，即表示所有的活动已经添加到染色体中，已经生成一个符合活动优先关系约束的活动列表，则转步骤 5，否则转步骤 2。

步骤 5　检查该活动列表对应的进度安排工期是否冲突，资源是否冲突。首先计算出所有活动的开工时间，判断项目工期是否冲突，如冲突，则转步骤

1 重新生成该染色体；如不冲突，进一步判断在整个项目周期中，所有可更新资源是否发生冲突，如冲突，则转步骤 1 重新生成该染色体，如不冲突，则转步骤 6。

步骤 6　为染色体添加支付活动代码，首先将最后一个活动的支付基因设置为 1，即表示最后一个活动结束时始终会发生支付，其次，生成 $K-1$ 个不等的，且不大于活动个数 N 的随机整数，将与其对应的活动支付基因设置为 1，并将其余活动的支付基因设置为 0，结束操作。

至此，已生成一个可行解，反复执行此过程，直至生成与初始种群数目相同个数的可行解，将其组合即为遗传算法的初始种群。

3. 适应值计算

在本遗传算法中，目标函数值即为染色体的适应值，适应值越高表示该个体越优秀。具体适应值的计算过程为：

(1)首先确定出每次支付所发生的时间点，找到发生支付的活动，并计算出其对应的活动结束时刻，即为项目周期中，支付发生的时刻。

(2)确定出进行每次支付时，业主所需要支付的活动，对各次支付活动从头依次进行判断，对于所有完工日期早于第一次支付时刻的活动，业主需要在第一次支付发生时进行支付，第二次支付需要为那些完工日期晚于第一次支付时刻，并且早于第二次支付时刻的所有活动进行支付，以后各次的支付都依次类推，直至项目结束。

(3)按照事先约定的支付方式，根据每次的支付所包含的活动，计算出每次的支付量，并根据目标函数式，计算业主或者承包商相应的目标函数值。

至此，就得到了每个个体的适应值。

4. 选择操作

在保证求解质量的前提下，加快遗传算法的收敛速度，在选取个体进入下一代时，对本代种群进行“精英操作”，之所以采取这样的操作原因是：Whntley 学者通过模拟计算说明种群个体的全部替换会出现当前最优解的遗失，应该使上一代的当前最优解强行遗传到下一代。具体的操作为：在选择操作开始时，逐个计算每个个体的适应值，即每个个体对应的业主、或承包商的净现值，对其按照净现值从大到小依次排序，然后从总体中选取前 10%的个体直接进入下一代，这样就可以保证在每代之间最优秀的个体都可以被保留下来，确保遗传算法随着遗传代数的增加会一直收敛。

除了"精英操作"之外，新一代种群的选择采用轮盘赌的方式进行选择，即以相同概率，随机生成不大于种群数目的整数，对应该整数的个体就直接被复制到新一代，重复进行这样的操作，直至生成的个体数目达到种群数目的 50%，其余的 40%个体通过交叉操作获得。

5. MCUOX 交叉操作

MCUOX 交叉操作为 Sivrikaya 等学者提出的一种遗传算法的交叉操作方法[27]，该方法主要被应用于 PSP(project scheduling problem)的相关计算中，它最大的优点在于：针对有优先关系约束的染色体进行交叉操作时，会同时考虑活动之间的优先关系顺序，能够保证交叉后的染色体满足父代的优先关系要求。具体如下表 4－11 中的示例所示：

表 4－11　MCUOX 交叉示例

迭代次数	母代 1-1,3-0,2-1,4-1,5-0,6-1	父代 1-1,2-0,4-1,3-1,5-1,6-1
	选取结果	子代
1	母代	1-1
2	父代	1-1,2-0
3	父代	1-1,2-0,4-1,
4	母代	1-1,2-0,4-1,3-0
5	母代	1-1,2-0,4-1,3-0,5-0
6	父代	1-1,2-0,4-1,3-1,5-1,6-1

在该表中的父代、母代分别为进行 MCUOX 交叉的两个个体，子代为二者交叉后的新个体，在进行交叉前，父代和子代都包含有 5 组基因，每组基因的前一个数字为活动序号，后一个数字为该活动对应的执行模式。首先在双亲中随机选择一个个体，并将其第一个位置的活动和对应的执行模式复制进入子代，之后在双亲中将该已经复制的活动删除掉，然后随机选择双亲的第一位置的活动及其执行模式，将其复制添加到子代的活动序列的最后，并将其从双亲的基因中删掉，如此反复，直至双亲的基因列表中的活动数目都

为0。

在本算法交叉操作的过程中，为了防止所有个体的质量被破坏掉，特此在选择操作中采用“精英操作”保留下来的个体不参与交叉操作。MCUOX交叉操作的具体步骤为：

步骤1　在父代中随机选择两个个体，然后将其作为进行交叉的父亲个体和母亲个体，转步骤2。

步骤2　在编码的过程中特意为项目在初始和结束位置各添加了一个虚活动，即虚拟初始活动和虚拟结束活动。在进行交叉时，父亲个体和母亲个体的第一个基因都是相同的，因此，随机选择一个个体将其第一个基因（即初始虚拟活动）直接复制，并标记出父亲和母亲个体基因复制的对应位置，将已经复制的活动都添加到已生成列表LIST中，转步骤3。

步骤3　随机生成整数0或1，若为0，则选择从父亲个体生成子代的下一个活动，如生成的随机数为1，则选择从母亲个体生成子代的下一个活动。具体方法为：首先判断父代的下一个活动是否存在于已生成列表LIST中，如存在，则跳转至下一个基因位，继续判断该活动是否存在于已生成列表LIST中，如不存在，则将该活动的相关信息（执行模式，延迟开工时间等）全部复制到子代中，转步骤4。

步骤4　判断子代是否已经将所有活动包含，如子代个体未包含所有活动，说明交叉未完成，返回步骤3，继续进行交叉；如包含，则判断该个体的工期和资源使用量是否与期望冲突，如冲突，则抛弃该个体，返回步骤1重新生成，如不冲突，则保留该个体，交叉操作完成，结束该操作。

6.变异操作

针对MPRCPSP的遗传算法，主要包括三组基因：活动的执行模式、活动的延迟开工时间、活动是否为支付活动，算法的变异操作也从这三组基因分别进行。

进行变异时，首先选择需要进行变异的个体，在当代的所有个体中，随机选择其中10%的个体使其发生变异，之后针对每个需要进行变异的个体，随机生成0、1、2之间的一个值，如为0，则该个体进行活动执行模式变异；如为1，则该个体进行延迟开工时间变异；如为2，则该个体进行支付活动变异。

活动执行模式变异：在要进行变异的个体中，在 N 个活动中，随机选择一个活动作为变异目标，根据该个体所拥有的执行模式种类，随机将现有的执行模式转变为另外一种执行模式即可。

活动的延迟开工时间变异：同活动执行模式变异类似，首先随机选择一个活动作为变异目标，然后生成 0 到 1 之间的随机数，如大于 0.5，则给该活动的延迟开工时间加 1，否则，给该活动的延迟开工时间减 1。

支付活动的变异：首先在前 $F-1$ 个发生支付的活动中，随机选择一个活动作为变异目标，然后将其支付活动编码变为 0，即该活动不再为支付活动，再随机选择其他非支付活动的活动，将其支付活动编码变为 1，即表示该活动成为新的支付活动。

4.4.3 算法测试与性能分析

遗传算法作为启发式算法，为了说明其有效性和实用性，本文通过对大量标准算例的计算，从求解速度，解的平均质量和稳定性三个方面对该算法进行评价。

本文对选择的 90 个算例采用该遗传算法进行计算，并选用随机算法作为对比标准。随机算法的求解思路与遗传算法的初始解生成思路相同，首先生成符合活动优先关系的序列，接着判定该序列对应的资源、工期是否可行，如可行，即为可行解，添加到可行解的序列中，如不可行，则重新生成该解。最后，当生成的可行解数目达到要求时，根据目标函数挑选出最优的一个作为求得的满意解。

4.4.3.1 算例测试生成

该部分的算例都是通过算例生成器 ProGen 生成而来，该算例生成器可以根据需要的算例网络复杂度、可更新资源的强度，可更新资源、不可更新资源的种类、活动的数目、活动的工期变化范围，活动的执行模式种类等生成满足要求的算例，但是该算例生成器无法直接生成活动对应的费用等，需要在其生成的基本算例基础上，进一步随机生成对应的活动费用。本文的活动费用采用如下的公式生成：

$$c = 1000 * rand(\ ) * (\sqrt{(\text{对应工期}/16)} + 1)$$

其中 $rand(\ )$ 为随机数。由于本问题考虑的项目活动都拥有多种执行模式，我们知道，在每种模式下，活动对资源的消耗会有所有不同，相应的费用也会有所不同。一般遵循的原则是：工期越短，对于资源的消耗就会越多，相应的费用就会增加，反之费用较少。之所以选取 16 作为被除数的原因是：在 ProGen 算例生成器中，允许项目活动的工期最大为 15，所以选取 16，以保证所有的工期在计算费用时，其成本都不超过正常模式下成本的 2 倍。

由 ProGen 生成的算例，只有项目在无资源约束下的最短工期，即关键路径的长度，不需要对生成的算例做进一步的整理。但是如果直接将项目的合同工期等价于项目在无资源约束下的最短工期时，该问题就会无解，失去算例的意义，需要在生成算例的最短工期基础上适当地扩大一定比例。如果扩大的比例较小，项目的工期约束较紧，得到可行解难度很大；如果扩大的比例较大，项目的工期约束较松，解的搜索空间变得很大，搜索难度加大，加之在实际中，项目的工期也不可能富余太多。经过试验，选取下面的公式作为项目的工期较为合理：

$$DD = rand(\ ) * 0.3 * CP + 1.5 * CP$$

其中 CP 为算例生成时的最短工期，$rand(\ )$为随机数。

根据活动的数目不同分成三组，每组的活动数目分别为：14、20、32。算例都涉及 2 种可更新资源，活动的执行模式也有 2 种。根据算例的网络复杂度和资源约束松紧程度分别选择不同的参数来进行分析，具体如表 4－12 所示。NC 为项目的网络复杂度，在本文分别选择 1.3、1.6、1.8 三类来考虑，RS 为可更新资源强度，分别选择 0.5 和 0.8 两种可更新资源强度来测试分析。

表 4－12　测试问题参数

NC	RS
{1.3,1.6,1.8}	{0.5,0.8}

对于活动数不同的算例，在参数的每种组合下分别选取 5 个算例进行研究，这样，在活动数目不同的每个算例组中各有 30 个算例，本次测试主要针对这 90 个算例进行分析说明。

4.4.3.2　算法测试

1. 评价指标定义

该部分通过对 30 个算例进行求解，初步评价该遗传算法的求解效果，选取纯随机算法作为该遗传算法的对比算法。主要选择三个评价指标对该遗传算法进行评价，分别为：平均运算时间 $\overline{CT}$ 、解的平均质量 $\overline{OQ}$ 、解的变异系数 CV。该三个指标均已在第 2 章中介绍，此处不再赘述。

2. 测试结果

基于前面生成的算例，将算法中各个参数的具体设置为：初始种群的规模为 40，迭代的代数为 4000，交叉概率为 40%，变异概率为 30%，从以上三个指标来评价该遗传算法。可以看出算例运算过程中涉及的总个体数为 160000。据此，在同样的运行环境下，对每个算例也随机生成 160000 个可行解，计算出其个体所对应的净现值，从中选取具有最好净现值收益的作为遗传算法所求问题满意解的比较标准，生成 160000 个随机可行解的运行时间作为遗传算法运行时间的比较标准。算法测试结果见表 4-13 所示。

表 4-13　算例求解结果统计表

序号	活动数	测试指标		
		$\overline{CT}$ /s	$\overline{OQ}$ /%	CV/%
1	14	3.67	30.19	1.14
2	20	8.34	46.31	0.87
3	32	36.64	48.41	0.53
平均值	22.00	16.21	41.64	0.85

从上面表中的测试结果来看，对于这 90 个算例，算法平均运算时间为 16.21 秒，同样的算例在通过随机算法进行计算时，平均时间 45.6 秒，可见运行时间方面，遗传算法的求解速度较快，解的质量方面，借助遗传算法求得的满意解相对于随机算法高出 41.64%，结果表明本文涉及的遗传算法明显优于纯随机算法，满意解的平均变异系数值为 0.85%。可以看出，算法总体结果还是令人满意的，具有较好的实用价值。

4.4.3.3　参数测试

前一部分主要是通过对算法的运行时间、解的质量稳定性，解的变异系数三个方面进行测试分析，确认了算法的可行性和实用性。下文来对遗传算法的主要参数进行评价分析。

基于前面对算法可行性和求解效果的测试，该部分主要对算法参数进行测试，通过全面分析该遗传算法发现，本文设计的遗传算法只是在进行交叉操作时，能够保留项目活动之间的优先关系顺序，其余的内容都与传统的遗传算法类似，算法的求解结果会受到种群规模、迭代代数、交叉概率和变异概率等主要参数的影响。除此之外，大量研究表明：项目网络的拓扑结构及资源约束特性对 RCPSP 的求解难度有很大影响。除了项目包含的活动数、最重要的问题特性参数就是网络复杂性 NC 和可更新资源强度 RS。因此，本文就分别从种群规模、迭代代数、交叉概率、变异概率、网络复杂性、资源强度几个方面分析其对算法求解结果的影响。

算法测试时，通过对各组参数设置不同的值来进行多次实验，统计出不同参数设置下的算法求解质量，进而确定出算法的最佳参数设置。参数的具体设定值如表 4-14 所示。

表 4-14　算法主要参数列表

种群规模	迭代代数	交叉概率	变异概率
10,20,40	2000,4000	0.1～0.9	0.1～0.9

1. 种群规模和迭代代数

首先对种群规模和算法的迭代代数进行测试，将交叉概率和变异概率分别选择 0.4 和 0.3 来进行分析。具体测试结果如表 4-15 与表 4-16 所示。

表 4-15　承包商视角种群规模和迭代代数测试结果

活动数	种群规模	迭代代数	遗传算法			随机算法		
			$\overline{CT}$/s	$\overline{OQ}$/%	CV/%	$\overline{CT}$/s	$\overline{OQ}$/%	CV%
14	10	2000	1.2	88.3	2.8	1.5	50.3	91.7
14	10	4000	2.1	88.6	2.0	2.8	50.3	96.0
14	20	2000	2.2	89.8	1.4	2.1	37.1	91.8
14	20	4000	3.8	90.3	1.0	3.8	90.9	92.4
14	40	2000	4.6	90.9	0.7	4.6	37.5	69.8
14	40	4000	8.1	91.0	0.5	9.7	69.5	59.1
20	10	2000	2.8	91.1	0.4	3.3	84.2	21.4
20	10	4000	4.3	91.2	0.3	6.3	81.7	24.5

续表 4－15

活动数	种群规模	迭代代数	遗传算法			随机算法		
			$\overline{CT}$ /s	$\overline{OQ}$ /%	CV/%	$\overline{CT}$ /s	$\overline{OQ}$ /%	CV/%
20	20	2000	5.3	92.2	0.5	5.9	84.9	19.0
20	20	4000	8.4	92.2	0.4	12.1	86.7	19.3
20	40	2000	11.5	92.7	0.5	14.7	84.9	15.8
20	40	4000	17.7	92.9	0.4	26.8	13.6	17.9
32	10	2000	15.6	45.9	1.2	43.7	14.6	5.3
32	10	4000	19.4	46.0	0.9	85.8	5.1	4.8
32	20	2000	30.2	59.0	2.1	78.0	26.9	7.1
32	20	4000	33.7	59.3	1.5	134.6	20.0	7.2
32	40	2000	56.9	82.3	1.7	138.6	58.9	9.3
32	40	4000	64.0	82.5	1.3	243.9	54.3	9.1

表 4－16 业主视角种群规模和迭代代数测试结果

活动数	迭代代数	变异概率	遗传算法			随机算法		
			$\overline{CT}$ /s	$\overline{OQ}$ /%	CV/%	$\overline{CT}$ /s	$\overline{OQ}$ /%	CV/%
14	10	2000	1.3	27.8	2.7	1.4	10.8	3.6
14	10	4000	2.2	27.8	1.9	2.7	10.4	4.3
14	20	2000	2.7	32.5	0.8	2.4	27.9	7.6
14	20	4000	4.5	32.5	0.6	4.2	21.4	6.7
14	40	2000	4.8	40.0	1.2	4.6	33.0	9.1
14	40	4000	8.9	46.5	3.7	9.2	27.2	8.2
20	10	2000	2.7	42.2	2.8	3.2	23.4	10.0
20	10	4000	5.0	42.2	2.4	6.0	22.4	8.5
20	20	2000	6.1	38.0	1.5	6.4	28.0	8.2
20	20	4000	9.1	38.0	3.8	12.0	19.6	6.6
20	40	2000	11.3	46.3	4.4	13.8	28.0	8.0
20	40	4000	19.8	48.7	4.1	26.9	27.7	8.6
32	10	2000	17.2	23.3	2.0	47.5	9.8	3.8
32	10	4000	22.4	23.4	1.5	92.5	9.6	3.8

续表 4-16

活动数	迭代代数	变异概率	遗传算法			随机算法		
			$\overline{CT}$/s	$\overline{OQ}$/%	CV/%	$\overline{CT}$/s	$\overline{OQ}$/%	CV/%
32	20	2000	28.1	31.3	1.9	73.0	14.2	4.8
32	20	4000	36.5	32.3	1.5	137.8	13.6	4.9
32	40	2000	52.0	36.6	1.6	128.1	27.1	6.5
32	40	4000	66.7	36.6	1.1	241.5	24.3	6.2

从两个表可以看出，总体来说，随着活动数目的增加，在迭代相同代数的情况下，所耗费的时间 $\overline{CT}$ 呈快速增加的趋势，这主要是因为，当活动数目增加，解的搜索空间会增加很多，且在每次进行遗传算法相关操作时，需要进行的运算量也会相对增加；在活动数目确定的情况下，随着种群规模由 10 增加到 40，算法的求解时间也会有所增加，同时求解结果的平均质量 $\overline{OQ}$ 也明显有所提高，说明随着种群规模的增加，算法的求解效果也相应得到了改善；在迭代代数方面，算法耗费的时间 $\overline{CT}$ 也会相应地有所提高，主要是因为随着迭代代数的增加，可以搜索到的空间会相应增大，运算量增加，同时得到较优秀个体的机会也增加了，使得解的平均质量 $\overline{OQ}$ 也有所提高，同时解的变异系数也有所降低，说明算法的稳定性更高。

比较遗传算法与随机算法的求解结果，在耗费时间方面，随机算法在所有情形下都大于遗传算法；解的平均质量方面，只有活动数为 14，种群规模为 20，迭代代数为 4000 这一情形下，随机算法略优于遗传算法，在其他情形下，遗传算法都明显优于随机算法；变异系数方面，可以看出遗传算法的变异系数都是小于随机算法解的变异系数，说明借助遗传算法得到的满意解具有很好的稳定性，明显优于随机算法。

从这两个表可以看出，在活动数不同的情况下，种群规模为 40，迭代代数为 4000 时解的平均质量最高，且解的变异系数最小，因此，在接下来进行交叉概率和变异概率测试时，就选择种群规模为 40，迭代代数为 4000 来进行进一步的测试。

2. 变异概率

借鉴文献中所采用的交叉概率 0.3，我们首先对变异概率从 0.1～0.9 进行测试，确定出求解质量较高的变异概率。具体结果如表 4－17 所示。

表 4－17　变异概率测试结果

活动数	变异概率	承包商视角			业主视角		
		$\overline{CT}$ /s	$\overline{OQ}$ /%	CV/%	$\overline{CT}$ /s	$\overline{OQ}$ %	CV/%
14	0.1	1.7	68.7	1.3	1.8	44.6	6.4
14	0.2	2.0	86.1	2.2	1.9	47.2	3.8
14	0.3	2.3	82.2	1.9	2.3	47.2	6.6
14	0.4	2.5	89.3	0.9	2.5	46.8	3.9
14	0.5	2.6	90.6	1.6	2.7	40.3	1.5
14	0.6	3.1	88.5	1.8	2.9	44.6	2.4
14	0.7	4.0	89.9	1.5	3.3	47.2	3.2
14	0.8	3.7	89.2	1.4	3.5	47.2	5.0
14	0.9	3.3	88.7	1.4	3.7	37.1	1.5
20	0.1	3.8	91.6	0.4	3.8	36.3	1.7
20	0.2	4.1	92.3	0.5	4.4	44.8	3.3
20	0.3	4.6	92.8	0.5	5.1	44.8	1.9
20	0.4	5.1	93.0	0.2	5.6	41.3	3.4
20	0.5	5.0	93.0	0.2	6.1	44.8	2.6
20	0.6	5.4	93.4	0.4	6.8	44.7	2.3
20	0.7	6.0	92.8	0.4	7.3	44.8	2.8
20	0.8	6.6	92.5	0.4	7.7	44.8	3.0
20	0.9	6.8	92.7	0.4	8.3	44.0	3.1
32	0.1	7.6	52.1	0.5	25.3	32.6	3.0
32	0.2	23.9	59.2	1.6	24.9	32.7	3.4
32	0.3	24.9	59.6	2.1	27.0	38.3	2.1
32	0.4	26.1	59.4	1.2	27.7	31.6	2.3
32	0.5	31.6	59.5	1.5	29.3	28.4	1.6
32	0.6	28.5	59.6	1.5	29.8	33.4	2.6
32	0.7	29.2	58.9	2.2	31.8	33.2	2.5
32	0.8	29.8	59.2	1.6	33.0	36.6	3.6
32	0.9	30.7	59.6	1.6	33.2	37.9	4.8

从上表可以看出，变异概率对于解的平均质量影响相对较小，总体趋势是当变异概率由 0.1 增加到 0.9 时，解的平均质量呈现出先增大后减小的变化，这主要是因为，变异概率太小，则不能很好地跳出局部解空间，算法会陷入局部最优解中，若变异概率较大，个体中的大部分都进行变异，进化的速率降低，也很难快速达到最优解。综合业主、承包商两方面视角考虑，选取效果较好的 0.3 作为变异概率进一步来分析算法的交叉概率。

3. 交叉概率

对交叉概率的具体测试结果如表 4-18 所示。

表 4-18 交叉概率测试结果

活动数	交叉概率	承包商视角			业主视角		
		$\overline{CT}$ /s	$\overline{OQ}$ %	CV/%	$\overline{CT}$ /s	$\overline{OQ}$ /%	CV/%
14	0.1	1.7	86.4	2.4	1.8	46.5	3.3
14	0.2	2.0	95.9	3.4	1.9	47.2	4.5
14	0.3	2.3	97.1	2.9	2.2	47.2	6.5
14	0.4	2.2	97.4	2.1	2.4	44.3	5.9
14	0.5	2.9	87.6	1.6	2.8	47.2	3.1
14	0.6	2.8	98.4	2.0	2.8	40.2	1.5
14	0.7	2.9	89.8	1.2	3.1	36.8	1.1
14	0.8	3.2	92.4	2.0	3.3	44.3	2.8
14	0.9	3.4	91.9	1.6	3.4	47.2	2.7
20	0.1	5.0	152.6	2.3	4.7	36.2	2.0
20	0.2	4.5	144.0	2.1	5.3	36.2	2.1
20	0.3	4.9	138.6	1.6	6.3	36.3	2.0
20	0.4	5.1	153.0	2.8	5.6	46.2	1.2
20	0.5	5.7	155.5	1.9	6.0	44.7	2.6
20	0.6	6.0	155.6	2.3	6.3	46.6	4.2
20	0.7	6.6	155.8	2.7	7.2	42.9	1.9
20	0.8	8.0	142.3	2.1	7.4	46.6	2.2
20	0.9	10.8	154.2	2.1	7.9	46.6	6.2
32	0.1	28.0	133.8	5.4	28.3	24.7	1.7

续表 4-18

活动数	交叉概率	承包商视角			业主视角		
		$\overline{CT}$ /s	$\overline{OQ}$ /%	CV/%	$\overline{CT}$ /s	$\overline{OQ}$ /%	CV/%
32	0.2	34.7	123.9	3.8	27.3	28.9	2.0
32	0.3	27.8	128.8	4.6	32.7	27.8	1.9
32	0.4	28.0	123.5	4.5	30.5	37.2	3.5
32	0.5	29.2	124.2	4.2	28.5	27.5	1.6
32	0.6	28.8	135.6	4.7	30.6	24.6	1.6
32	0.7	31.9	124.7	5.1	30.5	38.0	4.1
32	0.8	30.6	131.4	4.5	32.3	31.3	3.1
32	0.9	36.8	121.6	4.6	33.2	30.7	3.4

从上表可以看出，在交叉概率发生变化的过程中，当活动数相同时，遗传算法解的平均质量变化较小，说明交叉概率对算法的影响较小，当交叉概率为 0.4 时，解的平均质量与变异系数都相对较好，因此，在后续的分析中选取 0.4 作为交叉概率。

4. 网络复杂度

对网络复杂度的测试结果如表 4-19 所示。

表 4-19　网络复杂度测试结果

	网络复杂度	遗传算法			随机算法		
		$\overline{CT}$ /s	$\overline{OQ}$ /%	CV/%	$\overline{CT}$ /s	$\overline{OQ}$ /%	CV/%
业主视角	1.3	37.8	37.2	2.3	157.1	36.4	6.5
	1.6	47.8	32.9	1.9	264.6	30.9	5.7
	1.8	40.0	35.9	2.9	235.3	33.3	6.2
承包商视角	1.3	26.9	109.4	2.9	154.9	62.2	35.1
	1.6	36.9	102.4	2.1	262.9	51.3	24.0
	1.8	25.1	106.7	3.0	73.8	62.4	18.3

从中可以看出，在承包商视角和在业主视角两种情形下，遗传算法求得解的平均质量和变异系数都优于随机算法，当网络复杂度由 1.3 增加到 1.6 时，双方视角下的解平均质量都有所下降，当网络复杂度由 1.6 进一步增加到

1.8时，双方视角下解的平均质量又有所提高。出现这种情况的主要原因在于，当项目的网络复杂度较低时，活动的时间窗较大，在承包商视角下，活动开工时间会更早，在业主视角下，活动开工时间会更晚，双方的收益也会变大，因此有较高的解质量，而当网络复杂度增大到1.8时，一方面，解的保守下界由于网络复杂度提高而下降；另一方面，解的空间又会缩小，因此，解的平均质量也会相对较高。同时可以看出，在网络复杂度为1.6时，两种算法的求解时间都比较长。

5. 可更新资源强度

测试结果如表4-20所示，在遗传算法和随机算法两种计算方式下，可更新资源强度由0.5提高到0.8时，业主和承包商视角下的解平均质量都有所提高，计算时间也变短了。这主要是因为可更新资源强度，主要体现在项目执行过程中资源的可用量，可更新资源强度越高，资源的可用量越多，当可更新资源强度为1时，资源约束问题已经退化成为无资源约束问题，相当于问题少了一个约束，问题的求解难度降低，算法的求解结果就会提高。同时，也可以看出，遗传算法所得满意解的变异系数也优于随机算法。

表4-20 可更新资源强度测试结果

网络复杂度		遗传算法			随机算法		
		$\overline{CT}$ /s	$\overline{OQ}$ /%	CV/%	$\overline{CT}$ /s	$\overline{OQ}$ %	CV/%
业主视角	0.5	55.9	31.9	2.0	190.5	30.0	5.3
	0.8	31.1	38.7	2.8	101.5	37.1	6.9
承包商视角	0.5	35.3	98.6	2.8	117.2	52.1	17.1
	0.8	30.8	103.3	2.6	101.3	65.1	34.5

4.5 结论

本章分别从承包商和业主的独立视角建立了具有资源约束的项目支付进度问题的优化模型，通过一个算例对所建立的优化模型的优化效果进行了说明，并通过算例分析了支付次数K、承包商利润率β、折现率α对承包商、业主项目收益的影响。在承包商视角下，当支付次数增加，承包商收益率提高的时候，承包商的收益有所上升，业主的收益会有所下降，当折现率提高时，承包商的收益率会有所下降，业主的收益则有所增加；在业主视角下，支付次数、承包商利润率与业主的收益呈负相关关系，资金的折现率与业主的收益呈正相关关系。

同时，本文针对 MPRCPSP 模型，设计了遗传算法，并借助 ProGen 生成了 90 个算例进行测试分析，结果表明，该算法在耗费时间、解的平均质量和稳定性三个方面都明显优于随机算法，都能够较好地解决所测试的算例；并对算法和问题的参数对求解结果的影响做了分析：随着种群规模的增加、迭代代数的增加，解的质量和稳定性会有所提高，但耗费时间较长；变异概率和交叉概率的变化对解的平均质量影响较小，但对解的稳定性影响较大。问题参数方面，在网络复杂度为 1.6 时，解的平均质量较低，在网络复杂度为 1.3 和 1.8 时，解的平均质量较高，但稳定性较低；在可更新资源强度较低的情况下，算法的耗费时间较长，解的平均质量也较低。

第 5 章　基于业主和承包商双方交互作用的资源约束项目支付进度问题研究

第 4 章针对业主和承包商单方角度的 MPRCPSP 模型进行分析，并设计了遗传算法对模型进行求解。本章将尝试对业主和承包商双方交互的 MPRCPSP 做进一步的研究分析。

5.1　基于业主和承包商双方交互的 MPRCPSP 界定

从前文业主、承包商单方视角的 MPRCPSP 分析中可以看出，在项目执行过程中，合同双方的利益分配处于对立的角度，当一方为决策者时，它会通过设计合理的支付、进度安排以降低对方的收益，从而达到提高自己收益的目的。在承包商利润率较低，且项目支付、进度由业主决定的情形下，承包商完成项目时有可能会发生一定程度的亏损。这些都说明，在项目执行过程中，业主和承包商双方通过对支付、进度安排的影响就可以改变项目利益的分配方式，使得自身获得更多的利益。

在实际项目执行过程中，项目的进度、支付安排会直接影响到业主、承包商双方的收益，业主期望能够向承包商支付尽可能少的资金，而承包商则希望通过项目的实施，获得尽可能多的利益。因此，业主、承包商都会对项目的进度、支付安排做出一定的干涉，而干涉的程度就会取决于双方各自的谈判能力，业主与承包商之间的谈判能力体现在通过合理的安排进度、支付时间，使得双方的收益相对均等，即双方的收益都是基于其“理想收益”做出相同的让步。由于在实际中，业主、承包商之间会因为项目特点，技术水平及竞投标情况等因素影响，导致在合同谈判阶段，双方对项目最终执行方案的影响程度有很大差别。项目最终的进度、支付安排方案都会取决于具有较强谈判地位的一方。本章在已有的理论研究基础上，建立一个按照事件支付方式进行支付的合同双方交互作用的支付进度问题模型，研究在支付次数以及业主、承包商的谈判能力确定的情况下，如何更合理地进行支付、进度的安排，使得处于劣势地位的一方能够获得尽可能大的收益。

本章研究的业主与承包商交互的项目支付进度问题，以 AoN 网络表示，项目由 N 个活动组成，活动 $n(n=1,2,\cdots,N)$ 可能存在有 m 种执行模式（$m=1,2,\cdots,M_n$），考虑到现金流的折现，假定项目的折现率为 α。在项目执行的过程中，承包商会收到业主的 K 次支付，第 K 次支付必须发生在项目结束时，双方事先约定一个最晚完工时间 D，项目的实际工期不可以超过 D。项目中承包商的现金流包含两部分的内容：第一部分是项目活动在执行过程中所发生的费用 c，假设其在活动 n 结束时刻 f_n 发生；第二部分是收到来自业主的支付，同样假设业主的支付会在某些活动结束时刻发生，第 k 次支付量 p_k 会根据项目的进度情况，在承包商已发生的未被支付费用的基础上加上承包商的利润即可，但处于正在进行活动的费用，不会在本次进行支付，会在下次支付时被支付。承包商的利润率 β 为一个事先约定的常数。

为了能够更好地体现在实际项目谈判过程中双方的情况，寻找一个双方都满意的合理支付进度安排，引入了谈判能力 w 这一概念，并将其在双方交互谈判的函数中体现出来。首先，需要计算出业主和承包商在各自独立角度进行项目进度与支付决策时所可获得的最大收益 NV^*，将其作为双方在谈判过程中的基准，并将在对方收益最大时的自身收益作为自身的最差收益 NV'，也就是自己最不希望得到的进度支付方案。接着在此基础上，计算出双方交互时支付安排下所对应的业主、承包商各自的收益 NV，通过计算其与最不期望收益的偏差，并将其做标准化处理，可以知道双方距离自己最优进度的偏离程度，最后，通过对双方标准化后的偏离程度考虑双方谈判能力分配，得到双方的谈判价值，并将双方的谈判价值采用 Max－Min 的策略来优化收益处于劣势地位的一方，通过逐步改进的办法，进而找到一个符合双方谈判能力的合理进度与支付安排。

5.2　基于业主和承包商双方交互作用的 MPRCPSP 模型构建

定义项目的支付进度安排为 x，即最终求解的方案。$NV^*_{clie}(x_{clie})$ 为站在业主视角求得的最大项目收益，$NV^*_{cont}(x_{cont})$ 为站在承包商视角所求得的最大项目收益，对应的 x_{clie} 和 x_{cont} 分别为业主和承包商在收益最大化时的支付进度安排。目标是在保证处于优势谈判地位的一方收益满意的情况下，尽可能地提高处于劣势地位一方的收益，因此就需要尽可能缩小处于劣势地位一方的实际收益与其期望的最大收益 NV^* 之间的差距。为了便于进行对比，在这里定义一个基准值，将双方不期望的收益作为比较基准值，具体定义为：$NV'_{die}(x_{cont})$ 为当项目执行采用承包商收益最大情况下的支付与进度安排时业主的收益，即为业主最不期望的收益，同理，$NV'_{cont}(x_{die})$ 为当项目实际执行采用业主收益最大情况下的支付与进度安排时，承包商的收益，即为承包商最不期望的收益。

将双方谈判时所具有的谈判能力采用一对和为 1 的参数 w_{die} 和 w_{cont} 来分别表示业主和承包商的谈判能力，该值越大，说明其谈判能力越强，最终的进度、支付安排方案对其更有利。

建立的数学模型如下所示：

$$\text{Max}\, min\left\{\left(\frac{NV(x)-NV'_{die}(x_{cont})}{NV^*_{die}(x_{die})-NV'_{die}(x_{cont})}\right)^{w_{die}},\left(\frac{NV(x)-NV'_{cont}(x_{die})}{NV^*_{cont}(x_{cont})-NV'_{cont}(x_{die})}\right)^{w_{cont}}\right\} \tag{5-1}$$

s. t.

$$\sum_{t=E_n}^{F_n}\sum_{m=1_n}^{M_n} y_{nmt}=1 \quad n=1,2,\cdots,N \tag{5-2}$$

$$\sum_{t=E_j}^{F_j}\sum_{m=1_n}^{M_n} y_{nmt}t-\sum_{t=E_n}^{F_n}\sum_{m=1_n}^{M_n} y_{nmt}t \geqslant d_{jm}$$

$$n<j \quad n,j=1,2,\cdots,N \tag{5-3}$$

$$\sum_{t=E_N}^{F_{Nn}}\sum_{m=1_n}^{M_N} y_{nmt}t \leqslant D \tag{5-4}$$

$$x_{KN}=1 \tag{5-5}$$

$$\sum_{k=1_n}^{K} x_{kn} \leqslant 1 \quad n=1,2,\cdots,N \tag{5-6}$$

$$\sum_{n=1}^{N}\sum_{m=1_n}^{M_n}\sum_{a=t}^{t+d_{nm}-1} r_{nqm}\, y_{nma} \leqslant R_q$$

$$q=1,2,\cdots,Q;t=1,2,\cdots,D \tag{5-7}$$

$$p_k=(1+\beta)\sum_{n=1}^{N}\sum_{t=b_{k-1}}^{b_k}\sum_{m=1}^{M_n} c_{nm}\, y_{nmt} \quad k=1,2,\cdots,K \tag{5-8}$$

$$y_{nmt}=\{0,1\} \quad n=1,2,\cdots,N;t=1,2,\cdots D;m=1,2,\cdots,M_n \tag{5-9}$$

$$x_{kn}=\{0,1\} \quad k=1,2,\cdots K;n=1,2,\cdots,N \tag{5-10}$$

$$b_0=0 \tag{5-11}$$

$$w_{die}+w_{cont}=1 \quad w_{die}\ ,w_{cont}\geqslant 0 \tag{5-12}$$

在模型中，目标函数式(5-1)的含义为，首先将业主、承包商的收益与其最不期望的收益值相减，再在此基础上，将该差值与业主最大收益与最不期望收益之间的差值进行比较，相当于对这些值进行标准化。再考虑业主、承包商之间的谈判能力，我们最大化二者中较小的值，就相当于在优化谈判能力较弱一方的收益，尽可能最大化其收益，使它的收益与其自身的谈判能力相匹配。式中其余函数的含义在上一章中已经说明。式(5-2)至式(5-11)的具体含义与第 4 章模型中的含义相同。式(5-12)指的是双方的谈判能力之间的关系，将业主、承包商双方之间的谈判能力视为整体，二者之间呈现出此消彼长的关系，用一对和为 1 的数来分别表示二者的谈判能力。

可以看出，该业主和承包商双方交互的 MPRCPSP 模型和上一章业主、承包商单一角度的 MPRCPSP 模型的不同之处在于目标函数式(5-1)和约束式(5-12)。在业主、承包商单一角度的 MPRCPSP 模型中，决定一个项目进度、支付安排方案优劣的关键指标便是决策者的项目收益，因此选择模型的优化目标为决策方的收益最大化，通过不断地改进项目的进度、支付安排，提高决策方的收益，以达到优化决策的目的。而在本模型中，需要综合考虑双方的收益，在兼顾谈判能力较强一方收益的同时，需要不断优化另一方的收益，最终找到一个双方都满意的项目支付、进度方案。为了实现优化处于劣势方的收益，选择 Max-Min 的方法作为目标函数，这样双方的谈判值会不断地提高，使得劣势方的收益与其期望收益的差距缩小，达到优化劣势方收益的目的。

式(5-12)为双方谈判能力的约束，在进行项目合同谈判的过程中，处于强势谈判地位的一方，往往在谈判的过程中具有较强的谈判能力，会促使谈判结果向自己期望的方向发展。为了能够更好地体现业主、承包商在谈判过程中的谈判能力，选择一对和为 1 的正数分别表示双方的谈判能力，因为谈判能力本身就是一个相对的概念，很难对其进行量化，用和为 1 的数表示，只需要根据一些指标，如项目的技术难度、双方的资金实力、双方的声誉、以及项目特点和竞投标情况等，对比业主、承包商双方的谈判地位，得出一个相对的数值即可，然后将其做标准化处理就可变为本模型中的谈判能力，具有很好的实用性。

5.3　算法设计

5.3.1　算法流程

基于业主和承包商双方交互的 MPRCPSP 模型与单方的 MPRCPSP 模型的区别在于目标函数的不同，前者的目标函数是基于后者的计算结果拓展之后建立起来的，除了需要业主、承包商单方收益最大化时的收益 NV^* 及相应的支付进度安排外，还需要将支付进度安排代入对方的目标函数中，计算出业主、承包商最不期望的收益值 NV'，最后将 NV^* 和 NV' 都代入该模型的目标函数中，另外，该模型还加入了业主、承包商之间的谈判能力系数，主要是为了说明双方在谈判时，对于最终支付进度安排的影响程度。在其余的约束条件中，该模型与之前的单方面的 MPRCPSP 模型完全相同，因此，在求解时，借鉴第 4 章的遗传算法，并对其进行适当的调整，就可以用来求解基于业主和承包商双方交互作用的 MPRCPSP 模型，具体调整如下，算法的流程图如图 5-1 所示。

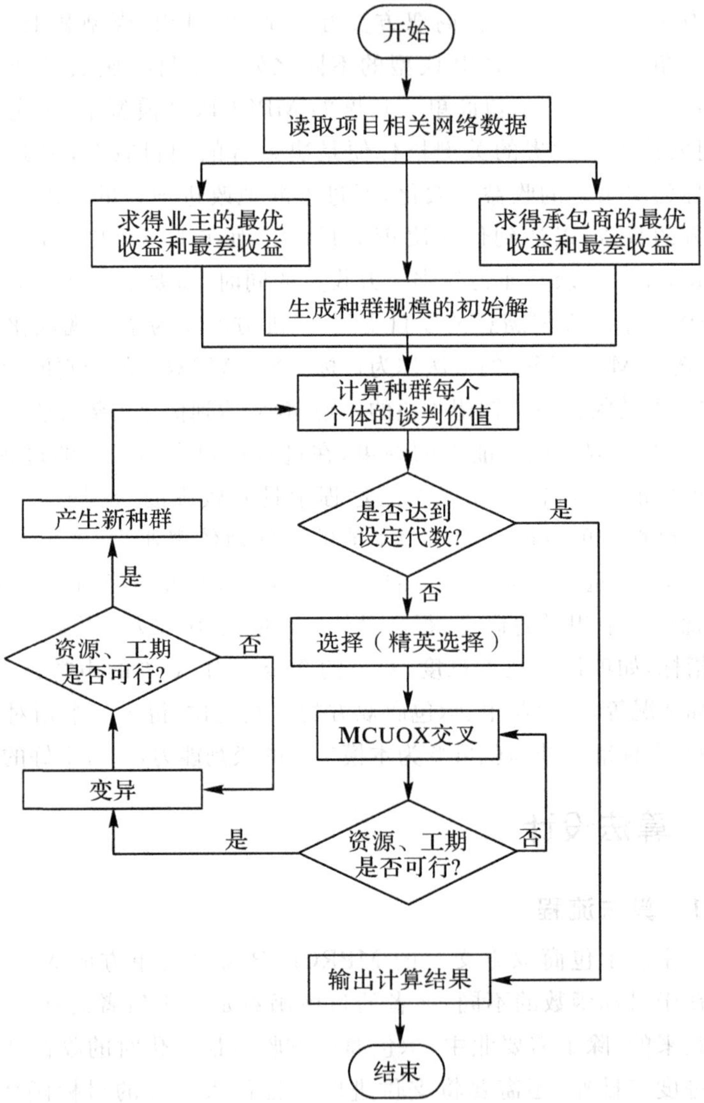

图 5-1　求解交互的 MPRCPSP 模型算法流程图

(1)目标函数的调整。将原有的目标函数调整为本模型中所描述的目标函数，需要添加相应的谈判能力系数。

(2)适应值的计算方法调整。在MPRCPSP模型中，由于目标函数的改变，对于个体适应度的计算也不再是以个体的净现值作为参考，需要根据双方的谈判条件，以及各自收益偏差标准化后的值计算出双方的谈判能力，然后选取谈判能力较小的值作为个体的适应值，最后对所有个体的适应值按照从大到小的顺序排序，适应值大的个体为较优秀的个体。

(3)精英操作。随着适应值计算方法的改变，进行精英操作时也会根据(2)中个体适应值的排序，选择前10%的个体直接进入下一代。

(4)主体计算的调整。由于该模型的计算建立在对单方面的MPRCPSP模型已经求解的基础上，因此，需要在该算法中嵌套业主角度的MPRCPSP模型和承包商角度的MPRCPSP模型求解过程，分别求出业主和承包商期望的收益值 NV^* 及其对应的支付进度安排，并将其代入承包商、业主收益计算公式中，求出承包商、业主最不期望的收益 NV'，之后将求解结果直接代入该模型的目标函数式中，计算出每个个体的适应值。

经过这样的修改调整后，该遗传算法便可以求解基于业主和承包商双方交互作用的MPRCPSP模型。

5.3.2　算法测试

根据MPRCPSP模型和设计算法的特点，选取两个主要参数对算法进行测试分析，这两个参数分别为：资金的折现率和双方的谈判能力分配。

5.3.2.1　资金的折现率

在业主与承包商交互作用的MPRCPSP模型中，承包商的收益会从两个方面受到资金折现率的影响：①项目的进度安排，会影响自身的活动费用净现值；②业主对其进行支付时，支付量会受到资金折现率的影响，也会影响到承包商的收益。而业主的收益则只会受到单一因素的影响，即其向承包商支付时，支付量会受到折现率的影响，进而直接影响自己的收益。从上一章计算承包商和业主的收益可以看出，折现率的提高会导致业主的收益提高，而对于承包商则可能导致其收益下降。仍对第4章中的90个算例进行测试，测试时选择承包商的收益率为0.2，支付次数为3次，对三组算例求解所得的承包商与业主的平均收益进行分析，测试的结果如表 5 - 1 所示。

表 5 - 1　承包商、业主收益率与资金折现率的关系

活动数	折现率	0.001	0.002	0.003	0.004	0.005
14	承包商/元	196.28	89.10	−708.50	−839.40	−1323.00
	业主/元	5354.60	5780.19	7340.09	8157.29	8766.19
20	承包商/元	1564.80	890.40	281.50	−1110.00	−1405.00
	业主/元	9246.80	10476.40	11633.30	16088.00	16841.30
32	承包商/元	9876.40	7653.20	3028.90	120.90	−1688.00
	业主/元	7636.50	26087.40	57634.30	70799.60	76835.20

从上表中可以看出，当折现率由 0.001 逐渐增大到 0.005 时，承包商的收益呈现出逐渐减少的趋势，而业主的收益则呈现出逐渐增加的趋势。

同时，随着折现率的提高，业主与承包商考虑谈判能力后各自得到的谈判值会有所提高，如图 5 - 2 所示，当资金的折现率由 0.001 逐渐提高到 0.005 时，业主与承包商双方的谈判值权重都呈现出增大的趋势，因此，计算时双方的收益都会倾向于有利于自己的进度、支付安排，但承包商的收益伴随折现率的提高明显有所下降，这主要是因为随着折现率的增加，由于净现值的减少，承包商在最优进度下的净现值也有所减少，这种结果也被引入到承包商与业主交互的模型中，使得在交互模型中承包商的收益相对于折现率较小时的收益仍然是很差的，但在交互模型中承包商收益的百分比相对于较低折现率时仍然是较高的。

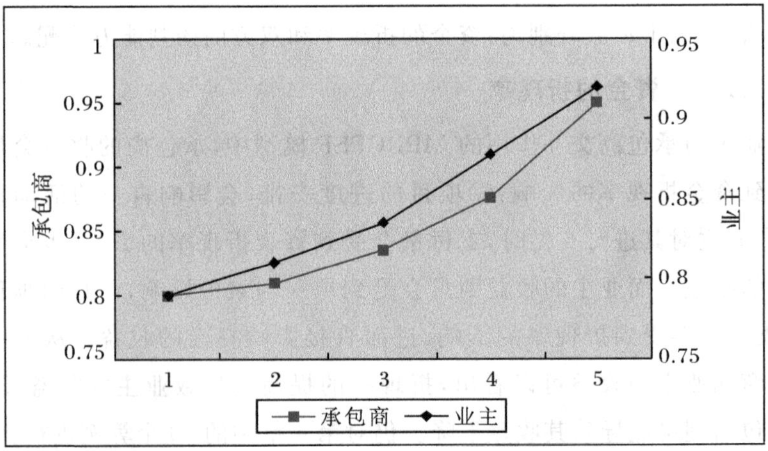

图 5 - 2　20 个活动对应双方的谈判值权重与折现率的关系

5.3.2.2　双方的谈判能力分配

在 MPRCPSP 模型中，本文假设业主与承包商各自的谈判能力系数为 w_{die} 和 w_{cont}，并且认为二者之和为 1，呈现出此消彼长的关系。

$$\text{Max}\,min\left\{\left(\frac{NV(x)-NV'_{die}(x_{cont})}{NV^*_{die}(x_{die})-NV'_{die}(x_{cont})}\right)^{w_{die}},\left(\frac{NV(x)-NV'_{cont}(x_{die})}{NV^*_{cont}(x_{cont})-NV'_{cont}(x_{die})}\right)^{w_{cont}}\right\}$$

其中 $\frac{NV(x)-NV'_{die}(x_{cont})}{NV^*_{die}(x_{die})-NV'_{die}(x_{cont})}$ 和 $\frac{NV(x)-NV'_{cont}(x_{die})}{NV^*_{cont}(x_{cont})-NV'_{cont}(x_{die})}$ 分别定义为业主和承包商的谈判价值，$\left(\frac{NV(x)-NV'_{die}(x_{cont})}{NV^*_{die}(x_{die})-NV'_{die}(x_{cont})}\right)^{w_{die}}$ 和 $\left(\frac{NV(x)-NV'_{cont}(x_{die})}{NV^*_{cont}(x_{cont})-NV'_{cont}(x_{die})}\right)^{w_{cont}}$ 分别称为业主与承包商的谈判权重。接下来在不同谈判能力分配的情况下，对 90 个算例进行测试，并统计出双方的谈判值，其平均值如表 5-2 所示。

表 5-2　谈判能力分配与谈判值、谈判值权重的关系

序号		谈判能力	谈判值	谈判值权重
1	业主	0.1	0.189	0.847
	承包商	0.9	0.858	0.871
2	业主	0.2	0.329	0.801
	承包商	0.8	0.837	0.867
3	业主	0.3	0.393	0.756
	承包商	0.7	0.682	0.765
4	业主	0.4	0.456	0.731
	承包商	0.6	0.611	0.744
5	业主	0.5	0.496	0.704
	承包商	0.5	0.497	0.705
6	业主	0.6	0.615	0.747
	承包商	0.4	0.476	0.743
7	业主	0.7	0.645	0.736
	承包商	0.3	0.385	0.751
8	业主	0.8	0.773	0.814
	承包商	0.2	0.321	0.797
9	业主	0.9	0.895	0.905
	承包商	0.1	0.209	0.855

从上表可以看出，当承包商与业主谈判能力的差距增大时，双方谈判值的差距也在增加，也就是说，当两方的谈判地位悬殊时，处于劣势地位一方的收益与自己的期望收益差距会增大，而处于强势地位的一方，与自己的期望值很接近，其谈判值接近 1。首先来看第 1 组数据，业主的谈判能力为 0.1，承包商的谈判能力为 0.9，承包商处于优势谈判地位，那么项目的进度安排就会更偏向于承包商的期望值，其谈判值为 0.858，非常接近 1。谈判值权重方面，可以看到，处于劣势谈判地位的一方，其谈判值的权重都是较小的一方，这也说明处于劣势谈判地位的一方，在这种情况下，会成为目标函数中被优化的对象，其会通过调整项目的进度、支付安排，尽可能地提高自己的收益。

5.4 算例说明

本章仍以第 4 章中的算例作为研究对象，从承包商的利润率、双方约定的支付次数、双方谈判能力分配三个方面，对上述研究成果进行说明。

5.4.1 承包商的利润率

由上可知，承包商的利润率是在发生每次支付时，决定支付量的一个关键因素，当项目的支付、进度安排确定的时候，增加承包商的利润率，就会直接增加承包商的收益，而增加业主的成本，使得业主收益降低，二者呈现出此消彼长的关系。在本模型中，进度也是一个决策变量，所以承包商的利润率也会间接地影响项目的进度安排，从而会影响支付量的大小，进而对双方的收益产生一定的影响。

首先，来分析双方的谈判能力对最终结果的影响是否与承包商的利润率有关系，在 MPRCPSP 模型的目标函数中，通过不断优化处于劣势地位的一方来提高其收益的，那么当双方具有相同的谈判能力时，改变承包商的利润率是不是会影响双方的谈判地位？处于劣势地位的一方是不是一成不变的？通过计算得到如表 5-3 所示的结果。

表 5-3 承包商利润率对谈判地位的影响

利润率	0.1	0.15	0.2	0.25	0.3	0.35	0.4	0.45	0.5
劣势方	业主	业主	承包商	业主	业主	承包商	业主	业主	业主

从表中可以看出，在承包商和业主的谈判能力均等的情况下，当承包商的利润率由 0.1 逐步增加到 0.5 时，并不是承包商逐渐由劣势地位转变为强势地位，二者之间并没有呈现出某种对应的关系。之所以出现这样的情况，是因为在计算的过程中，处于劣势的一方会获得进一步调整进度安排，改进自己地位的机会，从而提高自己的收益，但并不能保证在进一步改进的过程中就可以直接由劣势方转变为优势方，就需要具体问题具体分析。

其次，仍然假设承包商与业主的谈判能力均等都为 0.5，通过设定不同的承包商利润率来计算双方的收益。承包商的利润率我们选取：0.1、0.2、0.3、0.4、0.5。具体的计算结果如表 5－4 和图 5－3 所示。

表 5－4　承包商、业主收益与承包商利润率之间的关系

利润率	承包商/元	业主/元
0.1	－764.20	11620.10
0.2	－124.22	10909.51
0.3	516.79	10273.94
0.4	1149.39	9638.37
0.5	1887.99	8831.54

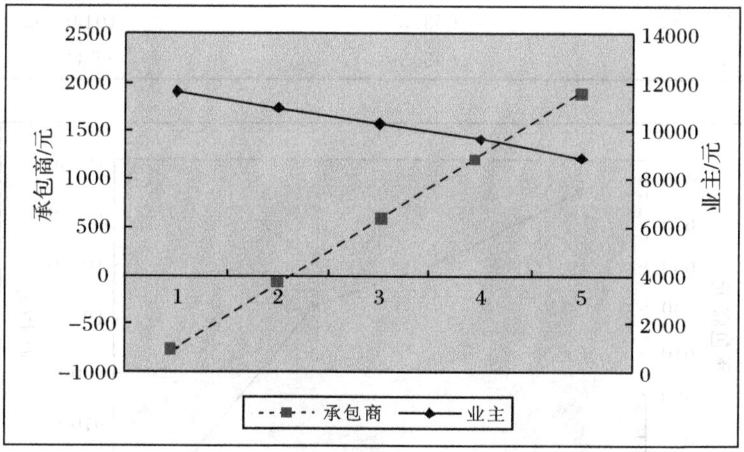

图 5－3　承包商、业主收益与承包商利润率之间的关系

从上图可以看出，随着承包商利润率的提高，承包商的收益明显有所增加，而业主的收益则呈现出下降的趋势，主要是因为当承包商的利润率提高的时候，每次收到业主支付时，都会及时地补充自己的垫付资金，并会收到相应的利润，利润率越高，收到的利润部分就会越多，其收益自然会有所提高，而随着承包商利润率的提高，业主单次的支付量就会明显增加，导致业主的成本提高，其收益自然会有所下降。

5.4.2 支付次数

一般情况下，支付次数的多少，直接决定了业主对承包商资金的补给情况，支付次数越多，承包商垫付资金的周期就会相对缩短，这样其资金的成本就会有所降低，但在本模型中，由于需要兼顾业主、承包商双方的谈判能力，在支付次数确定的情况下，可能支付点的分配情况，也会影响到双方的利益。本文通过计算来看支付次数与双方利益的关系。我们依然假设业主与承包商具有均等的谈判能力 0.5，资金的折现率设定为 0.001，承包商的收益率设定为 0.2，将双方约定的支付次数由 3 次逐渐增加到 6 次，观察双方的收益变化，计算结果见表 5－5 与图 5－4。

表 5－5　承包商、业主收益与支付次数的关系

支付次数	承包商/元	业主/元
3	559.74	10579.11
4	562.86	10326.99
5	653.35	10146.02
6	695.59	9534.08

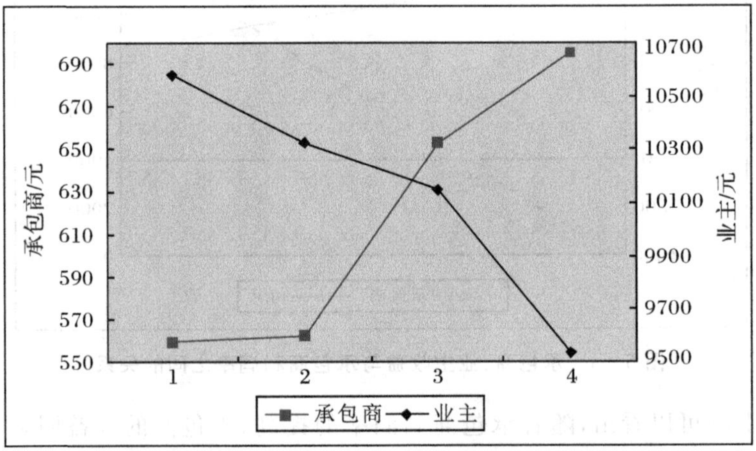

图 5－4　承包商、业主收益与支付次数之间的关系

从上文可以看出，与事先预计的结果相同，当双方约定的支付次数增加时，承包商的资金可以得到及时补充，其收益呈现出逐渐增长的趋势，而业主由于向承包商的支付次数增加，大大降低了自己的资金利用率，所以其收益会出现逐渐减小的趋势。

5.4.3　双方相对谈判地位

本文通过对基于业主和承包商双方交互的MPRCPSP分析，可知双方的"相对谈判地位"是影响承包商、业主双方受益分配的主要因素，接下来对其做主要分析，将承包商的谈判能力以0.1为单位，从0.1逐步增加到0.9，来分析业主和承包商的收益变化情况，结果如表5-6所示。

表5-6　谈判能力分配对承包商、业主收益的影响

谈判能力		收益/元	
承包商	业主	承包商	业主
0.9	0.1	933.09	6983.13
0.8	0.2	815.97	7829.88
0.7	0.3	815.97	8319.32
0.6	0.4	638.46	9019.66
0.5	0.5	559.99	9626.99
0.4	0.6	559.99	10451.37
0.3	0.7	559.3	10905.2
0.2	0.8	−120.63	10909.51
0.1	0.9	−124.21	10919.51

从上表中可以看出，随着承包商谈判能力降低、业主谈判能力提高，承包商的收益呈逐渐减少的趋势，由最初的933.09元一直减小到−124.21元，而业主的收益由最初的6983.13元逐渐提高至10919.51元，从而反映了在项目执行过程中，处于优势谈判地位的一方，其收益也会相应地倾向于自身的期望值。这个结论与实际的情形完全一致：合同中处于强势谈判地位的一方会使利益分配更倾向于自己。同时，也证明了算法的有效性。

继续对双方谈判能力分配借助该算例进行分析，通过计算不同谈判能力分配下的项目进度安排，计算结果如表5-7所示。

表 5-7　承包商、业主谈判能力分配与项目进度安排的关系

序号	内容	进度安排																	
	活动	0	1	3	2	4	5	8	7	6	9	10	12	11	15	14	13	16	17
1	模式	0	1	1	0	1	1	1	0	1	1	0	0	1	0	1	0	0	0
	延迟时间	0	2	1	5	1	4	6	1	2	9	6	1	2	3	5	8	2	6
	活动	0	1	3	2	4	5	8	7	6	9	10	12	11	15	14	13	16	17
2	模式	0	0	1	0	1	1	1	0	1	1	0	0	1	0	1	0	1	0
	延迟时间	0	4	1	2	1	3	7	1	5	10	8	1	1	4	7	9	1	5
	活动	0	1	3	2	4	5	8	7	6	9	10	12	11	15	14	13	16	17
3	模式	0	0	1	0	1	1	1	0	1	1	0	0	1	0	1	0	1	0
	延迟时间	0	4	1	2	1	3	7	1	5	10	8	1	1	4	7	9	1	5
	活动	0	1	3	2	4	5	7	8	6	9	10	12	11	13	15	14	16	17
4	模式	0	1	1	0	0	1	0	1	1	1	0	0	0	0	1	1	1	0
	延迟时间	0	1	0	10	3	5	1	3	4	27	6	1	6	1	1	6	1	0
	活动	0	1	3	2	5	4	9	8	6	7	10	12	11	14	15	13	16	17
5	模式	0	0	1	1	0	1	1	1	1	0	1	0	1	0	1	1	1	0
	延迟时间	0	0	1	2	7	6	9	3	5	2	3	3	5	10	13	5	1	0
	活动	0	1	2	3	5	4	9	8	6	7	10	12	11	14	13	15	16	17
6	模式	0	0	1	0	0	1	1	1	1	0	1	0	1	0	0	1	0	0
	延迟时间	0	9	2	3	22	7	18	3	2	3	1	0	11	9	3	7	1	0
	活动	0	1	2	3	5	4	9	8	7	6	10	12	11	14	13	15	16	17
7	模式	0	0	1	1	1	1	1	1	0	1	1	0	0	1	1	1	1	0
	延迟时间	0	4	2	1	12	9	35	2	2	2	5	1	8	14	1	3	1	0
	活动	0	1	2	3	5	4	9	8	7	6	10	12	11	14	13	15	16	17
8	模式	0	0	1	1	1	1	1	1	0	1	1	0	1	0	1	1	0	0
	延迟时间	0	5	4	3	9	7	35	2	1	7	5	3	6	6	6	2	0	0
	活动	0	1	2	3	5	4	9	8	7	6	10	12	11	14	13	15	16	17
9	模式	0	0	1	1	1	1	1	1	0	1	1	0	1	0	1	1	0	0
	延迟时间	0	5	4	2	8	7	35	2	1	5	5	12	6	6	6	2	0	0

可以看出，随着业主谈判能力的提高，项目中有更多的活动采用正常的

执行模式,而非承包商期望的加急模式,承包商期望采用加急模式的主要原因是:如果活动采用加急模式,则承包商可以尽可能早的拿到业主的支付款,提高自己的收益。而站在业主视角,其更希望项目恰好在截止日期前完工,尽可能地推迟项目的付款时间,提高自己的收益。这一点也可以从表 5-8 中看出来,随着业主谈判能力的提高,项目活动的总延迟时间也明显有所增加,这与业主的期望完全一致。

表 5-8 承包商、业主谈判能力分配与活动总延迟时间的关系

序号	1	2	3	4	5	6	7	8	9
总延迟时间(天)	64	70	70	76	75	101	102	101	106

5.5 案例研究

5.5.1 项目概况

5.5.1.1 背景介绍

CB 大厦于 2008 年 1 月 1 日开工建设,于 2009 年 6 月 30 日竣工,项目总工期 560 天。该项目的工期长达 18 个月,中间会经历两次春节,会出现部分工人集中返乡的情况,在这段时间,由于人员的短缺,活动的进度就会有所减缓,这成为影响项目进度的关键因素。承包商在建设的过程中,以 5.94%的利率从银行贷出部分资金,作为建设 CB 大厦项目的流动资金,以保证在业主向其支付前,项目活动得以正常开展。项目主要包含有 38 个活动,采用箭线的方式表示活动之间的进度关系,整体进度安排得到的 AoN 网络图如图 5-5 所示。

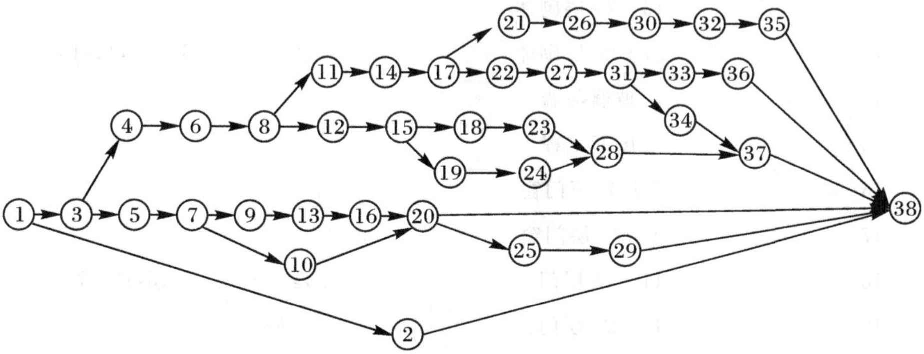

图 5-5 CB 大厦项目网络图

5.5.1.2 支付条件说明

在该项目实施过程中，承包商的预计利润率为16%，双方在施工合同中约定，支付方式为事件支付，即到某些关键事件点时，承包商建设方会收到业主的支付款，业主为了能够更好地激励和监督承包商按时交付项目成果，每次的支付款数量为承包商在该阶段实施的所有活动费用的110%，剩余的6%会在CB大厦项目竣工验收之后支付。并且，由于该项目为重点项目，因此，双方约定项目的截止日期不允许超过合同规定的日期。具体CB大厦项目在执行过程中的支付活动分布如表5-9所示。

表5-9 CB大厦项目支付活动分布情况

序号	活动名称	支付点	支付活动
1	基础筏板、地下一层		
2	安装工程		
3	1—4层主体结构	是	1
4	5层以下砌体		
5	5—9层主体结构	是	2,3
6	6—10层砌体		
7	10—14层主体结构	是	2, 5
8	11—15层砌体		
9	15—19层主体结构	是	2,4,6
10	灰土回填		
11	20—26层主体结构	是	2,7,8
12	16—20层砌体		
13	21—26层砌体	是	10,11,12,13
14	玻璃幕墙		
15	屋面工程		
16	5层以下门窗		
17	6—10层门窗		
18	11—15层门窗	是	15,16,17
19	16—20层门窗		
20	21—26层门窗		

续表 5-9

序号	活动名称	支付点	支付活动
21	间隔1		
22	5层以下抹灰		
23	间隔2		
24	6—10层抹灰		
25	5层以下地面	是	18,19,20,22,24
26	间隔3		
27	11—15层抹灰		
28	6—10层地面		
29	5层以下油漆涂料		
30	16—20层抹灰		
31	21—26层抹灰	是	25,27,28,29,30
32	11—15层地面		
33	16—20层地面	是	31,32
34	6—15层油漆涂料		
35	21—26层地面		
36	16—26层油漆涂料	是	33,34
37	室外工程		
38	交工验收	是	2,14,35,36,37

5.5.2　数据提炼

通过对项目的实地调研，在该项目执行过程中，业主方对项目的进度有很大程度的干涉，承包商只可以提出合适的建议并由业主方认可后才能付诸实施，因此，业主具有相对较强的谈判地位，在此，假设其谈判能力为0.7，承包商的谈判能力设为0.3。涉及的主要资源有：设备、原材料、员工、资金等四个方面。因为春节期间会有大量的员工流动，使得员工成为影响项目进度的主要因素，根据往年的情况，项目组会制定出各个时期的员工可用量。建筑项目在实施过程中，会涉及木工、钢筋工、砼工、架子工、防水工、电焊工、普工、水工、电工、机械工、瓦工、抹灰工、通风工、油漆涂料工，以及其他一些杂工，在项目建设过程中，一线操作工人的能力差异很小，他们只需要按照项目的图纸要求，遵照技术员的指导，完成相应的作业就可以了。因此，本文将项目的工人分为两大类，操作工人和技术员，将其作为研究的主要对象。项目在整个工期中两类工人的具体可用量如表 5－10 所示。

表 5－10　员工可用数量

时间	操作工人/人	技术员/人
2008－1－1—2008－2－29	200	80
2009－2－1—2009－4－30	200	80
其他时间	230	90

项目在执行过程中，活动都可以通过增加投入的方式，从而加快项目的进度，即项目的活动都有加急和正常两种执行模式，在每种模式下，对应的资源、工期、费用都有所不同。具体项目的活动相关信息：每种执行模式下活动的工期，费用，对两种主要人员的需求量，如表 5－11 所示。

表 5－11　项目活动相关信息

活动编号	加急				常规			
	工期/天	费用/万元	操作工人/人	技术员/人	工期/天	费用/万元	操作工人/人	技术员/人
1	54	702	229	76	60	650	188	62
2	90	921	39	12	100	869	32	10
3	64	1098	145	48	71	997	119	39
4	25	88	60	20	28	77	49	16
5	27	1104	145	48	30	997	119	39
6	25	91	60	20	28	81	49	16
7	27	1083	145	48	30	997	119	39
8	25	89	60	20	28	81	49	16
9	27	1051	145	48	30	997	119	39

续表 5－11

活动编号	加急				常规			
	工期/天	费用/万元	操作工人/人	技术员/人	工期/天	费用/万元	操作工人/人	技术员/人
10	77	68	92	31	86	63	75	25
11	41	1073	145	48	45	996	119	39
12	25	91	60	20	28	81	49	16
13	32	107	60	20	35	97	49	16
14	83	834	73	24	90	788	60	20
15	51	718	92	31	57	654	75	25
16	25	41	29	10	28	36	24	8
17	25	37	29	10	28	33	24	8
18	25	36	29	10	28	33	24	8
19	25	35	29	10	28	33	24	8
20	32	40	29	10	35	36	24	8
21	8	39	29	10	9	36	24	8
22	25	23	39	12	28	22	32	10
23	8	25	39	12	9	22	32	10
24	25	16	39	12	28	14	32	10
25	25	32	37	12	28	29	30	10
26	8	32	37	12	9	29	30	10
27	25	15	39	12	28	14	32	10
28	25	28	37	12	28	24	30	10
29	25	17	29	10	28	16	24	8
30	25	16	39	12	28	14	32	10
31	32	25	39	12	35	22	32	10
32	25	25	37	12	28	24	30	10
33	25	27	37	12	28	24	30	10
34	25	36	29	10	28	33	24	8
35	32	32	37	12	35	29	30	10
36	25	38	29	10	28	36	24	8
37	51	225	92	31	57	201	75	25
38	0	0	0	0	0	0	0	0

项目相关参数说明：

N:CB大厦项目包含有38个活动，故 $N=38$。

α:项目执行过程中的折现率，在本项目执行过程中，我们选用承包商从银行的贷款利息作为项目的折现率，为5.94%，折合到每天的折现率为:0.00016。

D:将项目开工时间设定为0，规定完成项目的完成时间为560天。

K:选择和实际支付次数相同的12次作为计算考虑的支付次数。

β:承包商的利润率，在项目的合同中约定，业主在每次支付时的支付量为当期承包商所花费用的110%，另外的6%会在项目结束后一并支付，因此，我们可以认为承包商的利润率为0.1，在项目结束时刻，剩余总费用的6%在最后一次支付时一并计算。

w_{clie}，w_{cont}:双方的谈判能力，根据之前的分析，我们将业主和承包商的谈判能力分别设定为0.7和0.3。

U:项目结束时，业主会取得收益18000万元，即为 U。

5.5.3 理论计算结果讨论

5.5.3.1 双方独立视角的满意支付进度安排

在这部分，我们分别站在业主和承包商的视角进行分析，根据所建模型，求解出双方在各自独立视角时的项目收益情况。

1.承包商视角

我们将承包商的谈判能力设定为1，业主的谈判能力设定为0，计算的结果如表5-12所示。

表5-12 承包商角度的项目进度安排

活动	执行模式	开工时间/天	延迟时间/天	完工时间/天	支付量/万元
0	0	1	0	1	0
1	1	2	1	62	0
2	0	75	13	165	0
3	1	63	1	134	870
4	0	141	7	166	0
5	1	142	8	172	3199

续表 5-12

活动	执行模式	开工时间/天	延迟时间/天	完工时间/天	支付量/万元
6	1	167	1	195	0
7	0	182	10	209	1994
8	0	196	1	221	0
9	1	211	2	241	2134
10	1	218	9	304	0
11	1	221	0	251	885
12	1	240	19	268	0
13	0	254	13	286	89
14	1	252	1	342	0
15	0	283	15	334	0
16	0	290	4	315	0
17	0	342	0	367	0
18	0	343	9	368	3519
19	1	344	10	372	0
20	0	321	6	353	0
21	0	373	6	381	0
22	0	368	1	393	0
23	0	378	10	386	0
24	1	374	2	402	0
25	0	367	14	392	183
26	0	396	15	404	0
27	0	394	1	419	0
28	0	408	6	433	0
29	1	405	13	433	0
30	1	410	6	445	0
31	1	420	1	448	202
32	1	457	12	485	0
33	1	455	7	483	83
34	0	449	1	474	0
35	0	498	13	530	0
36	1	491	8	519	33
37	1	475	1	532	0
38	0	532	0	532	0
39	0	532	0	532	762

上表中，活动数由原来的 38 个变化为 40 个，主要是为了计算方便，在项目的开始和结束处分别添加了一个虚活动，虚活动不消耗资源、时间。活动模式处，为 1 时说明该活动按照正常模式执行，为 0 时，说明该活动采用了加急执行模式，有一些活动的支付量为 0，说明这些活动不是支付活动，因此支付量为 0。可以看出，当站在承包商的视角进行项目进度安排时，有 20 个活动采用了加急模式，并且项目的工期比预计的 560 天要提前 28 天完成，承包商的收益为 747.05 万元，业主的收益为 1158.14 万元。

2. 业主视角

我们将业主的谈判能力设定为 1，承包商的谈判能力设定为 0，计算的结果如表 5 - 13 所示。

表 5 - 13　业主角度的项目进度安排

活动	执行模式	开工时间/天	延迟时间/天	完工时间/天	支付量/万元
0	0	1	0	1	0
1	0	1	0	55	0
2	1	66	11	166	0
3	0	58	3	122	703
4	0	128	6	153	0
5	1	126	4	156	1009
6	1	155	2	183	0
7	0	158	2	185	239
8	1	195	12	223	0
9	0	187	2	214	91
10	0	190	5	267	0
11	1	223	0	253	152
12	0	235	12	260	0
13	0	227	13	259	81
14	1	253	0	343	0
15	1	270	10	327	0
16	1	263	4	291	0
17	0	347	4	372	0

续表 5-13

活动	执行模式	开工时间/天	延迟时间/天	完工时间/天	支付量/万元
18	1	338	11	366	1063
19	0	338	11	363	0
20	1	300	9	335	0
21	1	380	8	408	0
22	1	380	8	408	0
23	1	374	8	383	0
24	0	363	0	388	0
25	1	342	7	370	33
26	1	420	12	429	0
27	1	409	1	437	0
28	0	398	10	423	0
29	1	380	10	408	0
30	0	434	5	459	0
31	1	442	5	470	236
32	0	461	2	486	0
33	1	477	7	505	80
34	1	473	3	501	0
35	1	489	3	524	0
36	0	509	4	534	24
37	0	505	4	556	0
38	0	556	0	556	0
39	0	556	0	556	670

上表与承包商视角的情况一样，都在项目的开始和结束处分别加入了虚活动，可以看出，当站在业主的角度对该项目进行进度安排时，项目的工期达到了 556 天，与项目的完成日程 560 天相比，只有 4 天的差距，说明业主更偏向于项目在按时完工的前提下，越晚完成，这样自己的支付发生时刻也越晚，同时自己的成本也会有所下降，从而提高自己的收益。在活动执行模式方面，项目有 17 个活动采用了加急模式，与之前承包商视角的 22 个活动采用了

加急模式相比更少了，因此其费用也会有一定程度的降低，也相应地降低了业主的支付量。在业主视角下，承包商和业主的收益分别为－280.38 万元和12517.35万元。可以看出，承包商的收益从 747.05 万元下降到了现在的－280.38万元，业主的收益从原来的 1158.14 万元提高到了现在的 12517.35 万元，这也符合业主期望自己收益提高的情况。

5.5.3.2 基于双方交互作用的满意支付进度安排

按照前文的分析，本文将业主和承包商的谈判能力分别置为 0.7 和 0.3，对项目进行求解分析。求解的结果如表 5－14 所示。

表 5－14 谈判能力分别为 0.7 和 0.3 下的项目进度安排

活动	执行模式	开工时间/天	延迟时间/天	完工时间/天	支付量/万元
0	0	1	0	1	0
1	0	17	16	71	0
3	0	78	7	142	703
2	1	72	1	172	0
4	0	150	8	175	0
5	1	148	6	178	1086
7	0	185	7	212	162
6	1	178	3	206	0
10	1	228	16	314	0
8	1	207	1	235	0
9	0	220	8	247	154
12	0	248	13	273	0
11	1	240	5	270	68
13	1	259	12	294	1170
14	1	272	2	362	0
16	0	298	4	323	0
15	1	284	11	341	0
20	1	324	1	359	0
18	1	344	3	372	3223
19	0	354	13	379	0

续表 5-14

活动	执行模式	开工时间/天	延迟时间/天	完工时间/天	支付量/万元
17	0	368	6	393	0
25	1	363	4	391	84
22	0	393	0	418	0
21	0	397	4	405	0
23	0	381	9	389	0
24	1	385	6	413	0
27	0	419	1	444	0
29	0	407	16	432	0
26	1	421	16	430	0
28	1	418	5	446	0
31	1	444	0	472	216
30	1	438	8	473	0
34	0	475	3	500	0
32	0	490	17	515	0
33	1	481	9	509	71
37	0	503	3	554	0
36	1	511	2	539	56
35	0	523	8	555	0
38	0	555	0	555	0
39	0	555	0	555	458

从上表可以看出，项目采用加急活动的数目为 19 个，项目的工期为 555 天，与之前站在单方角度的 533 天和 558 天相比，正好介于二者之间，项目的收益方面，承包商的收益为 113.58 万元，业主的收益为 8635.96 万元，也是介于之前的二者之间，说明当业主与承包商的谈判能力分别为 0.7 和 0.3 时，双方都会在各自期望的最佳收益所对应的进度安排上，有一定程度的退让，但又不至于让一方退让过多，双方的收益正好介于自己期望收益和自己最不期望收益之间。在这三种情形下，双方的收益情况如表 5-15 所示。

表 5-15 三种情形下的双方收益情况

	承包商角度	交互情况	业主角度
承包商收益/万元	747.05	113.58	−280.38
业主收益/万元	1158.14	8635.96	12517.35

从上表可以看出，当谈判地位，由承包商占优，到双方地位均衡，再到业主占优，承包商的收益从 747.05 万元逐渐下降到−280.38 万元，而业主的收益由 1158.14 万元逐渐提高到 12517.35 万元。

5.5.4 项目实际情形与理论结果对比分析

实际中项目的实施情况如表 5-16 所示。

表 5-16 项目的实际执行情况

活动	执行模式	开工时间/天	延迟时间/天	完工时间/天	支付量/万元
0	0	1	0	1	0
1	0	5	4	59	0
2	1	62	3	162	0
3	0	62	3	126	870
4	1	135	9	163	0
5	1	129	3	159	921
6	1	170	7	198	0
7	0	162	3	189	1269
8	0	198	0	223	0
9	0	190	1	217	1174
10	1	200	11	286	0
11	1	228	5	258	1140
12	1	224	1	252	0
13	0	220	3	252	869
14	0	258	0	341	0
15	1	252	0	309	0
16	0	254	2	279	0
17	0	350	9	375	0

续表 5-16

活动	执行模式	开工时间/天	延迟时间/天	完工时间/天	支付量/万元
18	0	316	7	341	1640
19	1	311	2	339	0
20	0	297	11	329	0
21	1	377	2	405	0
22	1	378	3	406	0
23	1	352	11	361	0
24	0	350	11	375	0
25	1	331	2	359	25
26	0	406	1	414	0
27	0	407	1	432	0
28	0	375	0	400	0
29	0	370	11	395	0
30	0	419	5	444	0
31	1	432	0	460	333
32	1	455	11	483	0
33	1	472	12	500	280
34	0	460	0	485	0
35	0	490	7	522	0
36	1	509	9	537	29
37	0	490	5	541	0
38	0	542	0	542	0
39	0	542	0	542	770

在实际执行过程中，承包商的收益为102.65万元，业主的收益为8375.78万元，项目的工期为542天，比项目要求的工期560天提前了18天。其中有21个活动采用了加急模式，但是项目的收益分配并没有偏向于承包商的一方，我们看下表5-17的对比分析。

表 5-17 实际与理论结果的对比分析

	承包商角度	业主角度	交互情况	实际情况
承包商收益/万元	747.05	−280.38	113.582	102.65
业主收益/万元	1158.14	12517.34	8635.96	8375.78
加急活动数/个	20	17	19	21
完工时间/天	533	558	555	542

从上表可以看出，在实际项目执行过程中，承包商的收益和业主的收益都介于承包商角度和业主角度计算的双方收益之间，实际中承包商的收益为 102.65 万元，其最期望收益为 747.05 万元，最不期望的收益为−280.38 万元，通过计算谈判价值可以看出，承包商的谈判价值为 0.37，业主的实际收益为 8375.78 万元，其最期望收益和最不期望收益分别为 12517.34 万元和 1158.14 万元，同样可以计算出业主的谈判价值为 0.63。可以看出，在实际项目执行过程中，也是业主处于强势谈判地位，其收益更偏向于自身的期望收益，而承包商由于处于劣势谈判地位，距离自身期望收益的差距明显较大。这个结果与前文分析的业主处于强势谈判地位是吻合的。

分析项目执行过程中采用加急模式的活动数，在实际情况中，项目中采用加急模式执行的活动数目最多，达到 21 个，比在承包商角度进行的支付进度决策下的加急活动数 20 还多，说明在实际中，虽然项目中更多的活动采用了加急执行模式，但承包商的收益并未因此而更多地偏向其期望收益，而业主则更偏向于期望收益，说明处于强势谈判地位的业主在优化自己收益的过程中并没有考虑承包商收益，这也体现了本文的研究价值：在优化强势谈判地位一方收益的同时，尽可能地提高处于劣势地位一方的收益，使得双方利益分配更趋于合理化。

对于项目工期，实际中承包商虽然有 21 个活动采取了加急执行模式，但项目的工期却达到 542 天，与承包商角度时 20 个活动采用加急模式情况下的项目工期 533 天相比，该进度安排并不合理，这说明，在实际中，为了解决项目的资源短缺问题，项目中会对一些活动采用加急模式执行，但也有一些活动由于资源短缺会将其开工日期进行一定的推迟。从表 5-17 可以看出，当借助本章的模型和算法进行计算时，在承包商角度、业主角度和双方交互角度三种情况下，采用加急模式执行的活动数分别为 20、17 和 19，项目的工期分别为 533 天、558 天和 555 天。采用较多加急执行模式的承包商角度情况下的项目工期最短，采用更少加急模式的业主角度情况下的项目工期最长，这也说明了实际执行中出现的采用更多加急模式，工期反而变长的情形是决策不合理造成的。

通过上文的实例分析可以看出，在实际项目执行过程中，处于强势谈判地位的一方在项目进度、支付决策时并没有考虑另一方的收益情况；虽然采用了更多的加急模式，项目工期却未能因此而有所缩短。这样的结果，一方面说明双方的利益分配并不合理；另一方面说明实际中项目的进度安排也不合理。

5.6　结论

本章构建出资源约束下的承包商与业主交互的项目支付进度问题模型，通过对模型的研究分析，对前一章的遗传算法进行改进，使其能够求解 MPRCPSP 模型，接着通过对资金的折现率和承包商、业主双方谈判能力分配进行测试，证明算法的有效性。最后，本章借助一个算例从承包商的利润率、双方约定的支付次数、双方谈判能力的分配三个方面对 MPRCPSP 模型和算法进行了分析：随着承包商利润率的提高，承包商的收益会有所提高，而业主的收益会有所下降；当支付次数增加时，承包商的收益也会有所提高，业主的收益会有所下降；在谈判能力分配方面，当业主的谈判能力提高时，项目的周期会有所增加，有更多的活动采取正常模式，正好与承包商的期望相反。

同时，本章选择 CB 大厦项目作为研究对象，对项目的数据进行提炼，分析得到双方的谈判地位，接着，在遵循实际支付情况的前提下，分别从承包商视角、业主视角、双方谈判地位均衡的角度出发，借助改进后的遗传算法对项目进行求解分析，最后从加急活动数、双方收益、项目工期四个方面与实际项目执行情况进行对比分析，说明本章提出的算法在保证双方利益合理分配的同时，能够得到较好的进度安排，尽可能地提高双方的收益。

第6章 基于银行授信约束 Max - npv 项目调度问题研究

银行授信约束作为项目融资手段已变得越来越普遍，但是至今很少有具体的理论对其进行分析指导。本章考虑不同业主支付条件下银行授信约束 Max - npv 项目调度问题，该问题是一个符合现实项目情况的问题，同时对该问题的研究也能在理论上做出指导贡献。本章从承包商角度出发，在对 Max - npv项目调度问题界定的基础上，首先构建不同支付条件下承包商收益优化模型；其次设计模拟退火启发式算法并进行对比测试；最后用实际案例对研究进行验证并对影响项目满意进度安排及项目收益的关键因素进行分析。

6.1 现实背景

近年来，随着实际项目规模的扩大，业主和承包商面临自身资金不足，需要融资来保证项目进度的情况，并且伴随着金融业向其他行业的不断渗透，项目建设与金融业的联系越来越密切，利用银行授信进行项目资金筹集已经越来越普遍，而不同的授信额度会对项目资金产生影响，进而影响活动安排，对最终的项目收益产生不同的影响。这种项目融资方式的具体操作方式是，银行基于承包商的信用为其项目设置给定授信额度的专用账户，承包商的现金流入与流出均需通过该账户，而且可以从该账户透支资金用于项目的安排实施，但其透支的额度不得超过银行给定的授信额度。

银行授信约束作为一种特殊的资源约束具有以下的特点：首先，项目专用账户中的可用资金会随着承包商的使用而减少，随着业主的支付而增加，因此是一种动态的约束。其次，在项目实施过程中，承包商必须审慎地权衡活动的进度计划，以使累计负现金流量与累计正现金流量的差额即负的累计净现金流的绝对值不超过银行的授信额度，否则，所安排的进度计划会由于资金无法落实而不可行。同时，由于承包商的现金流入取决于业主的支付，从而影响承包商的项目安排。何正文等研究证实不同的业主支付条件会影响承包商的收益[30]，因此在银行授信约束中，不同的支付条件决定了承包商不同的资金流量和使用，同样会对其项目收益产生直接影响。

目前，国内任世科等学者首先研究了银行授信约束下的 Max－npv 项目调度问题，讨论了银行授信额度及客户支付比例对项目收益的影响，但是没有考虑业主支付条件[31]。因此基于以上现实基础，研究业主支付条件下银行授信约束如何影响项目的资金变化，从而影响承包商的项目安排和收益就显得十分重要，也能够为实际的项目调度计划安排提供决策支持。

6.2　银行授信约束 Max－npv 问题界定

本章采用基于活动的研究方法，用 AoN 网络表示项目，其中网络节点代表某活动，箭线代表活动间的逻辑关系，项目的正负现金流均与项目活动相关。现假设一个由 N 个活动构成的项目，基于网络表述的需要，额外添加活动 1 和活动 N 两个虚活动，分别表示项目的开始和结束。活动 $n(n=1,\cdots,N)$的工期和费用分别为 d_n 和 c_n，活动 n 的挣值为 v_n，项目合同总价款为 $EU=\sum_{n=1}^{N} v_n$。注意，虚活动的工期、费用及挣值均恒为 0。资金的折现率为 α，项目的截止日期为 D。

此外，对于不同的业主支付设定，在给定总支付次数 K 的前提下，支付安排由如下 4 种不同的支付条件决定：

基于里程碑活动的支付条件：即双方在合同中约定项目的里程碑活动（项目的虚结束活动必须为里程碑活动），当里程碑活动完成时，业主即对承包商进行一次支付。

基于时间的支付条件：亦称为周期性支付条件，即从项目的开始时刻算起，每过一个$[D/K]$时间间隔便安排一次支付，最后一次支付安排在项目的结束时刻。

基于进展的支付条件：即支付安排依赖于项目的进展程度，而项目的进展程度则用承包商的累计挣值度量。在项目执行过程中，每当承包商的累计挣值达到$[EU/K]$的一个整数倍时便安排一次支付，最后一次支付安排在项目的虚结束活动上。

基于费用的支付条件：即以补偿承包商费用为主要考量的支付条件。合同双方首先商定一个基准总费用 BC，在项目实施过程中，每当承包商累计发生的费用达到 $[BC/K]$ 的一个整数倍时便进行一次支付，最后一次支付安排在项目的虚结束活动上。

第 k 次的支付量为 p_k $(k=1,2,\cdots,K)$，p_k 是基于支付发生时承包商所完成活动的累计挣值，根据合同双方规定的支付比例 $\theta(0\leqslant\theta\leqslant1)$ 计算得到。当项目结束时，业主对承包商的支付总量必须等于项目合同总价格。

假定银行为承包商开设的项目专用账户的授信额度为 CL 。那么在项目进行过程中，承包商为实施项目所发生的费用即从该账户支取，而业主对承包商的支付也存入到该账户中。承包商必须确保其在任何时刻所支出的累计费用，减去获得的累计支付的差额不得超过 CL 。在本章所研究的问题中，决策变量为各活动的完成时间：

$$y_{nt}=\begin{cases}1 & \text{活动 } n \text{ 在时刻 } t \text{ 完成}\\ 0 & \text{其他}\end{cases}\qquad n=1,\cdots,N;\ t=0,1,\cdots,D$$

所以，最终可将本章所研究的问题界定为：在上述条件下，寻求一组最优的 y_{nt} ，以使得承包商的现金流出与流入的折现值之和，亦即项目的净现值最大化。

6.3 不同支付条件下银行授信约束 Max - npv 模型构建

根据上述对问题的界定，首先以基于里程碑活动支付条件为例，构建“基于里程碑活动支付条件的银行授信约束项目调度问题”的优化模型如下所述。

$$\text{Max}\quad NPV=\sum_{n_k\in Kp}\left\{p_k\sum_{t=E_{n_k}}^{L_{n_k}}\left[\exp(-\alpha t)\,y_{n_k t}\right]\right\}-\sum_{n=1}^{N}\left\{c_n\sum_{t=E_n}^{L_n}\left[\exp(-\alpha t)\,y_{nt}\right]\right\}\tag{6-1}$$

$$\text{s.t.}\quad \sum_{t=E_n}^{L_n} y_{nt}=1\quad n=1,\cdots,N\tag{6-2}$$

$$\sum_{t=E_n}^{L_n}(y_{nt}t)-d_n\geqslant\sum_{t=E_m}^{L_m}(y_{mt}t)\qquad m\in IP_n\tag{6-3}$$

$$\sum_{t=E_n}^{L_n}(y_{Nt}t)\leqslant D\tag{6-4}$$

$$p_k=\theta\left[\sum_{n=1}^{N}\left(v_n\sum_{t=0}^{T_k}y_{nt}\right)-\sum_{n=1}^{N}\left(v_n\sum_{t=0}^{T_{k-1}}y_{nt}\right)\right]\quad k=1,\cdots,K-1\tag{6-5}$$

$$p_K = EU - \sum_{k=1}^{K-1} p_k \tag{6-6}$$

$$\sum_{n=1}^{N}\left(c_n \sum_{t=0}^{T} y_{nt}\right) - \sum_{n_k \in K_p}\left(p_k \sum_{t=0}^{T} y_{n_k,t}\right) \leqslant CL \quad T = 0,1,\cdots,D \tag{6-7}$$

$$y_{nt} \in \{0,1\} \quad n = 1,\cdots,N\ ;\ t = 0,1,\cdots,D \tag{6-8}$$

其中，K_p 为支付活动集合，由合同双方所约定的里程碑活动构成，n_k 为 K_p 中与第 k 次支付相关联的里程碑活动；m 为活动 n 的紧前活动，IP_n 是活动 n 的紧前活动集合；$[E_{n_k},L_{n_k}]$、$[E_n,L_n]$、$[E_m,L_m]$ 和 $[E_N,L_N]$ 分别为活动 n_k、n、m、N 的由网络优先关系所决定的时间窗；T_k 和 T_{k-1} 分别为第 k 和 $k-1$次支付的发生时间，亦即 K_p 中活动 n_k 和 n_{k-1} 的完成时间。

在上述整数规划优化模型中，目标函数式(6－1)是最大化项目净现值，其中 NPV 中的第 1 项为各次支付(即正现金流)的现值，第 2 项为各活动费用(即负现金流)的现值；约束条件式(6－2)为活动 n 在其时间窗 $[E_n,L_n]$ 内安排一个结束时间；式(6－3)表示网络优先关系，确保活动 n 的开始时间不早于其紧前活动 m 的结束时间；式(6－4)为项目截止日期约束，使得项目虚结束活动 N 的开始时间(亦即整个项目的完成时间)，不晚于项目的截止日期 D；式(6－5)是支付量的约束，第 k 次支付的支付量 p_k，等于从上次支付开始到本次支付为止，这段时间内承包商的累计挣值与支付比例 θ 的乘积；式(6－6)计算最后一次支付的支付量 p_K，并确保总的支付量等于项目合同总价款 EU；式(6－7)是银行授信额度的约束，确保在项目过程中的任何时刻 T，承包商的累计负净现金流的绝对值，不超过项目专用账户的授信额度 CL；式(6－8)为决策变量 y_{nt} 的定义域约束。

对于基于里程碑活动的支付条件，项目支付活动集合 K_p 中的活动即为双方在合同中约定项目的里程碑活动。而对于其他三种支付条件，则 K_p 可以表示为

$$K_p = \{n \mid y_{n,\tau} = 1 \cup N\} \tag{6-9}$$

其中，τ 根据支付条件的不同，分别满足下面的式(6－10)、式(6－11)和式(6－12)。

基于时间的支付条件

$$\tau = \min\{T \mid \{y_{n,T} = 1\} \cap \{T \geqslant k[D/K]\}\} \quad k = 1,\cdots,K-1 \tag{6-10}$$

基于进展的支付条件

$$\tau = \min\{T \mid \{y_{n,T} = 1\} \cap \{\sum_{n=1}^{N}\sum_{t=0}^{T}(v_n y_{n,t}) \geqslant k[EU/K]\}\}$$
$$k = 1,\cdots,K-1 \tag{6-11}$$

基于费用的支付条件

$$\tau = \min\{T \mid \{y_{n,T} = 1\} \cap \{\sum_{n=1}^{N}\sum_{t=0}^{T}(c_n y_{n,t}) \geqslant k[BC/K]\}\}$$
$$k = 1,\cdots,K-1 \tag{6-12}$$

在上述4个式子中，式(6-9)表明 K_p 由在 τ 时刻结束的活动及活动 N 构成；式(6-10)将 τ 定义为在 $k[D/K]$ 及 $k[D/K]$ 之后最早完成的活动的完成时间；式(6-11)将 τ 定义为使得承包商的累计挣值达到 $k[U/K]$ 的最早完成活动的完成时间；式(6-12)将 τ 定义为使得承包商的累计费用达到 $k[BC/K]$ 的最早完成活动的完成时间。显然，将式(6-9)连带式(6-10)、式(6-11)和式(6-12)分别加入上述优化模型中，即可得到相应支付条件下的银行授信约束折现流项目调度优化模型。

6.4 模拟退火启发式算法设计

本章的研究问题属于组合优化问题，其中，银行授信约束的实际效果是限制了承包商在项目实施过程中的资金使用量，且银行授信约束是一种特殊的现金流约束，所以本章所研究的银行授信约束 Max-npv 项目调度问题本质上即为资金约束项目调度问题，即也属于 RCPSP。而学者 Garey 和 Johson 证明 RCPSP，尤其是大规模活动下的 RCPSP 属于 NP-complete 问题，由于该问题解的复杂性，难以求得精确解[32]。同时资金约束项目调度问题也已被学者 Smith-Daniels 等证明为 NP-hard 问题，根据以上 NP 问题特点分析，本章所研究的不同支付条件下的银行授信约束折现流项目调度问题也必然是一个 NP-hard 问题。对于该研究问题，由于活动规模较大难以设计精确算法求得最优解，并且由于精确算法耗费的时间较长，且随着问题规模的增加，其求解花费时间呈指数增加，对于中等规模的问题，精确算法已很难解决，只能求解较小规模的问题，实用价值不大。而近年来兴起的启发式算法是有效解决该类问题的一种有效途径，它在求得满意解的同时，花费的时间更少，效率更高，具有更高的实用性。因此，参考已有的研究文献，从实用角度出发，本章设计了一种模拟退火 SA（Simulated Annealing）启发式算法对问题进行求解。由于模拟退火算法与初始解无关，并且算法具有收敛性，在理论上已经被证明是一种以概率 1 收敛于全局最优解的优化算法。同时该种算法也被众多学者应用于各种项目调度问题的求解，被证明是一种行之有效的启发式算法。

6.4.1　解的表示与初始解生成

根据本章研究问题特点，为了表述方便，用如下的向量 Y 表示问题的可行解

$$Y = (t \mid y_{nt} = 1, n = 1, \cdots, N)$$

在上式中，向量 Y 中的元素分别表示了活动 1 到 N 的完成时间。需要特别强调的是，这些开始时间必须满足网络优先关系、项目截止日期及银行授信额度等的约束。在上述解的表示下，问题的初始可行解按如下步骤生成。

步骤 1　在不考虑银行授信额度约束的条件下，利用关键路径法 CPM（critical path method）计算各活动的完成时间窗 $[E_n, L_n]$。

步骤 2　在不违反网络优先关系和项目截止日期约束的前提下，随机地在时间窗 $[E_n, L_n]$ 中为活动 n 安排一个完成时间，从而得到一个初始解 Y^{init}。

步骤 3　判断在 Y^{init} 下银行授信额度约束是否满足，若满足则接受 Y^{init} 为一个可行的初始解；否则，拒绝 Y^{init} 并返回步骤 2，重复上述操作直至得到可行的 Y^{init} 为止。

注意，由于存在项目截止日期和银行授信额度的双重约束，所以，若项目参数不合适，则有可能会出现无可行解的特殊情形。为了避免这种情形下，初始可行解的生成算法陷入死循环无法跳出，定义当上述步骤执行 $100N$ 次后仍无可行解，则强行终止算法并输出“当前问题无可行解”结论。

6.4.2　目标函数计算与邻点生成

给定一个当前解 Y^{curr}，其对应的目标函数值 NPV^{curr} 按如下步骤计算。

步骤 1　基于活动费用 c_n、折现率 α 以及 Y^{curr} 所给出的活动结束时间，计算每个活动费用的现值并求和，得到所有费用的现值总和。

步骤 2　根据所采用的支付条件确定支付活动集合 K_p；利用活动工期 d_n 和 Y^{curr} 计算出各活动的完成时间；基于各活动的完成时间及其挣值 v_n，计

算每个支付活动完成时的承包商的累计挣值。

步骤 3 依据活动的累计挣值及支付比例 θ 计算每次支付的支付量 p_k；基于支付活动的完成时间及折现率 α 对 p_k 进行折现，求和后得到所有支付的现值总和。

步骤 4 用支付的现值总和减去费用的现值总和，得到项目的净现值 NPV^{curr}。

在当前解 Y^{curr} 的基础上，算法按照如下方式生成它的一个可行邻点解 Y^{neig}：对于 Y^{curr}，从除虚活动 1 之外的其他活动中随机地选择某一个活动；在不破坏网络优先关系和项目截止日期约束的前提下，将被选中活动的完成时间在其时间窗内随机地变化一个单位，从而得到 Y^{curr} 的一个邻点解 Y^{neig}；判断在 Y^{neig} 下银行授信额度约束是否满足，若是则接受 Y^{neig} 为一可行的邻点解，否则，拒绝 Y^{neig} 并重复上述操作直至得到一个可行的 Y^{neig} 为止。

6.4.3 模拟退火算法迭代步骤

按照模拟退火的基本原理，本章所设计的启发式算法的搜索步骤如下。

步骤 1 输入初始温度 $Temp^{init}$、冷却速率 ε、终止温度 $Temp^{term}$，在每一温度下的迭代步数 $NNum$，初始可行解 Y^{init} 以及在 Y^{init} 下的目标函数值 NPV^{init}。

步骤 2 当前温度 $Temp$ 设定：$Temp = Temp^{init}$。

步骤 3 当前迭代步数 Num 设定：$Num = 0$。

步骤 4 当前可行解 Y^{curr} 设定：$Y^{curr} = Y^{init}$，$NPV^{curr} = NPV^{init}$。

步骤 5 生成 Y^{curr} 的一个邻点 Y^{neig}，计算在 Y^{neig} 下的目标函数值 NPV^{neig}。

步骤 6 $\Delta NPV = NPV^{neig} - NPV^{curr}$，若 $\Delta NPV > 0$，则接受 Y^{neig} 为当前解：$Y^{curr} = Y^{neig}$，$NPV^{curr} = NPV^{neig}$。否则，生成一个位于[0,1]之间均匀分布的随机数 Rnd，若 $Rnd \leqslant e^{\Delta NPV/Temp}$，则接受 Y^{neig} 为当前解：$Y^{curr} = Y^{neig}$，$NPV^{curr} = NPV^{neig}$；否则，拒绝 Y^{curr}。

步骤 7 $Num = Num + 1$。若 $Num \leqslant NNum$，转步骤 5；否则，转步骤 8。

步骤 8 $Temp = Temp \cdot \mu$。若 $Temp > Temp^{term}$，转步骤 5；否则，转步骤 9。

步骤 9 输出满意解 Y^* 及其对应的目标函数值 NPV^*：$Y^* = Y^{curr}$、$NPV^* = NPV^{curr}$。

算法参数包括初始温度、冷却速率、终止温度，以及在每一温度下的迭代步数等，这些参数均通过预先的小规模计算试验确定。

6.5　算法测试

因为该研究问题属于 NP－hard 问题，最优解的求解难度较大，尤其是难以设计精确算法进行求解，目前大多数的研究采用启发式算法进行求解对比，因此本章根据已有研究文献，参考其通常做法，选择多种启发式算法进行测试对比，具体选用多重迭代改进 MSII（multi-start iterative improvement）和随机生成 RG(random generation)两个启发式算法作为对比基准，对模拟退火启发式算法的绩效进行评价。为使三个算法具有相同的比较基础，当 MSII 和 RG 探测的可行解数目与模拟退火相同时，算法终止并输出满意解。算法测试通过 ProGen 随机生成的标准算例集合进行，生成算例的参数设置如表 6－1 所示，其中，按全因素试验设计的参数有 5 个：项目活动数 N、支付次数 K、支付比例 θ、项目截止日期 D 和银行授信额度 CL。参数 N 的取值为 4 种，K、θ、D 和 CL 的取值均为 3 种，在每种参数组合下生成的算例数为 10 个，考虑到 4 种不同的支付条件，由此形成 $10\times4\times3^4\times4=12960$ 个算例。

表 6－1　ProGen 算例参数设置

参数	取值
非虚活动数目 $N-2$	10、20、30、40
在给定非虚活动数下生成的算例数	10
起始和终止活动数	从 2、3 和 4 中按等概率随机选取
最大紧前和紧后活动数	4
活动工期 d_n	从[1，10]中均匀地随机选取
活动费用 c_n	从[10，20]中均匀地随机选取
活动挣值 v_n	$\rho_1\cdot c_n$。其中，ρ_1 从[1.4，1.6]中均匀地随机选取
支付次数 K	3、4、5
基于里程碑活动的支付条件	虚结束活动必为支付活动，其余支付活动从在除虚开始和虚结束活动之外的其他活动中按等概率随机选取

续表 6-1

参数	取值
基准总费用 BC	$\rho_2 \cdot \sum c_n$。其中，ρ_2 从[0.8, 1.2]中均匀地随机选取
支付比例 θ	0.70、0.80、0.90
折现率 α	0.0100
项目截止日期 D	$\rho_3 \cdot C_{\max}$。其中，ρ_3 分别设置为 1.2、1.3 和 1.4，$C_{\max}$ 是项目活动网络关键路径的长度
银行授信额度 CL	$\rho_4 \cdot (\sum c_n / K)$。其中，$\rho_4$ 分别设置为 0.8、1 和 1.2

定义如下四个指标以评价算法的绩效。

NUM：算法获得已知最好解的数量。

ARD(%)：算法获得的满意解距离已知最好解的平均相对偏差。

ACT(s)：算法的平均计算时间。

CV(%)：算法运行 100 次所获得满意解的目标函数值的平均变异系数。

其中，已知最好解是给定某一个算例，在三个算法所获得的满意解中，目标函数值最大的那个解。在上述四个评价指标中，*NUM* 和 *ARD* 反映算法获得的满意解的质量；*ACT* 反映算法的运行速度；*CV* 反映算法求解质量的稳定性。

算法的测试结果见表 6-2 所示。需要特别说明的是，由于测试结果随着参数 K、θ、D 和 CL 的变化并未呈现出明显的变化规律，所以，表中仅给出了不同算例规模下三个算法的测试指标。

表 6-2　算法测试结果

算例集合	模拟退火				多重迭代改进				随机生成			
	NUM	*ARD*/%	*ACT*/s	*CV*/%	*NUM*	*ARD*/%	*ACT*/s	*CV*/%	*NUM*	*ARD*/%	*ACT*/s	*CV*/%
N=12	2697	5.06	1.31	0.01	1076	6.18	1.07	0.07	23	9.23	0.36	0.52
N=22	2853	1.89	4.24	0.12	312	9.56	3.38	0.29	9	15.49	1.74	1.17
N=32	3044	0.06	9.86	0.35	44	13.32	6.55	0.62	0	21.92	3.47	3.09
N=42	3130	0	17.55	0.51	0	19.87	11.11	1.03	0	37.63	6.28	6.28
所有算例	11724	1.75	8.24	0.25	1432	12.23	5.53	0.50	32	21.07	2.96	2.77

首先，从表6-2中的计算结果可以看出，对于所有12960个算例来说，指标 *NUM* 表明，模拟退火、多重迭代改进和随机生成分别获得了11724个、1432个和32个已知最好解；而从算法获得的满意解距离已知最好解的平均相对偏差 *ARD* 看，上述三个算法则分别为1.75%、12.23%和21.07%。由此可见，本章所设计的模拟退火启发式算法获得的满意解的质量，要远高于其他两种启发式算法。而且，当问题规模变大时，模拟退火的 *NUM* 指标逐步上升、*ARD* 指标逐步下降，而其他两种算法的这两个指标的变化趋势却正好相反，从而表明模拟退火相对于其他两种算法的优势，随着问题规模的增加而扩大。其次，指标 *ACT* 的计算结果显示，三个算法的平均计算时间均随着问题规模的增加而增加，而对于所有的算例来说，模拟退火、多重迭代改进和随机生成的平均计算时间分别为8.24秒、5.53秒和2.96秒，从而表明模拟退火的运行速度要慢于其他两种启发式算法。最后，从指标 *CV* 的计算结果可见，模拟退火获得满意解的目标函数值的平均变异系数要小于多重迭代改进和随机生成，说明模拟退火的求解质量最为稳定。综合四个指标的计算结果，可以得出如下结论：对于本章所研究的问题来说，在可以接受的时间内，模拟退火是三个算法中最为有效的算法。

上述结果不难理解，相比于多重迭代改进和随机生成，模拟退火是一种已被众多学者证明，较为适宜求解项目调度问题的智能算法；多重迭代改进不具有智能性，只是简单地对当前解进行反复改进以获取满意解；而随机生成甚至不进行邻点生成操作，只是从随机构造的可行解中挑选满意解。所以，在获得的满意解的质量方面，模拟退火要远好于其他两种启发式算法，特别是当问题规模较大时，情况更是如此。也正是由于多重迭代改进和随机生成的搜索过程较为简单，省略了一些智能性判断，因此，其运行速度要快于模拟退火。此外，由于模拟退火可以稳定地收敛于全局最优解，所以，其获得满意解的目标函数值的变异系数较小，从而确保算法每次运行都可以得到质量较高的满意解。

6.6 案例分析

6.6.1 项目背景及数据

用图 6 - 1 所示的案例对本章的研究进行说明。该案例共有 19 个活动，其中活动 1 和 19 分别为虚的开始和结束活动，其余活动均为实活动。活动的工期、费用及挣值见表 6 - 3。其他参数如下：银行授信额度 CL 为 4000 万元，业主支付比例 θ 为 0.8，项目完成时间 D 为 48 天，折现率 α 为 0.01。总的支付次数 K 为 5，当采用基于里程碑活动的支付条件时，里程碑活动集合 Sp 为{6, 11,13,15,19}；当采用基于费用的支付条件时，项目的基准总费用 BC 为 12000 万元。此外，由活动的挣值可以计算出，该项目的合同总价格 U 为 22000 万元。

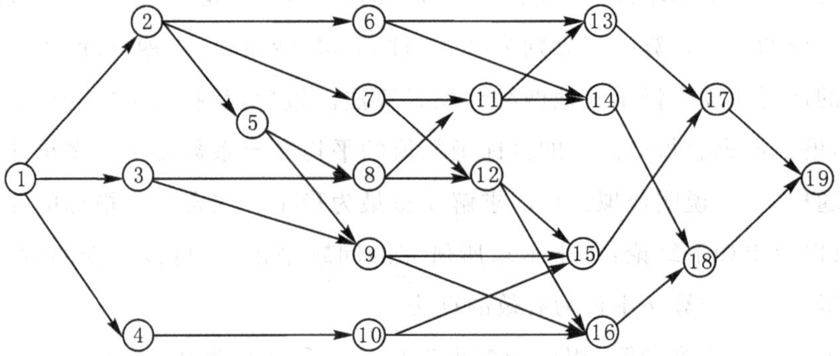

图 6 - 1 项目 AoN 活动网络图

表 6 - 3 项目活动的工期、费用和挣值

活动代号	工期/天	费用/万元	挣值/万元	活动代号	工期/天	费用/万元	挣值/万元
1	0	0	0	11	8	800	1500
2	5	600	1000	12	7	1000	1500
3	3	400	760	13	5	400	760
4	2	1000	1800	14	4	400	760
5	6	1000	1800	15	3	800	1500
6	2	600	1300	16	12	700	1300
7	10	500	1000	17	6	1800	2700
8	8	500	1000	18	5	1200	1900
9	4	600	1000	19	0	0	0
10	8	200	420				

6.6.2　项目满意进度安排

通过本章所设计的模拟退火启发式算法，我们可以得到四种不同支付条件下，项目净现值最大化的满意进度安排。

基于里程碑活动的支付条件：

$Y^*=\{0,6,12,7,12,15,20,22,21,19,32,29,37,39,36,41,47,48,48\}$；$NPV^*=5696.1$ 万元。

基于时间的支付条件：

$Y^*=\{0,5,3,3,11,29,19,20,24,28,28,28,35,37,36,42,42,47,47\}$；$NPV^*=5768.8$ 万元。

基于进展的支付条件：

$Y^*=\{0,5,4,9,11,19,21,20,27,20,32,28,42,39,32,40,48,45,48\}$；$NPV^*=5871.4$ 万元。

基于费用的支付条件：

$Y^*=\{0,5,10,7,12,21,19,20,20,16,30,27,40,40,36,42,47,47,47\}$；$NPV^*=5717.3$ 万元。

在上述满意进度安排下，得到承包商累计净现金流量随时间变化情况如图 6－2 所示。

以基于里程碑活动的支付条件为例对图 6－2 进行说明。在该支付条件下，业主的 5 次支付分别发生在活动 6、11、13、15 和 19 的完成时刻，因而使得承包商在时刻 12 天、19 天、29 天、39 天和 48 天时，分别出现了额度为 4288 万元、1376 万元、3600 万元、3616 万元和 9120 万元的现金流入。由图 6－2(a)可见，项目开始后，承包商的累计净现金流量向负方向逐步增加，到时刻 11 天达到最大值 3700 万元。但在时刻 12 天，由于业主第 1 次支付的发生，承包商的累计净现金流量产生了一个幅度为 4288 天的正向突跳，导致承包商首次出现了额度为 588 万元的盈余。在此之后，承包商的累计净现金流量再次下降，并先后在 4 次支付时刻出现正向突跳。当项目结束时，承包商的累计净现金流量为正的 9500 万元，正好等于合同总价格减去所有活动费用总和的差值。

其他三种支付条件下的承包商累计净现金流量的变化过程，与基于里程碑活动的支付条件下的情况类似，均为总体趋势逐步下降而在支付时发生正向突跳。在基于时间的支付条件下，负方向的最大取值为 3500 万元；在基于进展的支付条件下为 3000 万元；在基于费用的支付条件下为 3700 万元，均未超过银行授信额度 4000 万元。如果将项目收益同时考虑在内的话，对于该算例，基于进展的支付条件对于承包商最为有利，因为他仅用 3000 万元的信用额度就取得了 5871.4 万元的项目净现值；与此相反，基于里程碑活动的支付方式最为不利，承包商消耗了 3700 万元的授信额度，才取得了 5696.1 万元的项目净现值。

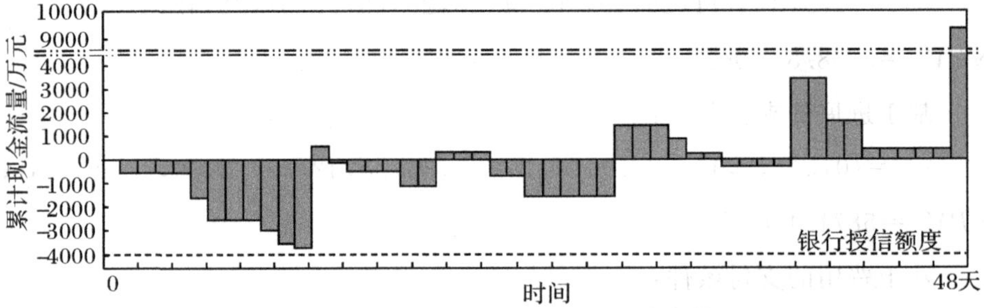

(a) 基于里程碑活动的支付条件

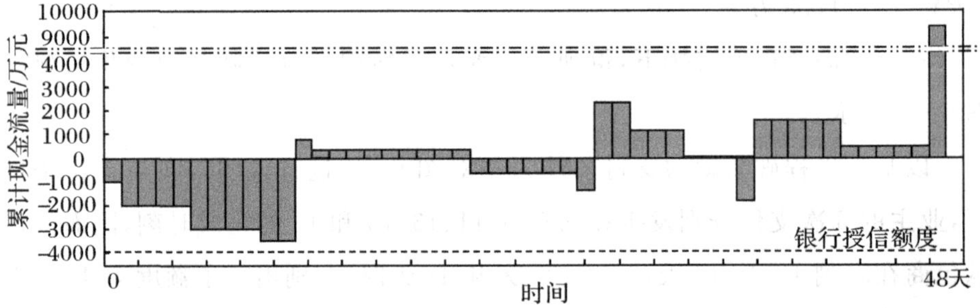

(b) 基于时间的支付条件

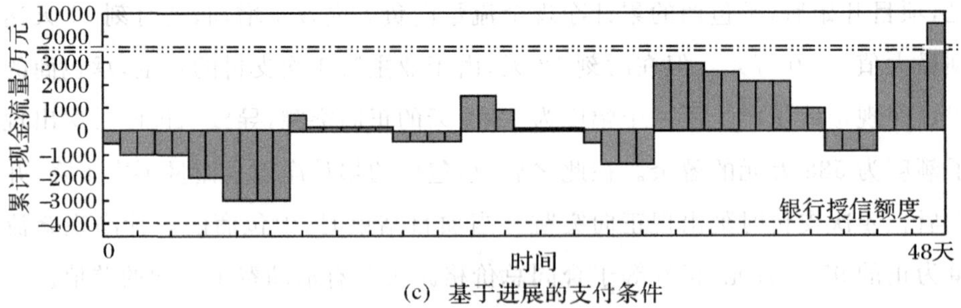

(c) 基于进展的支付条件

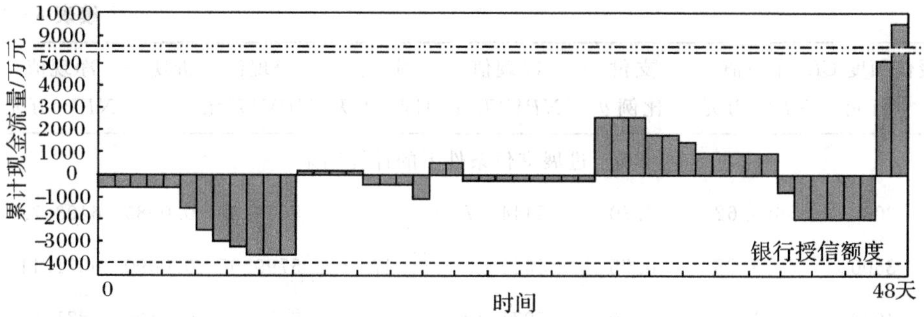

(d) 基于费用的支付条件

图 6－2　承包商累计净现金流量变化图

6.6.3　敏感性分析

为了分析关键参数，包括银行授信额度 CL、业主支付比例 θ、项目截止日期 D 及现金流的折现率 α 等对项目净现值的影响，在其他参数保持不变的条件下，分别改变上述 4 个关键参数的取值，求解四种不同支付条件下的项目调度优化模型，得到的结果如表 6－4 所示。

表 6－4　不同支付条件下净现值随关键参数的变化情况

授信额度 CL /万元	净现值 NPV/万元	支付比例 θ	净现值 NPV/万元	截止日期 D/天	净现值 NPV/万元	折现率 α	净现值 NPV/万元
基于里程碑活动支付条件下的计算结果							
3000	5546.92	0.70	5339.24	46	5640.21	0.0080	6335.83
3500	5624.13	0.75	5475.33	47	5672.92	0.0090	6015.76
4000	5696.11	0.80	5696.14	48	5696.14	0.0100	5696.12
4500	5770.12	0.85	5903.06	49	5736.97	0.0110	5304.59
5000	5770.15	0.90	6153.58	50	5795.85	0.0120	5028.74
基于时间支付条件下的计算结果							
3000	5690.90	0.70	5446.91	46	5586.36	0.0080	6343.22
3500	5734.42	0.75	5578.42	47	5689.35	0.0090	6013.21
4000	5768.81	0.80	5768.87	48	5768.82	0.0100	5768.87
4500	5788.95	0.85	5880.48	49	5772.41	0.0110	5374.46
5000	5829.57	0.90	6018.33	50	5797.78	0.0120	4968.24

续表 6-4

授信额度 *CL* /万元	净现值 *NPV*/万元	支付比例 θ	净现值 *NPV*/万元	截止日期 *D*/天	净现值 *NPV*/万元	折现率 α	净现值 *NPV*/万元
基于进展支付条件下的计算结果							
3000	5680.62	0.70	5444.77	46	5679.36	0.0080	6403.72
3500	5765.73	0.75	5641.43	47	5799.95	0.0090	6071.11
4000	5871.49	0.80	5871.49	48	5871.44	0.0100	5871.49
4500	5878.97	0.85	5925.53	49	5871.42	0.0110	5394.65
5000	5903.15	0.90	6194.16	50	5871.40	0.0120	4971.17
基于费用支付条件下的计算结果							
3000	5616.63	0.70	5358.83	46	5524.22	0.0080	6320.17
3500	5668.32	0.75	5579.69	47	5623.01	0.0090	6060.25
4000	5717.36	0.80	5717.34	48	5717.34	0.0100	5717.34
4500	5742.16	0.85	5855.77	49	5736.38	0.0110	5354.63
5000	5773.78	0.90	5989.93	50	5768.92	0.0120	5041.32

根据表 6-4 中的数据，绘制项目净现值随关键参数的变化曲线如图 6-3 所示。

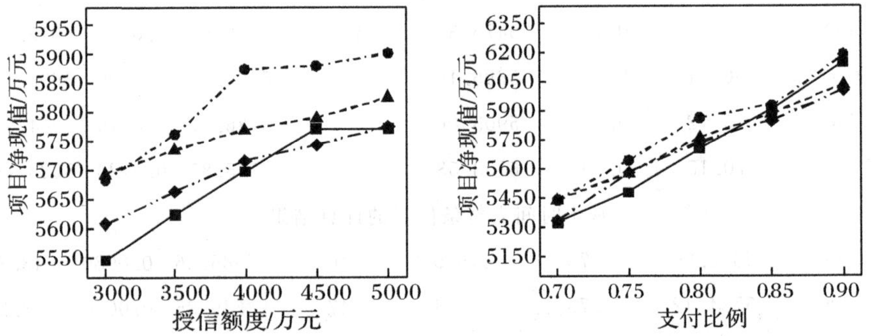

(a)项目净现值随授信额度变化曲线　(b)项目净现值随支付比例变化曲线

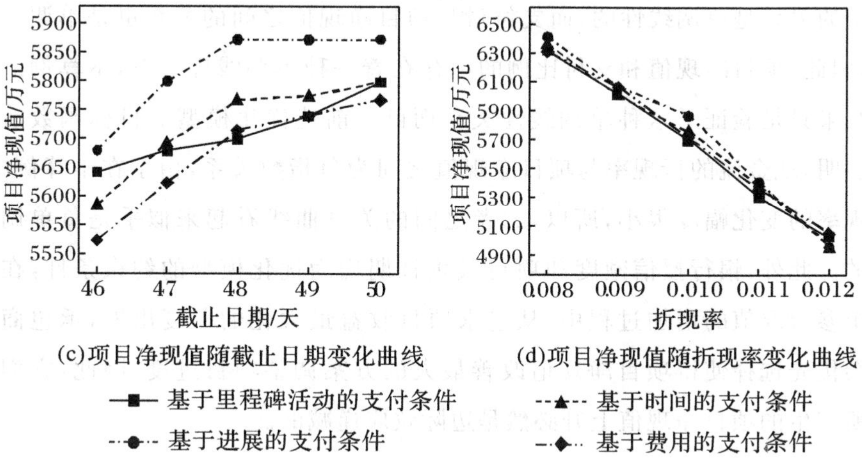

图 6－3　不同支付条件下项目净现值随关键参数变化图

从图 6－3 可以看出，虽然不同支付条件下的计算结果有所差异，但项目净现值随着关键参数的变化趋势基本相同。当银行授信额度、业主支付比例和项目截止日期变大时，承包商的项目净现值随之增加；当现金流的折现率变大时，承包商的项目净现值下降。上述结果的原因具体解释为：银行授信额度的增加，会增加承包商的可用资金量，进而使得承包商有更大的余地去调整项目进度，并最终导致项目净现值上升。业主支付比例变大产生的影响则较为直接，这会使得一部分支付从项目的结束时刻提前到项目实施的过程中，这部分正现金流的提前必然会带来项目净现值的上升，并同时使项目执行过程中的资金可用量增加，产生与银行授信额度增大相同的结果。与银行授信额度相似，项目工期也是限制承包商安排项目进度计划的一个约束条件，显然，工期的变大会一定程度上放松这一约束条件，进而带来项目净现值的改善。现金流的折现率代表着承包商使用资金的成本，当折现率变大时，资金的时间价值随着变大，导致承包商使用资金的成本增加，从而使得项目的净现值下降。

仔细观察图 6－3 的结果变化情况，还可以发现一个有趣的现象，那就是项目净现值随着支付比例和折现率的变化是近似于单调线性的；而当授信额度和截止日期增加时，项目净现值的增长速率是下降的，即其边际效应是递减的。这一现象的原因说明如下：从前述优化模型可以看出，支付比例与支付量的关系是单调线性的，而支付量与项目净现值之间的关系也是单调线性的，因此，项目净现值和支付比例的确存在着一种单调线性关系，本算例的计算结果只是验证了这种单调线性关系而已。前述优化模型的目标函数清楚地表明，现金流的折现率与项目净现值之间为负指数关系，由于在本算例中，折现率的变化幅度很小，所以，二者之间的关系曲线看起来似乎是负单调线性的。此外，银行授信额度和项目截止日期均为优化模型的约束条件，在这两个参数取值的增加过程中，从追求项目收益最大化的角度出发，承包商必然会优先选择使得项目净现值改善最大的方案调整项目进度，因此，它们变大所产生的项目净现值上升必然是边际效应递减的。

6.7 结论

本章研究了在不同业主支付条件下基于银行授信额度约束 Max - npv 项目调度问题。其中，支付条件包括基于里程碑活动的支付条件、基于费用的支付条件、基于进展的支付条件和基于时间的支付条件四种。通过求解优化模型和关键参数的敏感性分析，可以得到关于银行授信约束下 Max - npv 项目调度问题的管理结论与启示，为实际项目提供指导。具体如以下几个方面。

(1)对比四种不同的业主支付条件，发现基于进展的支付条件对于承包商最为有利，可以利用较小的信用额度取得较大的项目净现值；相反基于里程碑活动的支付方式最为不利，而其他两种支付方式的效果介于中间。对于业主支付比例，由于支付比例越大，业主支付给承包商的现金流越大，对于承包商来说，其获得的现金流入也越大，其项目净现值收益也随之增大。所以对于业主来说，可以借此影响承包商的收益，在双方谈判中增强自己的地位，而对于承包商来说，需与业主协商，选择最适合的业主支付方式和支付比例来保证自身收益。

(2)当银行授信额度增大时，对于承包商来说，其可支配的资金增多，对项目计划更合理的安排会增加项目净现值收益。但是当授信额度继续增加时，其对项目净现值收益的增长效果逐渐减小。因此承包商根据实际情况的需要选择适当大小的授信额度即可达到收益最大化，不必追求较高的授信额度。

(3)当项目工期增加时，对承包商来说，可以自由选择更加适合的活动安排，增加自己的项目净现值收益。但是如同银行授信额度一样，工期的增加对项目净现值的增长效果逐渐减小。因此承包商可以通过延长一定期限的项目工期进行更好的活动安排，但是效果有限，不必过分增大项目工期。

(4)因为现金流的折现率代表着承包商使用资金的成本，折现率的变大，降低了资金的价值，使得承包商的项目净现值收益减小，因此承包商需要避免选择较大的折现率进行融资，否则会导致其使用资金的成本增加。

第 7 章　双重视角下融资能力约束 Max - npv 项目调度问题研究

在第 6 章的基础上，本章从承包商和业主双重视角出发，研究基于融资能力约束的 Max - npv 项目调度问题。其中，承包商和业主均受到自身融资能力的限制，即在项目实施过程中的任何时刻，对于业主来说，其对承包商的支付额度不能超过自己的融资能力；对于承包商来说，其发生的费用与得到的支付之差不能超过自己的融资能力。鉴于实际项目管理中合同双方的交互作用关系，对该问题的研究不仅可以为承包商安排活动进度提供支持，而且可以为业主安排现金支付提供依据，同时，有助于协调合同双方的相互关系，取得双赢的结果。本章首先对双重视角下具有多模式的融资能力约束 Max - npv 项目调度问题进行界定；之后分别从业主视角和承包商视角建立双方各自的收益优化模型；针对所研究问题的特点设计禁忌搜索启发式算法进行求解；最后通过实际案例进行分析说明。

7.1　现实背景

在实际的项目实施过程中，承包商和业主的利益相互交织在一起，二者存在着如下的交互作用：项目完成时间、业主支付量安排取决于业主如何设置，这会对承包商的行为产生一定的限制或奖励效果，促使承包商尽可能接受业主的安排，从而最大化业主的收益；但是，承包商可对活动进度进行安排，对业主产生约束并以此实现最大化自身项目收益的目标。因此从承包商和业主的双重视角出发，研究现金流管理问题更符合现实情形。

同时为了提高资金的使用效率，越来越多的业主和承包商在项目执行过程中通过融资来保证各自资金的正常流动。其中，业主通过融资所得资金对承包商进行支付，业主支付的资金作为项目资金流入，承包商用其安排活动。

承包商通过融资所得支付项目活动费用，并安排活动[38]。由第 6 章的研究可以发现，银行授信约束作为一种特殊的融资能力约束，影响着承包商的项目收益。除此之外，项目双方还可以通过向银行贷款或者进行财产抵押等不同方式进行融资，否则由于自身资金压力过大，容易产生资金链断裂的风险，进而会影响项目执行，给项目双方带来损失。这些融资方式体现了承包商或者业主的融资能力大小，最终会影响项目双方的各自收益。

此外在第 6 章的研究中，活动有且仅有一种执行模式，但是实际上，因为赶工或者突发情况等原因，需要临时调整项目活动，以保证计划目标的完成，因此项目活动具有多种执行模式，每一种执行模式都由不同的活动工期和资源需求量组成，如何合理地选择活动执行模式，安排进度计划以使项目目标最优更具有实际价值。同时通过第 6 章的研究，我们发现承包商的项目安排很大程度上依赖于业主的资金支付，造成承包商在双方利益谈判中处于弱势的地位，但是在实际中，一些具有技术专利等强势的承包商能够在谈判中为自己争取适当的利益，因此为承包商设置一个收益底线更加符合现实，只有满足其收益底线的规定，承包商才会接受业主安排，即业主所给出的支付安排必须确保承包商的项目净现值不低于其收益底线值，否则，承包商有权拒绝该安排或者要求业主对支付进行调整，因此该收益底线也会反作用影响业主的支付安排。

因此，基于以上事实基础，从承包商和业主的联合角度出发，本章研究了活动具有多种执行模式时，双方各自不同的融资能力约束对各自收益的影响情况。目前这方面的理论研究较少，因此本文不但可以拓展相关理论，而且能够为实际的项目调度管理提供指导。

7.2　双重视角下融资能力约束 Max-npv 问题界定

本章采用基于活动的研究方法，即项目网络采用 AoN 方式表述，考虑一个具有 N 个活动的项目。其中有两个虚活动：活动 1 和活动 N，虚活动 1 表示整个项目的开始，虚活动 N 表示整个项目的结束。活动 $n(n=1,\cdots,N)$ 具有 Q_n 种执行模式，以某一模式 $q(q=1,2,\cdots,Q_n)$ 执行时的工期和费用分别为 d_{nq} 和 c_{nq}，活动 n 的挣值为 v_n。注意，虚活动 1 和 N 的挣值及在任何执行模式下的工期和费用均为 0。项目合同总价格为 EU（$EU = \sum_{n=1}^{N} v_n$）。现金流的折现率为 α，项目完成时间为 D。其中正负现金流均与项目活动相联系（支付和费用均发生在项目活动的完成时刻）。由于本章所研究的净现值最大化项目调度问题包含承包商和业主两个主体，基于业主和承包商双方交互关系影响及不同的各自收益目标，无法构建双目标的统一模型，因此分别构建业主子模型和承包商子模型，该问题实质上由以下两个子问题构成。

业主视角问题：在项目活动安排中，业主根据支付安排随意地对承包商进行 $K(K \leqslant N-2)$ 次支付，每次的支付量等于支付时承包商的累计挣值与支付比例 $\theta(0 \leqslant \theta \leqslant 1)$ 的乘积，项目结束时的支付总量等于项目合同总价格 EU，在项目虚结束活动 N 上安排最后一次支付 K。假设业主在项目结束时刻有一个预期收益 ER，该收益是将未来业主可能得到的项目收益折现到项目结束时刻得到的。业主的融资能力记为 F_{clie}，其在任何时刻对承包商的支付额度不能超过 F_{clie}。因此对于业主来说，为使得自身的项目净现值最大化，需要尽可能地安排 K 次支付在活动上。

承包商视角问题：若项目完成时间满足完成时间 D 的约束，那么承包商可以任意安排活动执行模式和活动完成时间。对于承包商的收益底线 NPV_{cont}^{low} 来说，业主进行支付安排时至少使得承包商的项目净现值满足 NPV_{cont}^{low}；否则，承包商有权要求业主对该次支付安排进行调整，直至达到其收益底线 NPV_{cont}^{low} 为止。承包商的融资能力记为 F_{cont}，在项目实施过程中，承包商在任何时刻发生的费用之和减去该时刻获得的支付的差额不能超过 F_{cont}。因此对于承包商来说，在业主所给定的支付安排下，为使得自身的项目净现值最大化，其需要合理安排活动执行模式和活动完成时间。

由此看出，合同双方相互影响着对方的行为和决策：一方面，只有在承包商安排好活动执行模式和活动完成时间后，业主才能进行最好的支付安排，以便最大化自身项目收益的净现值；另一方面，在业主给出支付安排之后，承包商才能对活动执行模式和活动完成时间进行安排，最大化自身的项目净现值。因此，要取得项目双方净现值最大化的全局最优，必须对分别构建的两个子问题模型进行循环求解并反复迭代才能实现。

根据上述对问题的讨论，定义如下三组决策变量：

$$X_{kn}=\begin{cases}1 & \text{第 } k \text{ 次支付在活动 } n \text{ 完成时刻进行}\\ 0 & \text{其他}\end{cases}\quad k=1,2,\cdots,K;\ n=1,\cdots,N$$

$$y_{nt}=\begin{cases}1 & \text{活动 } n \text{ 在 } t \text{ 时刻完成}\\ 0 & \text{其他}\end{cases}\quad n=1,\cdots,N;\ t=0,1,\cdots,D$$

$$z_{nq}=\begin{cases}1 & \text{活动 } n \text{ 活动 } n \text{ 采用执行模式 } q\\ 0 & \text{其他}\end{cases}\quad n=1,\cdots,N;\ q=1,2,\cdots,Q_n$$

为了随后的表述需要，定义如下三个决策向量：

$X=(x_{kn},\ n=1,\cdots,N)$；$Y=(t:\ y_{nt}=1,\ n=1,\cdots,N)$；$Z=(q:\ z_{nq}=1,\ n=1,\cdots,N)$。

在此，业主和承包商各自的项目收益净现值分别记为 NPV_{clie} 和 NPV_{cont}，所以，本章所研究的问题最终如下：在各自的融资能力约束下，业主安排 X，承包商对 Y 和 Z 进行优化以最大化自身 NPV_{cont}；而在承包商优化 Y 和 Z 的基础上，业主对 X 进行安排以使 NPV_{clie} 最大化，通过二者之间的循环迭代，获得合同双方均满意的 X、Y 和 Z。

7.3 双重视角下融资能力约束 Max - npv 模型构建

在对问题进行界定的基础上，本文分别从业主和承包商两个视角出发，构建基于融资能力约束的净现值最大化项目调度优化模型。

7.3.1 业主视角模型

$$\text{Max}\quad NPV_{clie}=ER\sum_{t=E_n}^{L_n}[exp\ (-\alpha t)\ y_{N,t}]-\sum_{k=1}^{K}\{p_k\sum_{n=1}^{N}[x_{kn}\sum_{t=E_n}^{L_n}(\exp\ (-\alpha\ t)\ y_{nt})]\}\quad (7-1)$$

$$\text{s.t.}\quad \sum_{n=1}^{N}x_{kn}=1\qquad k=1,\cdots,K-1\quad (7-2)$$

$$x_{KN}=1\quad (7-3)$$

$$\sum_{k=1}^{K}x_{kn}\leqslant 1\qquad n=1,\cdots,N\quad (7-4)$$

$$p_k=\theta\Big[\sum_{n=1}^{N}(v_n\sum_{t=0}^{T_k}y_{nt})-\sum_{n=1}^{N}(v_n\sum_{t=0}^{T_{k-1}}y_{nt})\Big]\qquad k=1,\cdots,K-1\quad (7-5)$$

$$p_K=EU-\sum_{k=1}^{K-1}p_k\quad (7-6)$$

$$\sum k \in K_p p_k \leqslant F_{clie} \tag{7-7}$$

$$NPV_{cont} \geqslant NPV_{cont}^{low} \tag{7-8}$$

$$x_{kn} \in \{0,1\} \tag{7-9}$$

其中，T_k 和 $T_{k-1} = \sum_{t=0}^{D}\left[t\sum_{n=1}^{N}(x_{k-1},n\,y_{nt})\right]$ 分别是第 k 及 $k-1$ 次支付的时间，K_p 为 T 时刻发生的支付的集合，NPV_{cont} 由式(7-10)给出。

在该模型中，目标式(7-1)表示最大化业主的项目净现值；约束条件式(7-2)表示将支付安排到活动上；式(7-3)确保最后一次支付安排在项目结束时刻；式(7-4)表示在某一给定活动上，只能安排一次支付；式(7-5)计算前 $K-1$ 次支付的支付量总和；式(7-6)表示所有支付量的总和等于项目合同总价格；式(7-7)为业主的融资能力约束，确保在每一时刻发生的支付总额不超过业主的融资能力；式(7-8)保证承包商的项目净现值满足其收益底线；式(7-9)为决策变量满足 0-1 变量。注意，在该模型中，y_{nt} 为输入变量而非决策变量。

7.3.2 承包商视角模型

$$\text{Max}\quad NPV_{cont} = \sum_{k=1}^{K}\left\{p_k\sum_{n=1}^{N}\left[x_{kn}\sum_{t=E_n}^{L_n}(\exp(-\alpha t)y_{nt})\right]\right\} - \sum_{n=1}^{N}\left\{\left[\sum_{q=1}^{Q_n}(c_{nq}z_{nq})\right]\sum_{t=E_n}^{L_n}(\exp(-\alpha t)y_{nt})\right\} \tag{7-10}$$

$$\text{s.t.}\quad \sum_{q=1}^{Q_n} z_{nq} = 1 \qquad n = 1,\cdots,N \tag{7-11}$$

$$\sum_{t=E_n}^{L_n} y_{nt} = 1 \qquad n = 1,\cdots,N \tag{7-12}$$

$$\sum_{t=E_n}^{L_n}(y_{nt}t) - \sum_{q=1}^{Q_n}(d_{nq}z_{nq}) \geqslant \sum_{t=E_m}^{L_m}(y_{mt}t) \qquad m \in IP_n \tag{7-13}$$

$$\sum_{t=E_n}^{L_n}(y_{N,t}t) \leqslant D \tag{7-14}$$

$$\sum_{n\in A_T}\sum_{q=1}^{Q_n}(c_{nq}z_{nq}) - \sum k \in K_p p_k \leqslant F_{cont} \qquad T = 0,1,\cdots,D \tag{7-15}$$

$$y_{nt}, z_{nq} \in \{0,1\} \tag{7-16}$$

其中，IP_n 为活动 n 的紧前活动的集合，A_T 为 T 时刻正在进行的活动的集合。在承包商视角模型中，式(7-10)最大化承包商的项目净现值目标

NPV_{cont}；约束条件式(7 - 11)为每个活动确定一种执行模式；式(7 - 12)为每个活动在其时间窗内安排一个完成时间；式(7 - 13)确保活动 n 的开始时间不早于其紧前活动 m 的完成时间；式(7 - 14)使得整个项目的完成时间不晚于项目截止日期；式(7 - 15)为承包商的融资能力约束，保证在 T 时刻完成的活动的费用之和减去该时刻获得支付后的差额，不超过承包商的融资能力；式(7 - 16)为决策变量的定义域约束。注意，在承包商视角模型中，x_{hn} 为输入变量而非决策变量。

7.4　禁忌搜索启发式算法设计

根据前面几章对组合优化问题及 NP - hard 问题的定义分析，在本章中令 $\alpha=0$、$K=1$ 并忽略融资能力约束，则本章所研究问题的承包商视角问题可简化为离散时间/费用权衡问题的工期子问题，而学者 De 等通过运用 EOIT - 3SAT 算法证明了该问题为一强 NP - hard 问题[8]，因此，本章所研究问题也为一强 NP - hard 问题。对于这类问题，难以设计求解最优解的精确算法，尤其是大规模活动的项目。因此选择启发式算法求解。

目前常用的启发式算法属于改进型算法，亦即邻域搜索算法，从任意初始解开始，不断对其解领域搜索和迭代，达到优化当前解的目的。目前主要有两种搜索方法：局部搜索法和指导性搜索法。局部搜索法是指以局部优化策略在当前解的邻域内搜索，如贪婪算法、最速下降法等。指导性搜索法是指利用指导规则来对整个解领域内的优解进行搜索，如本章所采用的模拟退火算法、禁忌搜索算法等，均是利用不同的搜索策略来取得较好的全局优化结果。尤其是禁忌搜索算法，因为禁忌列表的存在，使得其在搜索过程中避免陷入局部最优，同时该算法也能够有效解决项目调度领域的相关问题。鉴于上述原因，此处设计禁忌搜索启发式算法求解该问题。

通过优化模型的构建分析，业主视角模型和承包商视角模型的关系如下：当业主视角模型安排一个 X 后，承包商视角模型才可根据该支付安排进行自身安排求解；反过来，承包商视角模型安排好 Y 得到其收益 NPV_{cont} 后，才能求解业主视角模型。基于两个模型之间的上述关系，制定算法的总体思路如下：首先生成一个初始可行的 X；然后利用禁忌搜索启发式算法，依次求解承包商视角模型和业主视角模型，反复对两个模型进行交叉迭代运算，直至满足算法的终止条件为止。

需要特别说明的是，在本章所设计的算法中，先求解承包商视角模型有助于业主更好地安排支付。所以，在每一个给定的支付安排下，承包商视角模型的求解过程是完全独立的，它会依照禁忌搜索的基本原理，逐步收敛于承包商视角问题的全局最优解。其次，对于业主视角模型来说，尽管其求解过程需要反复调用承包商子模型的求解算法，但调用的目的仅仅是为了判断约束条件式(7-8)是否满足，亦即确定当前解是否为一个可行解，因此，这种调用并不会影响禁忌搜索的收敛性。由上述分析可见，本章所设计的算法是能够收敛于相应子问题的全局最优解的。

7.4.1 承包商视角模型求解步骤

我们通过上述的算法设计过程发现，在承包商子模型中，X 为输入变量，所以将该求解步骤记为 Cont(X)，具体的操作步骤如下。

步骤 1 生成初始可行解 Y^{init} 、Z^{init} 并计算目标函数值 NPV_{cont}^{init} 。设置当前解及初始解：$Y^{curr}=Y^{best}=Y^{init}$ ，$Z^{curr}=Z^{best}=Z^{init}$ ，$NPV_{cont}^{curr}=NPV_{cont}^{best}=NPV_{cont}^{init}$ 。令计数器 Num_{cont} 为 0。并初始化设置探测可行解总数 Num_{cont}^{stop} ，初始化禁忌列表 TL_{cont} 。

步骤 2 在当前解 Y^{curr} 和 Z^{curr} 的基础上，分别生成某邻点 Y^{neig} 和 Z^{neig} ，计算其目标函数值 NPV_{cont}^{neig} 。之后检查生成邻点操作的移动是否位于禁忌列表 TL_{cont} 中，若在则转到步骤 4；否则，转到步骤 3。

步骤 3 令 Y^{curr} 等于 Y^{neig} ，Z^{curr} 等于 Z^{neig} ，NPV_{cont}^{curr} 等于 NPV_{cont}^{neig} ，同时更新计数器加 1，$Num_{cont}=Num_{cont}+1$，更新禁忌列表 TL_{cont} 。若 NPV_{cont}^{curr} 大于 NPV_{cont}^{best} ，则令 Y^{best} 等于 Y^{curr} ，Z^{best} 等于 Z^{curr} ，NPV_{cont}^{best} 等于 NPV_{cont}^{curr} ，转到步骤 5。

步骤 4 判断 NPV_{cont}^{neig} 大于 NPV_{cont}^{best} 是否成立，若成立激活生成邻点移动的禁忌状态，使得 $Y^{curr}=Y^{best}=Y^{neig}$ ，$Z^{curr}=Z^{best}=Z^{neig}$ ，$NPV_{cont}^{curr}=NPV_{cont}^{best}=NPV_{cont}^{neig}$ ，$Num_{cont}=Num_{cont}+1$，并且更新禁忌列表 TL_{cont}，转步骤 5；否则，转步骤 2。

步骤 5 判断 Num_{cont} 大于等于 Num_{cont}^{stop} 是否成立，若成立转步骤 6；否则，转步骤 2。

步骤6　输出得到的满意解：$Y^*(X)=Y^{best}$，$Z^*(X)=Z^{best}$，$NPV_{cont}^*(X)=NPV_{cont}^{best}$。

在上述搜索步骤中，初始可行解Y^{init}、Z^{init}通过以下几种方式生成。

(1)为每个活动随机安排执行模式，得到一个Z^{init}。计算每个活动的完成时间窗，如果满足项目截止日期D，则接受Z^{init}为一可行的Z^{init}；否则，重复该操作直至得到一个可行的Z^{init}为止。

(2)在活动的时间窗中随机地安排某一个完成时间，得到一个Y^{init}。判断项目截止日期约束式(7－14)和融资能力约束式(7－15)是否满足，若满足则接受Y^{init}为可行解；否则，重复该操作直至得到一个可行的Y^{init}为止。

当前可行解Y^{curr}和Z^{curr}的邻点Y^{neig}和Z^{neig}，通过随机选取算子来生成：

(1)Z算子：在当前解中，随机地将某一个活动当前执行模式变成另外一种执行模式，从而生成一个邻点Z^{neig}。计算此安排下整个项目中各活动的完成时间窗，如果满足项目截止日期D，则接受Z^{neig}；否则，重复上述操作直至项目截止日期得到满足为止。将Y^{curr}中各活动的完成时间调整到由Z^{neig}所决定的新时间窗中，且不违反网络优先关系和项目完成时间约束，判断融资能力约束式(7－15)是否满足，若满足则接受Y^{neig}；否则，重复上述操作直至得到一个可行的Y^{neig}。

(2)Y算子：在Y^{curr}中，随机地选择某一个除项目虚开始活动之外的活动，在其时间窗内随机地变化一个单位，改变其完成时间，同时根据网络优先关系安排其他活动的完成时间，由此得到一个邻点Y^{neig}。如果Y^{neig}中的项目虚结束活动N的完成时间不晚于项目完成时间D且融资能力约束得到满足，则接受Y^{neig}为可行邻点；否则，重复上述操作直至获得一个可行的Y^{neig}为止。注意，在该算子的操作过程中，Z^{curr}保持不变，即将Z^{curr}直接记为Z^{neig}。

在上述的算法搜索过程中，为避免重复搜索到探测过的可行解，将当前可行解的搜索对象加入禁忌列表中。在此算法中，禁忌列表遵守“先进先出FIFO (First－in－First－out)”原则更新：即当算法获得新当前可行解时，其搜索对象从底部加入禁忌列表中，列表中其余禁忌对象向上顺移一位，同时最早进入列表的禁忌对象从顶部移出。当一个禁忌对象对应的目标值比当前最好目标值还要好时，其禁忌状态可被激活，即将其从禁忌列表中移出，其下所有禁忌对象向上顺移一位。禁忌列表的长度等算法参数值在正式算法测试之前运用小规模的实验进行选择确定。

7.4.2 业主视角模型求解步骤

由以上的算法可以得到求解承包商项目收益的步骤 Cont(X)，在此基础上设计业主视角模型的求解步骤如下。

步骤 1 初始可行解 X^{init} 随机生成，将其带入承包商模型求解过程 Cont(X^{init})，得到 $Y^*(X^{init})$ 和 $Z^*(X^{init})$，计算在 X^{init}、$Y^*(X^{init})$、$Z^*(X^{init})$ 下的业主视角模型目标函数值 NPV_{clie}^{init}。算法结束测量因素与承包商模型一致，包括探测可行解总数 Num_{clie}^{stop}；初始化禁忌列表 TL_{clie}；令计数器 Num_{clie} 初始值为 0；设置当前解及初始解：$X^{curr}=X^{best}=X^{init}$，$NPV_{clie}^{curr}=NPV_{clie}^{best}=NPV_{clie}^{init}$。

步骤 2 随机生成 X^{neig}，作为当前解的一个可行邻点，调用承包商搜索过程 Cont(X^{neig})，得到 $Y^*(X^{neig})$ 和 $Z^*(X^{neig})$，计算相应的业主视角模型目标函数值 NPV_{clie}^{neig}。检查生成邻点操作的移动是否位于禁忌列表 TL_{clie} 中，若存在则转步骤 4；否则，转步骤 3 继续执行。

步骤 3 使得当前解值为邻点值，X^{curr} 等于 X^{neig}，业主收益目标值 NPV_{clie}^{curr} 等于 NPV_{clie}^{neig}，同时更新计数器加 1，即 $Num_{clie}=Num_{clie}+1$，更新禁忌列表 TL_{clie}。如果 NPV_{clie}^{curr} 大于 NPV_{clie}^{best}，则令 X^{best} 等于 X^{curr}，NPV_{clie}^{best} 等于 NPV_{clie}^{curr}，转步骤 5。

步骤 4 如果邻点解对应的项目收益大于当前最好值，即 $NPV_{clie}^{neig}>NPV_{clie}^{best}$，激活邻点移动的禁忌状态，令 $X^{curr}=X^{best}=X^{neig}$，$NPV_{clie}^{curr}=NPV_{clie}^{best}=NPV_{clie}^{neig}$，$Num_{clie}=Num_{clie}+1$，更新禁忌列表 TL_{clie}，转步骤 5；否则，转步骤 2 重新开始。

步骤 5 判断计数器是否达到终止条件，即 $Num_{clie}\geqslant Num_{clie}^{stop}$ 是否成立，若成立转步骤 6；否则，转步骤 2 重新开始该搜索步骤。

步骤 6 输出满意解：$X^*=X^{best}$，$NPV_{clie}^*=NPV_{clie}^{best}$，以及在 X^* 下的承包商子模型的满意解及对应的目标函数值：$Y^*(X^*)=Y^*(X^{best})$，$Z^*(X^*)=Z^*(X^{best})$，$NPV_{cont}^*(X^*)=NPV_{cont}^*(X^{best})$。

在上述算法搜索过程中，初始可行解 X^{init} 按以下方法生成：

随机地选择某个除项目虚结束活动 N 以外的活动，将向量 X 中与所选

活动及虚结束活动 N 所对应的元素设置为 1，其他的元素设置为 0，由此得到一个 X^{init}；调用 Cont(X^{init})，得到 $Y^*(X^{init})$、$Z^*(X^{init})$ 及 $NPV^*_{cont}(X^{init})$，判断业主融资能力约束式(7－7)及承包商收益底线约束式(7－8)是否得到满足，若满足则接受 X^{init} 为一可行的初始解；否则，拒绝 X^{init} 并重复上述操作直至获得一个可行解为止。

当前解 X^{curr} 的可行邻点 X^{neig} 通过下述 X 算子生成：

X 算子：在 X^{curr} 中，随机地选出一个取值为 1 的元素（最后一个元素除外），将其与另一随机选出的取值为 0 的元素交换位置，从而得到一个邻点 X^{neig}；调用 Cont(X^{neig})，得到 $Y^*(X^{neig})$、$Z^*(X^{neig})$ 及 $NPV^*_{cont}(X^{neig})$，判断承包商收益底线约束及业主融资能力约束是否得到满足，若满足则接受 X^{neig} 为一可行的邻点；否则，拒绝 X^{neig} 并重复上述操作直至获得可行的邻点。

7.5　算法测试

在此选用模拟退火 SA 和多重迭代改进 MSII 两个启发式算法作为对比基准，对所设计的启发式算法的绩效进行评价。为使三个算法具有相同的比较基础，当 SA 和 MSII 探测的可行解数目与禁忌搜索相同时，算法终止并输出满意解。由 ProGen 随机生成标准算例集合，其参数设置见表 7－1 所示，其中，设置试验设计的参数包括：承包商收益底线 NPV^{low}_{cont}、项目截止日期 D、业主融资能力 F_{die} 和承包商融资能力 F_{cont} 等关键参数。参数 N 的取值为 4 种，NPV^{low}_{cont}、D、F_{die} 和 F_{cont} 的取值分别为 3 种，在每种参数组合下生成的算例数为 10 个，由此形成 $10\times4\times3^4=3240$ 个算例。

表 7－1　ProGen 算例参数设置

参数	取值
非虚活动数 $N-2$	10、20、30、40
在给定非虚活动数下生成的算例数	10
起始和终止活动数	从 1、2 和 3 中按等概率随机选取
最大紧前和紧后活动数	3
支付比例 θ	0.8
折现率 α	0.005

续表 7-1

参数	取值
活动模式 Q	2
活动工期 d_n	从[1，10]中均匀地随机选取
活动费用 c_n	从[10，20]中均匀地随机选取
活动挣值 v_n	$\rho_1 \cdot c_n$。其中，ρ_1从[1，3]中均匀地随机选取
项目截止日期 D	$\rho_2 \cdot C_{\max}$。其中，ρ_2分别设置为 1.1、1.2 和1.3，$C_{\max}$是项目活动网络关键路径的长度
承包商收益底线 NPV_{cont}^{low}	$\rho_3 \cdot \sum c_n$。其中，ρ_3分别设置为 1.0、1.2 和1.4，$\sum c_n$表示所有活动成本之和
业主融资能力 F_{clie}	$\rho_4 \cdot \sum v_n$。其中 ρ_4 分别设置为 0.3、0.4 和 0.5，$\sum v_n$表示所有活动挣值之和
承包商融资能力 F_{cont}	$\rho_5 \cdot \sum c_n$。其中 ρ_5 分别设置为 0.3、0.4 和 0.5，$\sum c_n$表示所有活动成本之和

定义四个指标来反应和评价所设计启发式算法的绩效。其中 *NUM*、*ARD*(%)和 *ACT*(*s*)的含义与第 6 章的指标含义一致，第四种指标为 *MCT*(*s*)，表示某算法的最大计算时间。所有的算法都从同一个初始解开始搜索并遵从同样的停机准则。基于预先实验，Num^{stop} 和 *TL* 长度分别设为 1000 · *N* 和 10。具体的测试结果如表 7-2 所示。

表 7-2 算法测试结果

算例集合	禁忌搜索				模拟退火				多重迭代改进			
	NUM	*ARD*/%	*ACT*/s	*MCT*/s	*NUM*	*ARD*/%	*ACT*/s	*MCT*/s	*NUM*	*ARD*/%	*ACT*/s	*MCT*/s
N=12	306	0.31	3.14	5.22	283	0.34	3.67	6.80	221	0.70	2.73	4.44
N=22	328	0.29	7.12	11.04	314	0.52	7.38	10.76	168	1.48	4.84	6.25
N=32	369	0.26	11.47	15.32	356	0.58	12.40	13.83	85	1.93	9.91	10.27
N=42	391	0.14	17.65	21.78	382	0.45	19.57	20.97	37	2.67	14.46	16.57
所有算例	1394	0.25	10.62	21.78	1335	0.47	9.98	20.97	511	1.70	7.99	16.57

观察表 7-2 的算法测试结果，对于全部算例来说，从代表满意解质量的指标 *NUM* 和 *ARD* 可以看出，算法 TS 和 SA 均优于 MSII，并且随着活动规模增加而更加显著。这是因为启发式智能算法的搜索效率通常都优于简单搜索算法并且随着项目规模复杂程度的增加而增大。其中，对比算法 TS 和 SA，发现本章所设计的 TS 略优于 SA，但是随着活动规模的增大，二者算法效率基本趋于一致。由代表计算时间的指标 *ACT* 和 *MCT* 也可以看出，虽然算法 TS 和 SA 的时间长于 MSII（因为 TS 和 SA 搜索过程较为复杂，都需要较多的时间去搜索满意解），但是依然处于可接受的范围，其中 TS 的计算时间相对 SA 的计算时间较短。因此从所得满意解的质量和计算时间考虑，TS 为所提出三种算法中的最优算法。

7.6　案例分析

7.6.1　项目背景及数据

“ZBH 暗渠工程”属于南水北调中线一期工程中某段，根据双方达成的合同规定，该工程应于 2006 年 11 月 29 日开工，到 2007 年 9 月 30 日完成，总工期（即项目截止日期 D）为 306 天；该工程项目共由 37 个实活动组成，该工程的合同总价格 EU 为 1949.2766 万元。在工程实施过程中，业主采取工程量清单计价的方式对承包商进行支付，每次的支付比例 θ 为 75%，总支付次数 K 为 4 次。根据对业主和承包商情况的调研分析，业主使用在该工程上的融资额度 F_{clie} 为 850 万元；承包商对于该工程可以调动的资金量，亦即其融资能力 F_{cont} 为 25 万元；承包商收益底线 NPV_{cont}^{low} 为 100 万元。通过对以往类似工程运营情况的统计分析，预计该工程建成后在未来产生的收益折现到项目结束时刻的值（即业主的预期收益 ER）为 7000 万元。对于合同双方来说，折现率 α 均按照当时建设银行的贷款利息计为 0.003。其 AoN 网络图见图 7-1 所示。其中，活动 1 和 39 分别为虚的开始和结束活动。

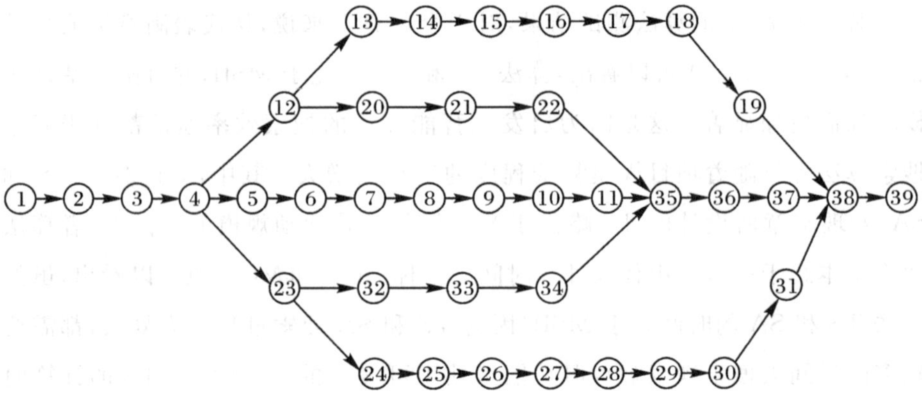

图 7-1 ZBH 暗渠工程 AoN 网络图

对于网络中的每个活动，本章基于实际情况均界定了两种执行模式：正常模式和赶工模式。活动挣值及在不同执行模式下的工期和费用如表 7-3 所示。

表 7-3 活动参数值

活动编号	活动名称	挣值/元	正常模式(模式 1)		赶工模式(模式 2)	
			工期/天	费用/元	工期/天	费用/元
1	虚开始活动	0	0	0	0	0
2	施工准备	0	20	200698	16	239605
3	导流工程	54569	11	43368	9	45412
4	洞身开挖	892799	30	715116	25	737274
5	4#涵节	26223	20	18367	15	21904
6	5#涵节	27972	20	15857	16	18766
7	3#涵节	25084	20	16908	18	17883
8	6#涵节	25191	20	14842	15	16990
9	2#涵节	20297	20	14907	17	17325
10	7#涵节	24943	20	13718	15	16719
11	1#涵节	39947	20	22190	16	26992
12	进口检修闸开挖	179150	10	112203	6	119862
13	进口底板浇注	410229	10	313033	8	337790
14	进口闸墩浇注	858815	15	647827	13	695864

续表 7-3

活动编号	活动名称	挣值/元	正常模式(模式 1)		赶工模式(模式 2)	
			工期/天	费用/元	工期/天	费用/元
15	进口闸槽预埋件安装	964052	20	668190	16	697800
16	进口闸门安装	72968	5	51443	4	53142
17	进口交通桥、检修桥现浇	131429	20	95796	17	102262
18	闸房、桥头堡施工	6638689	60	4997883	52	5053092
19	启闭机安装	149133	10	101735	8	110129
20	进口渐变段开挖	474319	20	339063	15	355329
21	进口渐变段底板浇注	326558	15	211488	13	220799
22	进口翼墙砼浇注	1926897	120	1425294	105	1509524
23	出口检修闸、库房开挖	153056	10	105806	7	125441
24	出口检修闸、库房底板浇注	324475	7	232278	6	233722
25	出口检修闸闸墩浇注	204194	20	151378	16	156978
26	出口库房闸墩浇注	202710	15	132394	12	138970
27	出口检修闸、库房闸槽预埋件安装	965700	20	779593	14	807781
28	出口检修闸闸门安装	292839	20	179938	14	203470
29	出口检修闸工作桥、交通桥现浇	149710	20	112510	16	121383
30	出口检修闸闸房、库房施工	178701	60	124318	50	133071
31	出口检修闸卷扬机安装	133441	10	81245	8	89933
32	出口渐变段开挖	571447	25	486772	16	514057
33	出口渐变段底板浇注	353691	15	241490	12	282111
34	出口翼墙砼浇注	1508668	135	1078083	110	1146662
35	回填	347220	30	263786	20	299002
36	附属工程	804895	20	642499	15	705547
37	导流拆除	32755	5	26924	4	28973
38	扫尾	0	5	37669	3	48848
39	虚结束活动	0	0	0	0	0

7.6.2 满意进度安排

通过求解上述实例，可求得对于合同双方满意的进度计划安排 X^*、Y^*、Z^*，以及在该安排下业主的收益 NPV^*_{client} 和承包商的收益 NPV^*_{cont}，如下：

X^* =(0,0,0,0,0,0,0,0,0,0,0,0,0,0,1,0,0,1,0,0,0,0,0,0,0,0,1,0,0,0,0,0,0,0,0,0,0,0,1);

Z^* =(1,1,2,2,1,1,2,2,1,2,1,2,1,1,2,2,2,2,2,1,1,2,1,1,2,2,2,2,2,2,2,2,1,2,2,1,2,2,1);

Y^* =(0,20,29,54,74,94,112,127,147,162,182,60,70,85,101,105,122,174,182,80,95,200,64,71,87,99,113,127,143,193,201,80,95,205,225,245,249,252,252);

NPV^*_{die} =2150.24(万元)；NPV^*_{cont} =150.75(万元)。

在上述计划安排下，整个工程在 252 天完成，早于合同所规定的 306 天，同时，承包商的收益超过其 100 万元收益底线的 50.75%。在该工程的实际实施过程中，由于多种因素的影响，其实际的进度安排 X^r、Y^r、Z^r，以及在该安排下 NPV^r_{die} 和 NPV^r_{cont} 如下：

X^r =(0,0,0,0,0,0,0,0,0,0,0,1,0,0,0,0,0,1,0,0,0,0,0,0,0,0,0,1,0,0,0,0,0,0,0,0,0,0,1);

Z^r =(1,1,1,1,1,1,1,1,1,1,1,1,1,1,1,1,1,1,1,1,1,1,1,1,1,1,1,1,1,1,1,1,1,1,1,1,1,1,1);

Y^r =(0,20,31,61,81,101,121,141,161,181,201,71,81,96,116,121,141,201,211,91,106,226,71,78,98,113,133,153,173,233,243,96,111,246,276,296,301,306,306);

NPV^r_{die} =1779.52(万元)；NPV^r_{cont} =119.93(万元)。

在上述实际进度安排下，工程在合同所规定的 306 天完成，承包商的收益超过其 100 万元收益底线的 19.93%。

对比上述两种进度安排，可以清楚地看出，前者所得到的结果，无论在项目收益上，还是在完工时间上，均明显优于后者：与实际进度安排相比，满意进度安排下的承包商收益提高了 25.69%，业主收益提高了 20.83%，工程完成时间提前了 54 天。上述结果的原因可以解释如下：满意进度安排较好地权衡了时间、费用和支付之间的关系，承包商通过合理地选择活动的执行模式，有针对性地提前了部分活动的完成时间，这些活动完成时间的提前导致业主的支付相应提前，从而改善了承包商的现金流入并由此提高了现金流的净现值。与此同时，随着这些活动完成时间的提前，整个工程的完成时间也随之提前，这使得业主可以更早地获得位于工程结束时刻的预期收益，因而业主的收益也同步得到改善。上述结果表明，借助于本章所构建的模型，可以有效地提升项目的管理绩效，并同时增加合同双方从项目中获得的收益。

7.6.3　敏感性分析

从本章所构建的模型可以看出，折现率 α、支付比例 θ、承包商收益底线 NPV_{cont}^{low}、项目截止日期 D、业主融资能力 F_{clie} 和承包商融资能力 F_{cont} 等关键参数，均会对项目进度计划安排及合同双方的项目产生影响。本章通过定量化分析这种影响，得到的结果见表 7－4。

表 7－4　不同参数取值下的业主和承包商收益

α	NPV_{clie} /万元	NPV_{cont} /万元	θ	NPV_{clie} /万元	NPV_{cont} /万元	NPV_{cont}^{low} /万元	NPV_{clie} /万元	NPV_{cont} /万元
0.0020	2873.51	220.68	0.75	2150.24	150.75	80	2211.31	89.67
0.0025	2487.64	183.36	0.80	2135.48	165.50	120	2178.95	122.04
0.0030	2150.24	150.75	0.85	2120.73	180.25	150	2150.24	150.75
0.0035	1855.38	122.27	0.90	2105.98	195.00	200	2097.26	203.72
0.0040	1597.87	97.42	0.95	2091.23	209.76	250	2044.52	256.46
D /天	NPV_{clie} /万元	NPV_{cont} /万元	F_{clie} /万元	NPV_{clie} /万元	NPV_{cont} /万元	F_{cont} /万元	NPV_{clie} /万元	NPV_{cont} /万元
237	2269.44	146.27	800	2115.54	185.45	16	1762.98	136.48
245	2200.45	147.51	850	2150.24	150.75	20	1800.30	137.70
252	2150.24	150.75	900	2193.85	107.13	25	2150.24	150.75
282	2150.24	150.75	950	2193.85	107.13	30	2150.24	150.75
306	2150.24	150.75	1000	2193.85	107.13	35	2150.24	150.75

根据表 7－4 中的数据可以绘制得到合同双方的项目收益随各参数值变化的曲线关系见图 7－2 所示。

由图 7 - 2 可见，业主和承包商的项目收益均随着折现率的增大而减小；当支付比例或承包商的收益底线上升时，业主的项目收益减小而承包商的项目收益增大；随着项目截止日期的增大，业主的项目收益先下降而后趋于稳定，承包商的项目收益先上升而后趋于稳定；当业主的融资能力增加时，业主的项目收益先增大而后趋于稳定，承包商的项目收益先减小而后趋于稳定；当承包商融资能力上升时，承包商和业主的项目收益的变化趋势相同，均是先上升而后趋于稳定。

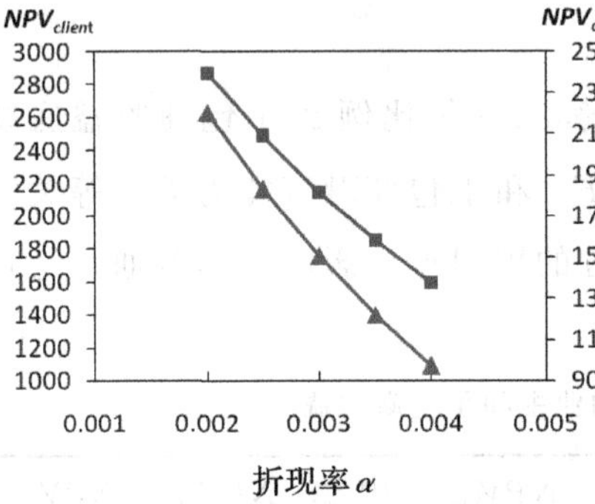

（a）双方收益随折现率变化曲线

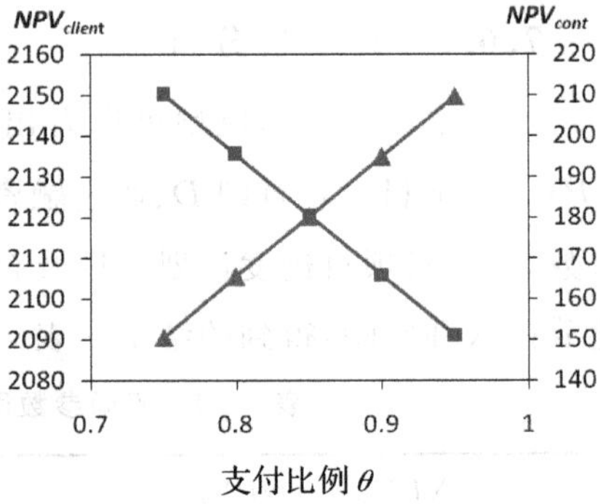

（b）双方收益随支付比例变化曲线

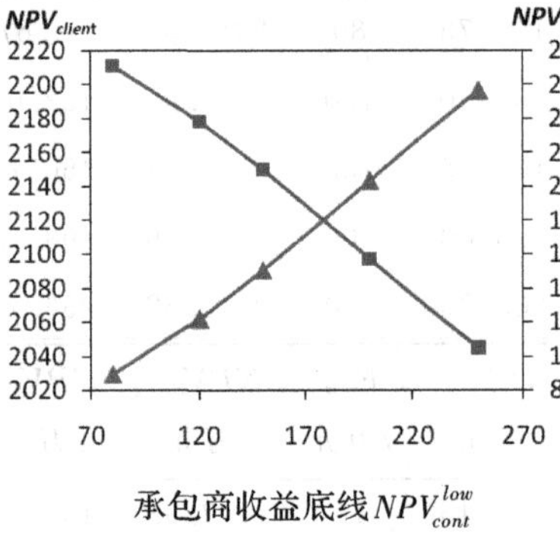

（c）双方收益随承包商收益底线变化曲线

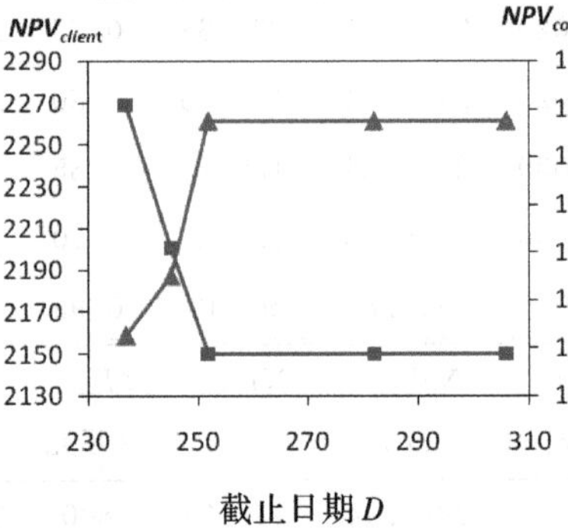

（d）双方收益随截止日期变化曲线

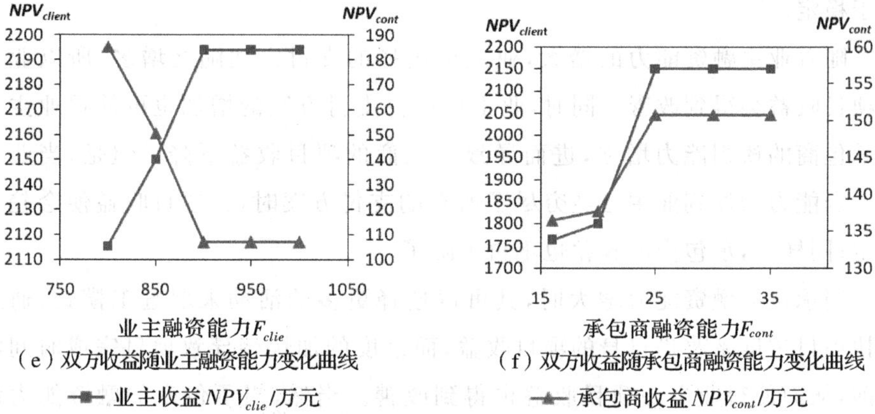

图 7-2 业主和承包商的项目收益随各参数变化曲线

上述结果可以逐一解释如下：

随着折现率的增大，资金的时间价值变大，因此，合同双方的项目净现值同步下降。

当支付比例增大时，业主须把原本位于项目结束时刻的一部分支付提前到项目进行过程中的支付点上进行，导致承包商的部分正现金流（亦即业主的部分负现金流）发生时间提前，所以，承包商的项目收益提高，业主的项目收益下降。

承包商收益底线的提高意味着在与业主的谈判中承包商的可置信威胁变大，业主必须放弃一部分收益来满足承包商的要求，否则，谈判最终将会失败从而影响业主的项目收益。所以，随着承包商收益底线的提高，承包商的收益上升、业主的收益下降。当然，在现实中，承包商不可能一味地提高自身的项目收益底线，因为当该底线超出业主的容忍界限时也会造成谈判失败，反过来使承包商自身的项目收益受到损害。

当截止日期增大时，承包商可以更多自由地选择活动模式，因此偏向于费用较低、持续时间较长的正常模式来完成活动，降低项目的费用，延后项目的完成时间，从而导致承包商的净现值上升、业主的净现值下降。然而值得注意的是，当截止日期增大到某一限度（所有活动的执行模式都已经选择为正常模式）后，承包商将不可能再通过延后完成时间来提升自身的收益，因此项目完成时间将会保持在某一固定值不变，使得承包商和业主的项目收益也趋于稳定。

随着业主融资能力的增大，业主可选择的支付方案随之增多，所以业主的项目收益会得到改善。同时，业主可选择支付方案的增加也可使得业主对于承包商的谈判能力增强，进而导致承包商的项目收益下降。但是，当业主的融资能力增加到业主已经穷尽了所有的支付方案时，其项目收益便会趋于稳定；同样地，承包商的收益也不再下降了。

当承包商融资能力增大时，其可以选择更多的活动采取赶工模式，通过加快项目进度来改进自身的项目收益，而进度的加快会导致项目完成时间的提前，从而使得业主的项目收益也得到改善。当然，当承包商的融资能力增大到已经无法通过加快进度来改进项目收益时，合同双方项目收益将趋于一个稳定的值。

7.7 结论

本章在第 6 章基础上，拓展到一般的融资能力约束，并从项目双方，即业主和承包商的共同角度出发，研究各自融资能力约束下、活动具有多种执行模式的 Max - npv 项目调度问题，通过对于双重视角下融资能力约束 Max - npv 项目调度问题的研究，可以得到对项目管理提供指导的管理启示与结论，具体如下：

(1)随着业主和承包商各自融资能力的增强，双方都会加大各自对项目计划的影响，从而找到更好的活动安排，使得各自收益最大化，得到双方都认可的共赢结果。但是在这过程中，业主会根据融资能力的大小，提供适合自己的资金支付方式而加强自己的谈判地位，从而降低承包商的项目收益，但是因为承包商收益底线的存在，业主不可能无限提升自己的收益。而随着承包商的融资能力增强，其对活动模式的选择会增加，从而能够安排适合的活动进度来提高自身收益。因此业主可以根据自身融资能力大小来增强自己的谈判地位以确保自身收益最大化，而承包商也可以根据自身融资能力大小选择合适的项目计划安排执行，以使自身收益最大化，双方经过反复博弈和迭代最终达到平衡的状态。

(2)关于截止日期，对于承包商来说，完成时间越多，承包商可以选择更加适合自身利益的项目活动安排，从而能够使其选择执行最大化自身收益的项目计划。但是对于业主来说，截止日期的增大延迟了其最终收益，导致其收益降低。所以业主和承包商需要协商选择合适的截止日期，以便项目双方均能接受。关于业主支付比例，当其变大时，承包商的项目现金流入增大，其净现值收益也增加。但是支付比例的大小决定了业主的现金流出多少。因此承包商与业主需要协商，选择最适合的业主支付方式和支付比例。折现率的大小代表资金的时间成本多少，因此项目双方需要避免选择较大的折现率进行融资，否则会导致双方资金成本增加。

第 8 章　随机工期下资源约束 Max - npv 前摄性项目调度问题研究

在上章的基础上，本章从承包商和业主的双重视角出发，研究了随机工期下基于可更新资源约束的 Max - npv 前摄性项目调度问题。目的是在资源约束的条件下，在不确定型环境中合理安排项目活动，以保证项目计划的稳定执行，同时使得承包商和业主的收益最大化。其中，针对随机工期引入了 Van de Vonder 等学者提出的资源依赖浮动因子（RFDFF，resource flow dependent float factor）方法[39]，通过为活动添加时间缓冲来增强项目计划的稳定性，进而使得项目计划能够顺利执行。本章首先对随机工期下资源约束 Max - npv 前摄性项目调度问题进行界定，随后分别从业主视角和承包商视角建立了双方各自的优化模型；随后针对问题的强 NP - hard 特点，设计了禁忌搜索启发式算法进行求解，从而找到承包商和业主均可接受的满意解，并引入实际案例进行分析说明。

8.1　现实背景

在之前的第 6 章和第 7 章研究中，银行授信等的融资能力约束影响着承包商和业主的资金流，因此可以视为一种特殊的资金资源约束，而资金属于可更新资源的一种，但是在实际中，除了资金之外，还存在许多诸如人力，设备等资源，在项目的某一时间段内该资源量是有限的，随着活动执行而被消耗，但是在下一时间段内又会更新，因此将这类资源称之为可更新资源。同时还存在诸如原材料，能源等资源，在项目总工期内该资源量是有限的，随着活动执行而被消耗，且不再更新。称之为不可更新资源。此外有些资源具有以上两种资源特性，不但在项目执行的各个阶段是有限的，并且在项目总工期内也是有限的，称之为双重约束资源。在本章中，为了研究方便，仅考虑可更新资源约束。

同时在之前的研究中，是假设在确定型环境下对 Max－npv 项目调度问题进行研究，未考虑外部因素变化对项目的影响。但是在实际项目管理中，总会存在一些不确定的因素，诸如天气突变等外部环境因素，项目双方融资能力变化，业主支付不及时等项目内部因素，以及预估偏差造成资源短缺等资源不确定因素，都会影响项目计划的制定和执行，使得调度方案和实际调度方案之间产生偏差，最终直接或者间接地影响项目实施过程中的活动工期，活动工期的变化延迟会影响项目承包商对活动的安排调度，从而影响承包商自身的收益。同时活动调度安排的变化会对项目最终完成时间产生影响，影响业主最终的现金流入，因此也会影响业主的支付方式，从而降低业主的收益，最终造成项目双方收益的变化。

因此为了应对项目中不确定因素的干扰，如何在不确定的环境下保持项目计划的稳定性，使得项目活动能够顺利执行，同时保证项目双方的收益就具有十分重要的现实意义。

8.2　随机工期下 Max－npv 前摄性问题界定

本章采用 AoN 方式来表述项目网络关系 $G(N,A)$，与项目活动相联系的正负现金流（包括业主支付和活动费用）均发生在项目活动的完成时刻。假设具有 N 个活动项目。其中有两个虚活动：活动 1 和活动 N，虚活动 1 表示整个项目的开始，虚活动 N 表示结束。整个项目的执行需要 K 种可更新资源，每种资源的可用量为 $R_k(k=1,2,\cdots,K)$，其中，活动 n 对第 k 种资源的需求量为 r_{nk}。

为了研究方便，在此假设活动 n 有且只有一种执行模式。由于不确定性因素对项目计划的干扰更多的是影响项目活动工期，使得工期具有随机变化的特点，因此，假设项目活动的工期 d_n 服从某一（$E(d_n)$，$\sigma(d_n)$）的随机分布，$E(d_n)$表示活动的平均工期，$\sigma(d_n)$表示活动工期的偏差，代表了活动工期的不确定性大小。活动 n 执行时基准成本为 c_n，对应于活动工期 $E(d_n)$，当工期发生变化时，其单位时间延迟活动成本为 β_n，项目活动 n 的挣值为 v_n。注意，前述的虚活动 1 和 N 的工期，费用，挣值和所需资源量均为 0。项目合同总价

格为 $EU(EU=\sum_{n=1}^{N} v_n)$，项目的截止日期为 D，折现率为 α。

在项目实施过程中，将业主未来的预期收益折现到项目结束时刻，即为 ER。业主随机进行 $H(H\leqslant N-2)$ 次支付给承包商，每次的支付量等于支付时承包商的累计挣值与支付比例 $\theta(0\leqslant\theta\leqslant1)$ 的乘积，项目结束时业主的支付总量等于项目合同总价格 EU。在项目虚结束活动 N 上安排最后一次支付。

由于不确定因素对项目的干扰主要分为两类，一类是外部环境产生的不确定因素，如突发天气对项目活动造成的延误，另一类是内部资源产生的不确定因素，如资源临时短缺或设备故障影响活动正常进行，但是不论哪一类不确定因素都会导致活动工期发生变化，给项目执行带来干扰，造成项目双方的收益损失。因此针对该研究问题的工期不确定性，引用前摄性调度的资源流依赖浮动因子方法 RFDFF。当制定项目进度计划时，首先根据项目活动工期的均值 $E(d_n)$ 安排活动 n 的开始时间，生成非鲁棒性的初始计划 S。当项目执行时，各活动的实际工期有可能发生变化，从而破坏项目进度计划。为了降低这种可能性，减轻变化的活动工期对计划执行的影响，在初始计划 S 的基础上通过运用 RFDFF 方法对活动添加时间缓冲 B_n，产生调整后的鲁棒性进度计划 S^B 并执行。这样能在保证项目双方收益的同时，保持项目执行的稳定性。注意，项目截止日期 D 有可能产生变化。

由于活动 n 的 $\sigma(d_n)$ 变化越大，表示活动工期的不确定性越大，为此根据 $\sigma(d_n)$ 定义活动权重 $w_n=\sigma(d_n)/\sum_{n=1}^{N}\sigma(d_n)$，表示活动 n 的单位时间缓冲对项目稳定执行的帮助。因此可以得到项目鲁棒性指标，即 $rb=\sum_{n=1}^{N}(w_n\times B_n)$。

根据上述讨论，定义如下两组决策变量：

$$x_{hn}=\begin{cases}1 & \text{第 } h \text{ 次支付在活动 } n \text{ 完成时刻进行}\\ 0 & \text{其他}\end{cases}\qquad h=1,2,\cdots,H;\ n=1,\cdots,N$$

$$y_{nt}=\begin{cases}1 & \text{活动 } n \text{ 在 } t \text{ 时刻完成}\\ 0 & \text{其他}\end{cases}\qquad t=0,1,\cdots,D;\ n=1,\cdots,N$$

为了后文的表述需要，定义如下两个决策向量：

$$X=(x_{hn},\ n=1,\cdots,N);\ Y=(t:\ y_{nt}=1,\ n=1,\cdots,N)。$$

将业主和承包商的项目收益净现值分别记为 NPV_{clie} 和 NPV_{cont}，那么，本章所研究的问题最终可界定如下：在项目可更新资源约束下，针对工期的随机变化，通过添加时间缓冲使得承包商基于业主给出的 X，对 Y 进行鲁棒性优化以使 NPV_{cont} 最大化；而业主在承包商优化 Y，增加其鲁棒性的基础上，对 X 进行优化以使 NPV_{clie} 最大化，通过二者之间的循环迭代，获得合同双方均满意的 X 和 Y。

8.3　随机工期下 Max - npv 前摄性模型构建

根据以上对问题的界定分析，活动 n 的工期 d_n 服从某一 $(E(d_n),\sigma(d_n))$ 随机分布。当 $d_n=E(d_n)$ 时，可以构建非鲁棒性的 Max - npv 项目调度计划，得到在理想状态下的项目安排，并得到合同双方的理想收益。当 d_n 服从该随机分布时，通过给每个活动添加缓冲时间，以应对工期变化对项目净现值的影响，可以保证项目在稳定执行的同时，减小项目收益损失，实现项目收益的最大化。为此构建承包商和业主在随机工期下可更新资源约束的 Max - npv 项目调度优化模型如下所述。

8.3.1　承包商视角模型

$$\text{Max}\quad NPV_{cont}=\sum_{h=1}^{H}\left\{p_h\sum_{n=1}^{N}\left[x_{hn}\sum_{t=E_n}^{L_n}(\exp(-\alpha t)y_{nt})\right]\right\}-\sum_{n=1}^{N}\left\{c_n\sum_{t=E_n}^{L_n}\left[\exp(-\alpha t)y_{nt}\right]\right\} \tag{8-1}$$

s. t.

$$\sum_{t=E_n}^{L_n}y_{nt}=1\qquad n=1,2,\cdots,N \tag{8-2}$$

$$\sum_{t=E_n}^{L_n}(y_{nt}t)-d_n\geqslant\sum_{t=E_m}^{L_m}(y_{mt}t)\qquad m\in IP_n \tag{8-3}$$

$$\sum_{t=E_n}^{L_n}(y_{Nt})\leqslant D \tag{8-4}$$

$$\sum_{n\in S(t)}r_{nk}\leqslant R_k\qquad k=1,2,\cdots,K \tag{8-5}$$

$$y_{nt}\in\{0,1\} \tag{8-6}$$

其中，IP_n 为活动 n 的紧前活动的集合。

在该模型中，目标式(8 - 1)指承包商的项目净现值收益最大化；约束式(8 - 2)指为每个活动安排一个完成时间；式(8 - 3)指确保活动的优先关系，活动 n 的开始时间不早于其紧前活动 m 的完成时间；式(8 - 4)指整个项目的完成时间不晚于项目截止日期；式(8 - 5)指在项目实施的任一时刻的活动对第 k 种可更新资源的需求量之和不能超过该资源的总量。式(8 - 6)指决策变量的定义域约束。在此 x_{hn} 为输入变量而非决策变量。

8.3.2 业主视角模型

$$\text{Max}\quad NPV_{die} = ER\sum_{t=E_n}^{L_n}[\exp(-\alpha t)y_{Nt}]-$$

$$\sum_{h=1}^{H}\left\{p_h\sum_{n=1}^{N}\left[x_{hn}\sum_{t=E_n}^{L_n}(\exp(-\alpha t)y_{nt})\right]\right\} \quad (8-7)$$

$$\text{s.t.}\quad \sum_{n=1}^{N}x_{hn}=1 \quad h=1,2,\cdots,H-1 \quad (8-8)$$

$$x_{HN}=1 \quad (8-9)$$

$$\sum_{h=1}^{H}x_{hn}\leqslant 1 \quad n=1,2,\cdots,N \quad (8-10)$$

$$p_h=\theta\left[\sum_{n=1}^{N}\left(v_n\sum_{t=0}^{T_h}y_{nt}\right)-\sum_{n=1}^{N}\left(v_n\sum_{t=0}^{T_{h-1}}y_{nt}\right)\right]$$

$$h=1,2,\cdots,H-1 \quad (8-11)$$

$$p_H=U-\sum_{h=1}^{H-1}p_h \quad (8-12)$$

$$x_{hn}\in\{0,1\} \quad (8-13)$$

其中，T_h 和 T_{h-1} 分别是第 h 及 $h-1$ 次支付的时间。

在该模型中，目标式(8－7)指业主的项目净现值收益最大化；约束式(8－8)指安排支付活动；式(8－9)指最后一次支付活动在项目虚结束活动 N 上；式(8－10)指在某一给定活动上，最多只能安排一次支付；式(8－11)指第 h 次支付的支付量；式(8－12)指最后一次支付的支付量，使所有支付量的总和等于项目合同总价格；式(8－13)指决策变量的定义域约束。在此 y_{nt} 为输入变量而非决策变量。

8.4 禁忌搜索启发式算法设计

由于以上所研究问题是属于工期随机分布下资源约束的 Max－npv 项目调度问题，即是资源约束项目调度问题(RCPSP)向不确定方向的拓展，在第 6 章的部分已经说明了确定型 RCPSP 问题是已被证明的一个 NP－hard 问题，而确定型问题是不确定型问题的特殊情况，因此，在更复杂的不确定环境下该问题的可行解需要更多的计算时间，难以设计精确算法求得最优解，所以向不确定条件下拓展的该工期随机性的问题也必然属于 NP－hard 问题。鉴于问题求解的复杂性，根据之前第 7 章的算法分析，结合本章所要研究的问题，同时参考已有的研究成果做法，在此设计禁忌搜索算法求解该问题。

首先，分析上述模型可知，该项目的活动工期处于随机分布，需要将不确定问题转化为经典的确定型问题进行求解。在此根据问题的特点利用资源流依赖浮动因子法 RFDFF 在非鲁棒性调度计划基础上给各个活动添加缓冲时间生成新的鲁棒性调度计划，并得到双方满意的项目活动安排。

然后，基于两个模型之间的嵌套关系，先生成一个初始可行的 Y；再利用禁忌搜索启发式算法，依次求解承包商视角子模型和业主视角子模型，对两个子模型进行反复交叉的迭代循环运算，直至满足算法的终止条件为止。

8.4.1　RFDFF 算法

在此模型中采用资源流依赖浮动因子法 RFDFF 处理各个活动的随机工期。在一个可行的非鲁棒性调度计划 S 中，通过在各个活动之前添加时间缓冲得到鲁棒性调度计划 S^B。其中活动 n 的开始时间为 $s_n(B)=s_n(S)+\mu_n\times float(n)$。求解步骤如下所述。

步骤 1　生成可行的 RCPSP 解。活动工期用其均值 $E(d_n)$ 表示，运用关键路径法 CPM 生成项目工期最短的调度计划 S。此时活动开始时间为 $s_n(S)$。

步骤 2　生成可行的资源流网络 $G(N,R)$。在调度计划 S 的基础上，用资源表示两个活动之间的关系。用资源流来连接调度计划 S 中的各个活动，标明每一类资源的传递情况。求解一个可行的资源流网络 $G(N,R)$。

步骤 3　计算浮动值 $float(n)$。$float(n)$ 是指在调度计划 S 中，活动 n 的最晚开始时间 ls_n 和最早开始时间 es_n 的差值。es_n、ls_n 由调度计划 S 生成。

步骤 4　计算浮动因子 μ_n。$\mu_n=\pi_n/(\pi_n+\delta_n)$，$\pi_n$ 是指在所有两个网络 $G(N,A)$ 和 $G(N,R)$ 中活动 n 及其先序活动的权重和；δ_n 是指在这两个网络中活动 n 后序活动的权重和。

步骤 5　生成调整后的调度计划 S^B。计算活动 n 的开始时间 $s_n(B)=s_n(S)+\mu_n\times float(n)$。此处 $B_n=\mu_n\times float(n)$。根据 $s_n(B)$ 安排活动，需满足优先关系和资源的约束。

因为通过 RFDFF 算法得到的资源流网络同时满足了优先关系约束和资源约束，所以在后续的禁忌搜索中可行解 Y 只需判断是否满足该网络关系即可。

8.4.2　禁忌搜索算法过程

在求解目标值的搜索算法中，生成初始可行解 Y^{init} 的方式如下：

在不违反网络优先关系和资源约束的前提下，由 RFDFF 算法得到每个活动在其时间窗中的完成时间，由此得到一个 Y^{init} 。判断该初始解安排的项目完成时间是否不大于项目截止日期 D，若满足则接受 Y^{init} ；否则，重复该操作直至得到一个可行的 Y^{init} 为止。

为了生成当前可行解 Y^{curr} 的邻点 Y^{neig} ，选择如下方式：

在 Y^{curr} 对应的初始调度计划 S 中，随机的选取某个活动（项目虚开始活动除外），将其完成时间在其时间窗内随机地变化一个单位，调整其他活动的完成时间以确保没有破坏网络优先关系约束。之后通过上述 RFDFF 算法生成邻点 Y^{neig} 。如果 Y^{neig} 中的项目完成时间不晚于项目截止日期 D 且资源约束得到满足，则接受 Y^{neig} 为一可行邻点；否则，对上述方式进行反复操作直至获得一个可行的 Y^{neig} 。

8.4.2.1 承包商视角子模型求解步骤

因为向量 X 对于承包商子模型来说是输入变量，因此，用 Cont(X)来表示求解该模型的过程。

步骤 1　生成初始可行解 Y^{init} ，计算其目标函数值 NPV_{cont}^{init} 。此处的 Y^{init} 是通过 RFDFF 得到的具有鲁棒性的可行解。算法结束参数包括，探测可行解总数 Num_{cont}^{stop} ；初始化禁忌列表 TL_{cont}；令计数器 Num_{cont} 为 0；设置当前解及初始解：$Y^{curr}=Y^{best}=Y^{init}$ ，$NPV_{cont}^{curr}=NPV_{cont}^{best}=NPV_{cont}^{init}$ 。

步骤 2　生成当前解 Y^{curr} 的一个邻点 Y^{neig} ，计算其目标函数值 NPV_{cont}^{neig} 。检查禁忌列表 TL_{cont}，确认该生成邻点的移动是否处于其中，若是直接跳转到步骤 4；否则，转步骤 3 继续执行。

步骤 3　将邻点解值赋予当前解，即使得 $Y^{curr}=Y^{neig}$ ，$NPV_{cont}^{curr}=NPV_{cont}^{neig}$ ，更新计数器并加 1，$Num_{cont}=Num_{cont}+1$，将该操作移动到承包商禁忌列表 TL_{cont} 中并更新。若 NPV_{cont}^{curr} 大于 NPV_{cont}^{best} ，则令 Y^{best} 等于 Y^{curr} ，NPV_{cont}^{best} 等于 NPV_{cont}^{curr} ，转步骤 5。

步骤 4　判断 NPV_{cont}^{neig} 大于 NPV_{cont}^{best} 是否成立，若成立，生成邻点移动的禁忌状态被激活，令 $Y^{curr}=Y^{best}=Y^{neig}$ ，$NPV_{cont}^{curr}=NPV_{cont}^{best}=NPV_{cont}^{neig}$ ，更新计数器并加 1，$Num_{cont}=Num_{cont}+1$，更新禁忌列表 TL_{cont}，转步骤 5；否则，转步骤 2 重新开始。

步骤 5　判断计数器数值是否满足终止条件，即 $Num_{cont} \geqslant Num_{cont}^{stop}$，若满足则转到步骤 6；否则，跳到步骤 2 重新开始。

步骤 6　该模型输出得到的最终满意解：$Y^*(X) = Y^{best}$，$NPV_{cont}^*(X) = NPV_{cont}^{best}$。

注意，在上述搜索步骤中，可行解 Y 满足通过 RFDFF 算法得到的网络优先关系及资源关系。在本章算法搜索中，禁忌列表更新原则与第 7 章算法搜索的一致，禁忌对象的更新和激活可参考第 7 章算法设计，其中，禁忌列表的长度算法参数值依然通过预先的小规模实验进行选择确定。

8.4.2.2　业主视角子模型求解步骤

业主视角模型的求解是在承包商视角模型求解过程 Cont(X)的基础上，因此搜索步骤设计如下。

步骤 1　随机生成支付的初始可行解 X^{init}，将其带入承包商模型求解过程 Cont(X^{init})，得到 $Y^*(X^{init})$，并计算业主视角模型目标函数值 NPV_{clie}^{init}。算法结束测量因素与承包商模型一致，包括探测可行解总数 Num_{clie}^{stop}；初始化禁忌列表 TL_{clie}；令计数器 Num_{clie} 为 0；设置当前解及初始解：$X^{curr} = X^{best} = X^{init}$，$NPV_{clie}^{curr} = NPV_{clie}^{best} = NPV_{clie}^{init}$。

步骤 2　随机生成 X^{neig}，作为当前解的一个可行邻点，调用承包商搜索过程 Cont(X^{neig})，得到 $Y^*(X^{neig})$，计算相应的业主视角模型目标函数值 NPV_{clie}^{neig}。检查生成邻点操作的移动是否位于禁忌列表 TL_{clie} 中，若是跳转到步骤 4；否则，转到步骤 3 继续执行。

步骤 3　使得当前解值 X^{curr} 为邻点值 X^{neig}，业主目标值 NPV_{clie}^{curr} 等于 NPV_{clie}^{neig}，更新业主计数器并加 1，即 $Num_{clie} = Num_{clie} + 1$，将该操作的移动放入禁忌列表 TL_{clie} 并更新。若目标值 NPV_{clie}^{curr} 大于 NPV_{clie}^{best}，则令 X^{best} 等于 X^{curr}，NPV_{clie}^{best} 等于 NPV_{clie}^{curr}，转步骤 5。

步骤 4　如果邻点解对应的项目收益大于当前最好值，即 $NPV_{clie}^{neig} > NPV_{clie}^{best}$，激活生成邻点移动的禁忌状态，令 $X^{curr} = X^{best} = X^{neig}$，$NPV_{clie}^{curr} = NPV_{clie}^{best} = NPV_{clie}^{neig}$，同时更新计数器并加 1，即 $Num_{clie} = Num_{clie} + 1$，更新禁忌列表 TL_{clie}，转步骤 5；否则，转到步骤 2 重新开始。

步骤 5　判断业主计数器是否满足终止条件，即 $Num_{clie} \geqslant Num_{clie}^{stop}$ 是否成立，若成立转步骤 6；否则，转步骤 2 重新开始。

步骤 6　输出得到的满意解：X^* 等于 X^{best}，NPV_{clie}^* 等于 NPV_{clie}^{best}，以及在 X^* 下的承包商子模型的满意解及对应的目标函数值：$Y^*(X^*) = Y^*(X^{best})$，$NPV_{cont}^*(X^*) = NPV_{cont}^*(X^{best})$。

在上述搜索步骤中，初始可行解 X^{init} 按以下方法生成：随机选择 $H-1$ 个项目活动（项目虚结束活动 N 除外），将向量 X 中与所选活动及虚结束活动 N 所对应的元素设置为 1，其他的元素设置为 0，由此得到一个 X^{init}；调用 Cont(X^{init})，得到 $Y^*(X^{init})$ 及 $NPV_{cont}^*(X^{init})$，接受 X^{init} 为一可行的初始解。

当前解 X^{curr} 的可行邻点 X^{neig} 通过下述 X 算子生成：

在 X^{curr} 中，随机地选出一个取值为 1 的元素（最后一个元素除外），将其与另一随机选出的取值为 0 的元素交换位置，从而把 X^{curr} 转化为它的一个邻点 X^{neig}；调用 Cont(X^{neig})，得到 $Y^*(X^{neig})$ 及 $NPV_{cont}^*(X^{neig})$，判断业主收益及承包商收益是否得到满足，若满足则接受 X^{neig} 为一可行的邻点；否则，拒绝 X^{neig} 并重复上述操作。

该业主子模型算法求解中的禁忌列表管理方式与承包商子模型求解步骤中的相似，在此不再赘述。

8.5　算法测试

在此选用模拟退火 SA 和多重迭代改进 MSII 两个启发式算法作为对比基准，对所设计的启发式算法的绩效进行评价。为使三个算法具有相同的比较基础，当 SA 和 MSII 探测的可行解数目与禁忌搜索相同时，算法终止并输出满意解。算法测试在由 ProGen 随机生成的标准算例集合上进行，ProGen 的参数设置见表 8-1 所示，其中，参与试验设计的参数有 3 个：折现率 α、支付比例 θ、项目截止日期 D 等关键参数。项目活动 N 设置 4 种规模，α、θ 和 D 的参数取值均设置为 3 种，在每种参数组合下生成的算例数为 10 个，由此形成 $10\times4\times3^3=1080$ 个算例。

表 8－1 ProGen 算例参数设置

参数	取值
非虚活动数 $N-2$	10、20、30、40
在给定非虚活动数下生成的算例数	10
活动费用 c_n	从[10，20]中均匀地随机选取
起始和终止活动数	从 1、2 和 3 中按等概率随机选取
最大紧前和紧后活动数	3
活动工期 d_n	从[1，10]中均匀地随机选取
活动挣值 v_n	$\rho_1 \cdot c_n$。其中，ρ_1 从[1，3]中均匀地随机选取
支付比例 θ	0.7、0.8、0.9
折现率 α	0.005、0.007、0.009
项目截止日期 D	$\rho_2 \cdot C_{\max}$。其中，ρ_2 分别设置为 1.1、1.2 和 1.3，$C_{\max}$ 是项目活动网络关键路径的长度

用 NUM、ARD(%)、ACT(s)和 MCT(s)等四个指标来反映和评价所设计启发式算法的绩效，这些指标的含义与之前章中的定义相同。所有的算法都从同一个初始解开始搜索并遵从同样的停机准则。基于预先实验，Num^{stop} 和 TL 长度分别设为 $1000 \cdot N$ 和 10。得到的测试结果如表 8－2 所示。

表 8－2　算法测试结果

算例集合	禁忌搜索				模拟退火				多重迭代改进			
	NUM	*ARD*/%	*ACT*/s	*MCT*/s	*NUM*	*ARD*/%	*ACT*/s	*MCT*/s	*NUM*	*ARD*/%	*ACT*/s	*MCT*/s
N=12	95	0.65	5.86	7.37	102	0.62	6.28	7.47	73	0.89	4.32	6.15
N=22	109	0.53	9.31	12.55	106	0.73	10.84	12.91	55	1.61	5.96	8.59
N=32	127	0.32	14.29	17.83	114	0.84	16.15	19.28	29	2.37	10.18	13.09
N=42	130	0.36	21.72	24.14	126	0.78	22.92	26.21	14	4.13	17.23	21.80
所有算例	461	0.47	12.80	24.14	448	0.74	14.05	26.21	171	2.25	9.42	21.80

首先从表 8－2 的算法测试结果可以看出，对于代表满意解质量的指标 NUM 和 ARD 来说，算法 TS、SA 和 MSII 分别有 461、448 和 171 个已知满意解，同时距离已知最好解的平均相对偏差分别为 0.47%、0.74%和 2.25%。

可以看出算法 TS 和 SA 均优于 MSII，并且随着活动规模增加而更加显著。这是因为启发式智能算法的搜索效率通常都优于简单搜索算法并且随着项目规模复杂程度的增加而增大，尤其是针对复杂的问题求解时更是如此。对比算法 TS 和 SA，发现随着活动规模的增大，设计的 TS 表现优于 SA，但是二者算法效率的差距在逐渐缩小。其次对于代表计算时间的指标 ACT 和 MCT 来说，三个算法的计算时间均随着问题规模的增大而增加。其中，算法 TS 和 SA 的计算时间均长于 MSII，因为 TS 需要额外的时间去管理禁忌列表，而 SA 具有较为复杂的搜索过程，因此二者都需要较多的时间去搜索得到满意解，但是它们的计算时间处于可接受的范围，其中 TS 的计算时间相对 SA 的计算时间较短。因此从所得满意解的质量和计算时间考虑，TS 为最有效算法。

8.6 案例分析

8.6.1 项目背景及数据

LC 大厦于 2008 年 1 月 1 日开工建设，计划于 2010 年 4 月 16 日竣工，合同规定项目总工期 D 为 837 天，合同总价格为 103863284 元。施工合同约定支付方式为里程碑支付，即到某些关键活动结束时，承包商公司会收到支付款，支付款为该阶段实施的某些特定活动挣值的 90%，剩余的 10%会在该大厦项目验收完工之后支付，总共支付 7 次，即 $H=7$。折现率 $\alpha=0.0002$。通过对以往类似工程运营情况的统计分析，预计该工程建成后在未来产生的收益折现到项目结束时刻的值（即业主的预期收益 ER）为 300000000 元。此处的可更新资源为人力资源（即员工数量），公司在每个时期拥有的施工员工数量 R 为 280 人，单位时间延迟成本 β_n 为每天 100 元。

该项目共由 39 个活动组成。其 AoN 网络图见图 8-1。其中活动 1 和 39 分别为虚的开始和结束活动，其余为实活动。各个活动的资源需求情况如表 8-3 所示。

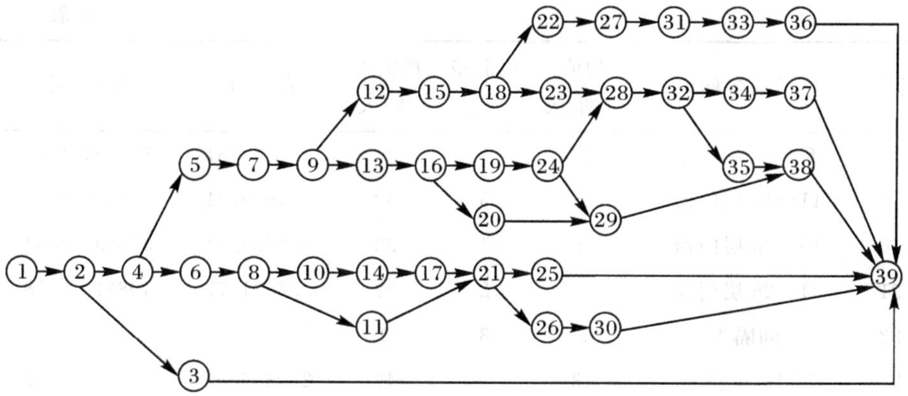

图 8-1　LC 大厦项目 AoN 网络图

表 8-3　各个活动的费用、工期和人力资源需求量

序号	活动名称	均值工期/天	标准差/天	所需人数/人	成本/元	挣值/元
1	准备	0	0	0	0	0
2	基础筏板、地下一层	60	5	250	6600000	7524000
3	安装工程	480	2	42	8694000	9911160
4	1—4 层主体结构	71	5	158	9972724.76	11368906.23
5	5 层以下砌体	28	5	65	770688.51	878584.9014
6	5—9 层主体结构	30	3	158	9972724.76	11368906.23
7	6—10 层砌体	28	4	65	810688.51	924184.9014
8	10—14 层主体结构	30	5	158	9972724.70	11368906.16
9	11—15 层砌体	28	4	65	810688.51	924184.9014
10	15—19 层主体结构	30	5	158	9972724.70	11368906.16
11	灰土回填	86	2	100	634160	722942.4
12	20—26 层主体结构	45	4	158	9961814.58	11356468.62
13	16—20 层砌体	28	2	65	810688.51	924184.9014
14	21—26 层砌体	35	4	65	972826.21	1109021.879
15	玻璃幕墙	142	3	80	7880203	8983431.42
16	屋面工程	57	4	100	6537250	7452465
17	5 层以下门窗	28	3	32	357991.77	408110.6178

续表 8-3

序号	活动名称	均值工期/天	标准差/天	所需人数/人	成本/元	挣值/元
18	6—10 层门窗	28	5	32	331659.81	378092.1834
19	11—15 层门窗	28	5	32	331659.81	378092.1834
20	16—20 层门窗	28	4	32	331659.81	378092.1834
21	21—26 层门窗	35	2	32	357991.77	408110.6178
22	间隔 1	9	3	0	0	0
23	5 层以下抹灰	28	5	42	220306.93	251149.9002
24	间隔 2	9	3	0	0	0
25	6—10 层抹灰	28	5	42	137691.83	156968.6862
26	5 层以下地面	28	2	40	290418.44	331077.0216
27	间隔 3	9	3	0	0	0
28	11—15 层抹灰	28	3	42	137691.83	156968.6862
29	6—10 层地面	28	4	40	242015.37	275897.5218
30	5 层以下油漆涂料	28	4	32	164812.2	187885.908
31	16—20 层抹灰	28	4	42	137691.83	156968.6862
32	21—26 层抹灰	35	4	42	220306.93	251149.9002
33	11—15 层地面	28	5	40	242015.37	275897.5218
34	16—20 层地面	28	4	40	242015.37	275897.5218
35	6—15 层油漆涂料	28	2	32	329624.4	375771.816
36	21—26 层地面	35	5	40	290418.44	331077.0216
37	16—26 层油漆涂料	28	3	32	362586.5	413348.61
38	室外工程	57	3	100	2005679	2286474.06
39	交工验收	0	0	0	0	0

8.6.2 满意进度安排

根据以上数据，在项目实际实施过程中，按照活动的均值工期以最早结束时间进行项目活动安排得到的非鲁棒性计划的 X、Y，以及合同双方的收益 NPV_{clie} 和 NPV_{cont} 如下：

X=(0,0,0,1,0,0,0,1,0,0,0,0,0,1,0,0,0,0,1,0,0,0,0,0,0,1,0,0,

0,0,0,1,0,0,0,0,0,0, 1)；

Y=(0,60,540,131,159,161,187,191,215,221,307,352,243,256,494,409,284,522,437,437,342,531,550,446,370,398,540,578,474,426,568,613,596,641,641,631,669,698,698)；

NPV_{clie} =164442000 (元)；NPV_{cont} =10568400 (元)；rb =0；

根据以上数据，采用上述的禁忌搜索算法计算本章所构建的优化模型，通过 RFDFF 方法添加时间缓冲以后得到合同双方满意的鲁棒性项目计划的活动安排 X^* 和 Y^*，以及在该安排下的双方收益 NPV^*_{clie} 和 NPV^*_{cont} 如下：

X^* =(0,0,0,0,0,0,0,0,0,1,0,0,0,0,0,0,1,0,0,1,0,0,0,0,0,1,0,0,1,0,0,1,0,0,0,0,0,0, 1)；

Y^* =(0,60,727,131,159,161,187,191,215,221,307,352,268,256,494,409,296,522,437,442,342,531,550,446,370,398,540,578,597,748,568,613,596,641,641,810,825,828,828)；

NPV^*_{clie} =160144000 (元)；NPV^*_{cont} =10523000 (元)；rb =23.51；

因此，可以得到项目的延迟时间和项目双方收益损失的情况如下：

D'=130(天)；NPV'_{client}=4298000 (元)；NPV'_{cont}= 45400(元)。

通过以上对比可以看出，在不确定环境下，承包商的收益和业主的收益都出现了不同程度的降低，项目鲁棒性得到了提高。可以看出项目工期推迟了 130 天，承包商收益降低了 0.30%，业主收益降低了 2.61%，鲁棒性提高了 23.51。可以看到为了保证项目的稳定性执行，承包商的收益降低，与此同时业主也为项目的稳定性执行付出了代价。因此在不确定环境下，项目活动工期的延迟不仅影响承包商的收益，也会影响业主的收益。但是从业主支付方式 X 的活动安排可以发现，不同支付方式的存在会提高合同双方的收益，降低业主和承包商在随机环境下的收益损失，这在后文将具体解释。

8.6.3　敏感性分析

从本章所构建的模型中看出，折现率 α、支付比例 θ、项目工期 D 和业主支付活动 X 的安排对合同双方的收益都会产生影响。因此在假定其他参数不变的时候，改变其中某一参数，得到不同参数取值下的业主和承包商收益结果如表 8－4 所示。

表 8-4　不同参数取值下的业主和承包商收益

折现率 α	NPV_{client}/万元	NPV_{cont}/万元	支付比例 θ	NPV_{client}/万元	NPV_{cont}/万元
0.0010	17733.82	1153.18	0.60	16216.45	850.33
0.0015	16854.91	1101.74	0.70	16149.16	917.65
0.0020	16014.43	1052.32	0.80	16081.37	984.98
0.0025	15210.82	1004.91	0.90	16014.40	1052.23
0.0030	14442.56	959.43	1.00	15947.13	1119.62
截止日期 D/天	NPV_{client}/万元	NPV_{cont}/万元	支付方式 X	NPV_{client}/万元	NPV_{cont}/万元
767	16352.32	1052.23	4,8,14,19,26,32,39	15939.45	1042.48
802	16182.86	1052.26	2,14,21,20,22,31,39	15971.62	1045.08
837	16014.42	1052.30	9,11,12,20,22,27,39	15995.88	1050.63
873	16014.42	1052.30	10,17,26,20,29,32,39	16014.45	1052.30
907	16014.42	1052.30	8,14,12,20,22,29,39	15972.37	1063.53

从表 8-4 可以看出，各个参数的变化情况具体解释如下：

随着折现率的增大，业主和承包商的项目收益均减小。因为随着折现率的增大，资金的时间成本变大，使得项目双方的成本增大，因此，业主和承包商的项目收益净现值都出现下降的情况。

随着支付比例的增大，业主的项目收益减小而承包商的收益增大。因为当支付比例增大时，业主须把原本位于项目结束时刻的一部分支付提前到项目进行过程中的支付点上进行，导致承包商的部分正现金流（亦即业主的部分负现金流）发生时间提前，所以，在折现率不变的情况下，有助于承包商的项目收益提高，同时使得业主的项目收益下降。

随着项目截止日期的增大，业主收益先下降而后趋于稳定，而承包商的项目收益先上升后稳定。因为当截止日期增大时，其他条件不变，业主的收益会推迟，造成其净现值下降。对于承包商来说，活动完成时间延迟会造成负现金流的下降，从而导致承包商的净现值上升。然而值得注意的是，当截止日期增大时，虽然承包商会有多种执行安排的选择来完成项目，但最终会选择最满意的解来保持自身的收益，因此项目完成时间将会保持在某一固定值不变，使得承包商和业主的项目收益也趋于稳定。

当业主支付方式发生变化时，业主和承包商的项目收益会上升。在鲁棒性调度计划中，原来的支付方式会给业主和承包商带来较低的收益。而随着支付活动的变化，业主和承包商的项目收益都在增加，对承包商来说，正的支付现金流越早越能增加项目收益，但是对业主来说，支付越晚其收益越多。虽然存在比原支付安排更好的支付活动，但是由于是业主支付，所以当业主收益在降低时，不会采取相应的安排活动，因此在该情况下，业主与承包商需要就支付安排进行谈判，这样就能得到承包商和业主都能接受的项目安排结果，否则会造成业主收益下降。

因此承包商和业主的收益随着参数的变化而变化的趋势如图 8-2 所示。

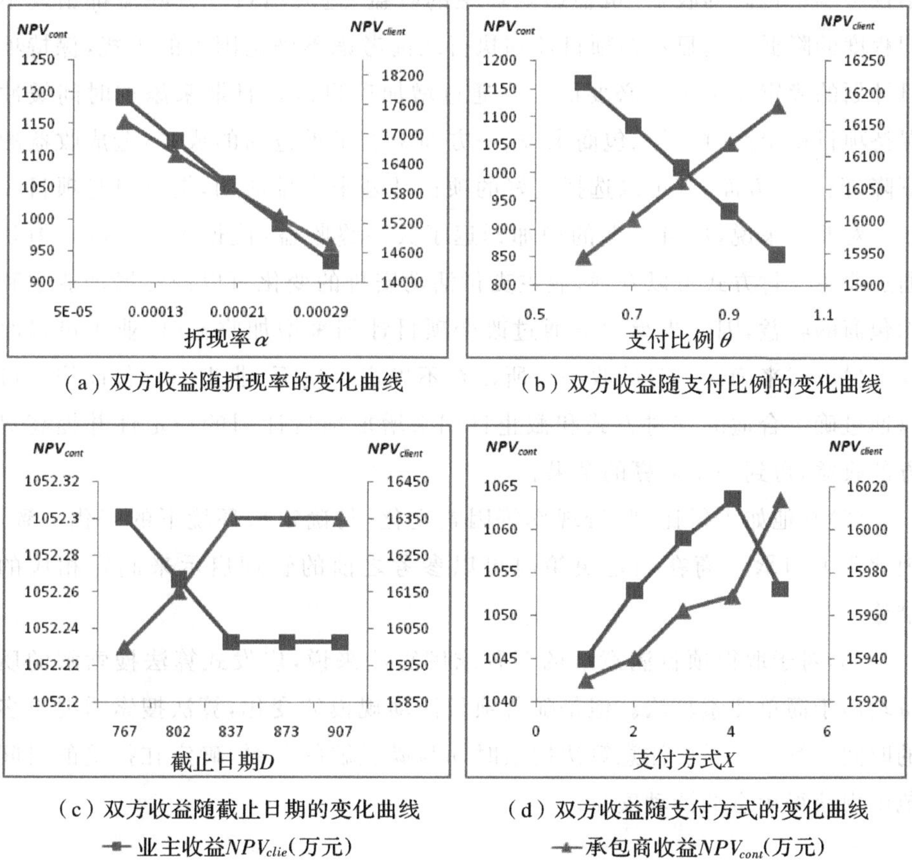

(a) 双方收益随折现率的变化曲线　　(b) 双方收益随支付比例的变化曲线

(c) 双方收益随截止日期的变化曲线　　(d) 双方收益随支付方式的变化曲线

—■— 业主收益 NPV_{clie}（万元）　　—▲— 承包商收益 NPV_{cont}（万元）

图 8-2　业主和承包商的项目收益随各参数变化曲线

8.7 结论

本章在第7章的研究基础上，将研究问题从确定型环境拓展到了不确定型环境下研究。针对项目活动工期具有随机性等特点，引入前摄性方法，这样既符合现实需求又能拓展净现值最大化项目调度问题的研究理论。从承包商和业主的双重视角出发，研究了不确定环境中在可更新资源约束下、活动工期具有随机性的Max-npv前摄性项目调度问题。本文通过对随机工期下资源约束Max-npv前摄性项目调度问题研究，可以提供以下管理启示与结论，帮助管理者更好地达到项目目标。

(1)在不确定环境下，由于不确定因素的干扰导致项目活动工期的延迟不仅影响承包商的收益，也会影响业主的收益，造成项目双方收益都出现不同程度的降低。这显示在项目计划执行之前考虑不确定因素的干扰，保持项目计划的稳定性是十分必要的。当通过增加项目截止日期来添加时间缓冲保持项目稳定性时，对承包商来说，一方面增加了承包商的成本，造成收益的下降，但另一方面，其可以选择更好的项目计划来安排活动，提升自身项目收益。对业主来说，项目工期的增加延迟了其最终收益，使得收益下降。但是通过业主支付方式可以发现，业主支付活动安排的变化可以同时增加业主和承包商的收益，因此当承包商通过改变项目计划来增加收益时，业主可以改变支付方式来确保自身的收益。所以在不确定环境下，业主和承包商依然可以通过确定合适的支付方式和截止日期来增加项目计划的稳定性并提高双方的收益，得到一个双赢的结果。

(2)其他如支付比例、折现率等因素变化，与确定型环境下的变化一致，因此业主和承包商在制定决策时可以参考之前的管理启示来制定相应的措施。

(3)对于取得项目满意解的三种求解算法来说，启发式算法搜索解的质量均高于简单搜索算法。但是随着项目活动规模的变化，算法搜索需要更多的时间。管理者需要注意算法搜索时间与满意解的关系，确定在接受的时间范围内获得满意的活动安排。

第 9 章　随机工期下资源约束 Max－npv 前摄性与反应性项目调度集成问题研究

在第 8 章的基础上，本章从承包商视角出发，在不确定型环境下，工期随机分布，可更新资源约束时，在项目预先调度计划中引入时间缓冲生成稳健的前摄性调度基准计划，以应对预计项目过程中突发事件的发生，然后在实际计划执行过程中，基于对实际变化情况的应对，建立合适的在线调度策略对基准计划进行动态调整，以确保项目目标的有效实现。因此本章首先在规定了业主支付方式的情况下，根据工期随机分布，应用前摄性调度方法构建前摄性优化模型，生成具有鲁棒性的预先基准计划，然后根据反应性调度策略构建反应性优化模型，并且设计四种启发式算法对模型进行求解，并进行仿真测试以保证项目的实际净现值最大化。

9.1　现实背景

从第 8 章的研究中可以发现不确定因素对项目的收益产生着重大影响，为了应对项目中不确定因素的干扰，项目执行者往往希望生成的项目调度计划具有很大的稳定性，这就产生了具有鲁棒性的前摄性调度计划。但是在项目计划实际执行过程中，依然可能存在许多的未知干扰，比如因突发情况等原因造成活动执行工期与计划不一致，资源供应落后于计划，或者需要插入新活动等，都会对项目计划的执行造成影响，进而影响项目收益。所以不仅需要在项目计划执行前对其进行前摄性调度，当干扰发生时，也需要对预先的前摄性调度计划进行实时调整生成反应性调度计划，使得活动实际执行的计划偏离原计划最小，或者尽可能地保证项目目标值的最大。

同时，在第 8 章的前摄性调度研究中，仅考虑了添加的缓冲时间，但是在实际中，为了项目计划的稳定，所添加的缓冲时间会产生相应的缓冲成本，增大了承包商的成本，并且在项目计划执行过程中进行反应性调度调整阶段，会产生相应的调整成本，这些成本都会造成承包商的收益减小。因此在不确定环境下，如何在保持项目计划稳定性的同时，降低干扰因素带来的缓冲成本和调整成本，增大项目收益已变得越来越重要。

目前，在不确定环境下将净现值最大化目标与前摄性与反应性调度相结合研究的成果不多，本章的研究不仅能为实际项目管理提供指导，亦能拓展该方面的理论。

9.2 Max－npv 前摄性与反应性调度集成问题界定

本章采用基于活动的研究方法（activity-based method），即用 AoN 方式来表述项目网络关系 $G(N,A)$。假设项目具有 $N=\{1,2,\cdots,n\}$ 个活动，A 表示零时滞结束开始的活动关系。其中有两个虚活动：活动 1 和活动 N，分别表示整个项目的开始和结束。由于不确定性因素的影响，项目活动的工期 d_n 服从某一随机分布，其均值和标准差分别为 $E(d_n)$ 和 $\sigma(d_n)$ 。项目的执行需要 K 种可更新资源，每种可更新资源的可用量为 R_k（$k=1,2,\cdots,K$）。活动 n 执行时对第 k 种可更新资源的需求量为 r_{nk}。项目活动 n 的挣值为 v_n。项目合同总价格为 EU（$EU=\sum_{n=1}^{N}v_n$）。在项目实施过程中，基于特定的活动 n_h（$h=1,2,\cdots,H$），业主对承包商进行 H（$H\leqslant n$）次支付，第 h 次的支付量 p_h 等于支付时承包商的累计挣值与支付比例 $\theta(0\leqslant\theta\leqslant1)$ 的乘积。注意最后一次支付必须安排在项目虚结束活动 N 上，项目结束时支付总量必须等于项目合同总价格 EU 。项目的截止日期为 D ，折现率为 α 。

与活动 n 的期望工期 $E(d_n)$ 对应的基本成本为 c_n。由于不确定因素通过活动的工期变化影响项目进度，从而给项目执行带来干扰。所以在事先制定的基准计划中必须考虑计划的稳定性，否则会因为频繁调整而造成项目收益损失。因此在前摄性调度中，运用 Van de Vonder 等[51]提出的 RFDFF 或 VADE 的方法给活动 n 添加缓冲时间 B_i 。

RFDFF：即资源流依赖浮动因子法（resource flow dependent float factor）。基于一个可行的无缓冲计划，根据活动依赖浮动因子添加时间缓冲。浮动因子由资源流网络计算所得，该资源流网络通过在原优先关系网络基础上，添加资源关系得到。

VADE：即虚拟活动工期拓展(virtual activity duration extension)。根据活动 i 的前续活动工期的变化(通常由活动工期方差表示)，反复迭代计算非虚活动的虚拟工期拓展值，将这些虚拟工期拓展值添加到活动开始时间，这样在基准计划的基础上为其添加时间缓冲。

由于新添加的缓冲时间会占用资源，产生额外成本，在此称之为时间缓冲成本 c_{n1} 。假设添加的单位时间缓冲的成本为 β_n ，因此时间缓冲 B_n 的成本为 $c_{n1} = \beta_n \cdot B_n$ 。所以在前摄性调度部分，活动 n 的总成本为 c_n^* ，$c_n^* = c_n + c_{n1}$ 。同时，通过 c_{n1} ，也可以计算得到基准计划的总时间缓冲成本 rc ，$rc = \sum_{n=1}^{nN} c_{n1}$ 。

假设在前摄性调度中，活动 n 添加时间缓冲之后的开始时间为 s_n^B 。在反应性调度阶段，由于活动工期的随机性，虽然对基准计划已经增加了鲁棒值，但是活动的开始时间仍然有可能延迟，实际为 s_n^T 。假设从 s_n^B 偏离到 s_n^T 的单位时间调整成本为 γ_n ，因此活动 n 的调整成本为 c_{n2} ，$c_{n2} = \gamma_n (s_n^T - s_n^B)$ 。当项目完成时，活动 n 总的成本为 $\hat{c}_n$ ，$\hat{c}_n = c_n^* + c_{n2} = c_n + c_{n1} + c_{n2}$ 。

定义活动 n 的相关不稳定权重为 ω_n ，所以项目的鲁棒性可以表示为 rb ，$rb = \sum_{n=1}^{N} (\omega_n \cdot B_n)$ 。基于以上讨论，对于某一给定项目，给其基准计划添加越多的时间缓冲，其 rb 和 rc 会同时增加，但是，随着 rb 的增加，在项目执行时的调整成本 c_{n2} 将会减小。这表明在时间缓冲成本，调整成本和项目鲁棒性之间存在着重要的权衡关系，从成本控制角度来说应该为他们设置合理的水平。

与项目活动相联系的正负现金流均发生在项目活动的完成时刻，在已有的研究文献中，假设存在连续的折现率 α 。因此在计算项目净现值时，t 时刻的折现因子为 $e^{-\alpha t}$，这是在连续条件下，通过泰勒级数近似表达传统的折现因子 $(1+\alpha)^{-t}$ 所得。

9.3　Max－npv 前摄性与反应性调度模型构建

9.3.1　前摄性调度模型

假设 $S = (s_1, s_2, \cdots, s_n)$ 为基于活动期望工期 $E(d_n)$ 所得的非鲁棒性可行计划，其中 s_n 表示活动 n 的开始时间。对调度计划 S 运用 RFDFF (VADE)方法，生成具有鲁棒性调度计划 S^B ，$S^B = (s_1^B, s_2^B, \cdots, s_n^B)$ ，并将此表示为 $S^B = \mathrm{RFDFF}(S)$ ($S^B = \mathrm{VADE}(S)$)。基于以上分析，构建前摄性调度优化模型如下：

$$\text{Max} \quad NPV^{\text{expe}} = \sum_{h=1}^{H}\{p_h exp[-\alpha(s_{n_h}^B + d_{n_h})]\} - \sum_{n=1}^{N}\{c_n^* \exp[-\alpha(s_n^B + d_n)]\} \tag{9-1}$$

$$\text{s.t.} \quad S^B = \text{RFDFF}(S)\ (\ S^B = \text{VADE}(S)) \tag{9-2}$$

$$s_n^B \leqslant D \tag{9-3}$$

$$p_h = \theta(\sum\nolimits_{n \in H_p^h} v_n - \sum\nolimits_{n \in H_p^{h-1}} v_n) \quad h = 1,2,\cdots,H-1 \tag{9-4}$$

$$p_H = EU - \sum\nolimits_{h=1}^{H-1} p_h \tag{9-5}$$

$$s_n^B \text{ 为非负整数} \quad n = 1,2,\cdots,N \tag{9-6}$$

其中 NPV^{expe} 指期望项目净现值，H_p^h (h=1,2,…, H) 表示第 h 次支付的活动集合。活动计划 S 由以下约束确定：

$$s_n - d_n \geqslant s_m \quad \forall\ (m,n) \in A \tag{9-7}$$

$$\sum\nolimits_{n \in P^t} r_{nk} \leqslant R_k \quad k = 1,2,\cdots,K \quad t = 1,2,\cdots,D \tag{9-8}$$

$$s_N \leqslant D \tag{9-9}$$

$$s_n \text{ 为非负整数} \quad n = 1,2,\cdots,N \tag{9-10}$$

其中 P^t 是 t 时刻正在进行的活动集合。在该模型中，目标函数式(9－1)表示最大化期望项目净现值；约束式(9－2)表示由 RFDFF(VADE)方法得到 S^B ；约束式(9－3)使得 S^B 满足项目截止日期；约束式(9－4)表示第 h 次支付量；约束式(9－5)使得总的支付量等于项目总价格；约束式(9－6)定义决策变量为非负整数。约束式(9－7)、式(9－8)、式(9－9) 和式(9－10)分别表示计划 S 满足于优先关系约束，可更新资源约束，项目截止日期和 s_n 值为非负整数。

9.3.2 反应性调度模型

现假设在时刻 T 执行的计划 S^B ，因为受活动工期的随机性影响而不得不进行调整 S^B。此时，定义已经完工活动的集合，正在进行活动的集合和还未开始活动的集合分别为 F^T、P^T 和 U^T ，活动工期表示为 d_n^T 。对于集合 F^T 和 P^T 中的活动，因为他们已经执行完成或者已经开始执行，所以假设它们的工期 d_n^T 等于实际值。对于集合 U^T 的活动，它们的工期 d_n^T 仍然等于期望工期 $E(d_n)$ 。基于以上定义，在此分别以最小化总调整成本和最大化项目净现值为目标，构建两个反应性调度模型，即 Min-loss 反应性调度模型和 Max－npv 反应性调度模型，如下所示：

9.3.2.1　Min - loss 反应性调度模型

$$\text{Min} \quad Loss^T = \sum_{n=1}^{N} [\gamma_n \cdot (s_n^T - s_n^B)] \tag{9-11}$$

$$\text{s.t.} \quad s_n^T = s_n^B \quad n \in F^T \cup P^T \tag{9-12}$$

$$s_n^T - d_n^T \geqslant s_m^T \quad \forall (m,n) \in A \tag{9-13}$$

$$\sum_{n \in P^t} r_{nk} \leqslant R_k \quad k = 1,2,\cdots K \quad t = T, T+1, \cdots \tag{9-14}$$

$$s_n^T \text{ 为非负整数} \quad n = 1,2,\cdots,N \tag{9-15}$$

在该模型中，目标函数式(9 - 11)表示最小化总的活动调整成本。约束式(9 - 12)使得在集合 $F^T \cup P^T$ 中的活动开始时间等于原来在 S^B 中的开始值。约束式(9 - 13)表示活动优先关系约束。约束式(9 - 14)表示可更新资源约束关系。约束式(9 - 15) 定义决策变量为非负整数值。

9.3.2.2　Max - NPV 反应性调度模型

$$\text{Max} \quad NPV^{real} = \sum_{h=1}^{H} \{p_h \exp[-\alpha(s_{n_h}^T + d_{n_h})]\} - \sum_{n=1}^{N} \{c_n \exp[-\alpha(s_n^T + d_n)]\} \tag{9-16}$$

$$\text{s.t.} \quad s_n^T = s_n^B \quad n \in F^T \cup P^T \tag{9-17}$$

$$s_n^T - d_n^T \geqslant s_m^T \quad \forall (m,n) \in A \tag{9-18}$$

$$\sum_{n \in P^t} r_{nk} \leqslant R_k \quad k = 1,2,\cdots,K \quad t = T, T+1, \cdots \tag{9-19}$$

$$p_h = \theta\left(\sum_{n \in H_p^h} v_n - \sum_{n \in H_p^{h-1}} v_n\right) \quad h = 1,2,\cdots,H-1 \tag{9-20}$$

$$p_H = EU - \sum_{h=1}^{H-1} p_h \tag{9-21}$$

$$s_n^T \text{ 为非负整数} \quad n = 1,2,\cdots,N \tag{9-22}$$

该模型中的目标和约束条件与之前在前摄性调度模型中的相关定义和表示相一致。值得注意的是，在项目执行过程中，反应性调度模型可能会调用多次，每一次执行后，更新调度计划 S^B，因为新产生的计划 S^T 和新的 S^B 将会在下次更新时作为基准计划。此外当项目结束时，将所得的项目净现值定义为实际净现值，即 NPV^{real}，并且将调整成本的总和定义为实际损失，即 $Loss^{real}$ 值。

9.3.3　算例说明

在此运用一个小算例来说明本章研究的问题。创建一个 AoN 项目网络如图 9 - 1 所示，项目活动数 N 为 7，活动 1 和 7 分别为虚的开始活动和虚的结束活动。业主支付次数 $H=3$，支付活动为 2、5、7。支付比例为 $\theta=0.8$，折现率为 $\alpha=0.003$，项目截止日期 $D=28$。其他参数如图 9－1 所示。

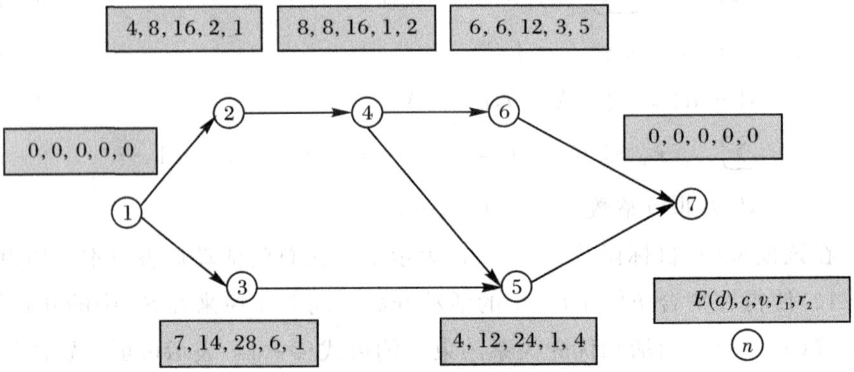

图 9－1　项目 AoN 网络图

根据图 9－1 的 AoN 网络和各个活动的参数值，得到的结果具体如表 9－1所示。

表 9－1　项目计划收益结果

	理想调度	前摄性调度		反应性调度			
				Min－loss		Max－npv	
	NPV/元	NPV^{expe}/元	rb	$Loss^{real}$	NPV^{real}/元	$Loss^{real}$	NPV^{real}/元
RFDFF	45.24	31.88	13.00	1.60	31.22	1.65	32.13
VADE	45.24	21.06	25.20	1.60	19.29	1.62	20.17

首先根据 $E(d_n)$ 建立非鲁棒性调度计划，得到理想情况下的项目收益 NPV 为 45.24 元。考虑到不确定因素的存在，分别运用前摄性调度 RFDFF 和 VADE 方法添加时间构建鲁棒性调度计划，得到项目收益分别为 31.88 元和 21.06 元，鲁棒值分别为 13 和 25.2。之后在 RFDFF 产生的鲁棒性计划基础上，分别以项目损失值最小化 Min－loss 策略和项目净现值最大化 Max－npv 策略为目标进行反应性调度，调整后的项目收益分别为 31.22 元和 32.13 元。在 VADE 产生的鲁棒性计划基础上，以同样策略进行反应性调整后的项目收益分别为 19.29 元和 20.17 元。

对于两种前摄性调度方法 RFDFF 和 VADE 来说，两者都增加了项目计划的稳定性。但是 VADE 由于添加了过多的缓冲时间，虽然使得项目更稳定，但是却付出了更高的成本，导致项目收益下降。之后在反应性调度阶段，由于前摄性调度阶段已经添加缓冲时间从而生成具有鲁棒性的项目计划，增强了项目计划执行的稳定性，所以降低了反应性调度阶段项目计划调整的可能，从而减小了项目调整的损失值。同时比较 Min－loss 策略和 Max－npv 策略发现，虽然 Min－loss 能够得到更低的项目损失值，但是 Max－npv 却能够得到更高的项目收益。对于这点本章随后将进行更深入的研究分析。

9.4　启发式算法设计

本章的研究问题可视为资源约束 NPV 最大化项目调度问题在不确定方向的拓展，该问题已经被众多学者证明为是 NP－hard 问题[40]。在生成鲁棒性计划的过程中，运用前摄性方法为非鲁棒性计划添加时间缓冲，同时也要考虑实际项目执行时的及时调整。基于以上事实，即使是小规模的项目调度问题，也很难设计精确算法来求解得到最优解。同时我们在之前章节的算法设计部分也已经指出启发式算法对于这类问题求解的优势，因此，在此设计运用三种启发式算法，包括已提出的禁忌搜索算法 TS，以学者 Mladenović和 Hansen 等为代表提出的变邻域搜索算法 VNS 以及将 TS 和 VNS 二者优点结合的混合算法 VNTS，同时与多重迭代搜索 MSII 进行了对比。值得说明的是所设计的这些算法不光可以运用于前摄性调度模型，同时也能通过改变目标函数和部分约束来求解反应性调度模型。

9.4.1　算法共同特点

用满足优先关系约束的活动次序列表 L 表示该研究问题的解。对于某一给定的 L，可通过解码方式 RFDFF(L)（VADE(L)），生成鲁棒性计划 S^B。其中，基于该列表利用串行进度生成机制（SSGS，serial schedule generation scheme）生成一个满足资源约束的活动开始时间安排[43]。串行进度生成机制包括 M 个阶段，每个阶段分为两部分，一部分为已安排的活动集合 $F(M)$，另一部分为待分配活动集合 $E(M)$，这些活动为已安排活动的紧后活动。时刻 t 剩余的资源量表示为 $R'_k(t)= R_k(t)-\sum r_{kt}$。当对某待分配活动进行安排时，使其满足优先关系约束和资源约束，并安排最早开始时间。已证明该调度生成机制算法的时间复杂性为 $O(M^2\cdot K)$，其中 K 为资源种类。

9.4.1.1 解的表示

通过 SSGS 方法生成了项目进度，在该进度中每个活动都在其可能的最早开始时间开始且不会违反资源或者优先顺序的限制，具体步骤描述如下。

步骤 1　输入次序列表 L 。

步骤 2　通过串行调度生成计划(SSGS)将 L 生成无鲁棒性计划 S 。

步骤 3　判断计划 S 是否满足项目截止日期约束，如果满足，跳至步骤 4；否则输出 L 对于截止日期不可行。

步骤 4　基于计划 S ，运用 RFDFF（VADE)方法生成鲁棒性计划 S^B 。

步骤 5　判断计划 S^B 是否满足项目截止日期约束，如果满足，跳至步骤 6；否则输出 L 对于截止日期不可行。

步骤 6　输出得到的鲁棒性计划 S^B 。

9.4.1.2 初始解

对于问题的一个初始解 L_{init} ，能够通过 RFDFF(L)（VADE(L))生成，步骤如下。

步骤 1　在不破坏优先关系约束的情况下，随机生成 L 。

步骤 2　运用 RFDFF(L)（VADE(L))并检查是否满足截止日期约束，若满足，跳至步骤 1；否则跳至步骤 3。

步骤 3　输出 L 作为得到的初始解，即 L_{init} 。

9.4.2 禁忌搜索 TS

9.4.2.1 邻点解

在禁忌搜索中，对于目前解 L_{curr} ，运用以下操作步骤生成邻点解 L_{neig} 。

步骤 1　在不破坏优先关系约束的情况下，对于目前解 L_{curr} ，随机选择两个活动并交换它们的位置，产生新的 L 。

步骤 2　运用 RFDFF(L)（VADE(L))并检查是否满足截止日期约束，若满足，跳至步骤 1；否则跳至步骤 3。

步骤 3　输出 L 作为得到的邻点解，即 L_{neig} 。

9.4.2.2 禁忌列表

禁忌列表 TL 以先进先出方式进行管理，只要有一步移动，就更新列表。

例如，添加最新移动到列表中并将最早存在的移动移出列表。禁忌列表中的所有移动都是被禁止的，但是如果一个禁忌移动能够生成的解比目前的最优解还好，那么取消它的禁忌状态使得算法能够搜索到该满意解。

9.4.2.3　TS 搜索流程

将可行解搜索最大次数作为 TS 的停止准则，即定义为 Num^{stop} 。同时定义目前为止的最优解和可行解数目分别为 L_{best} 和 Num 。因此 TS 的搜索流程就如图 9－2 所示。

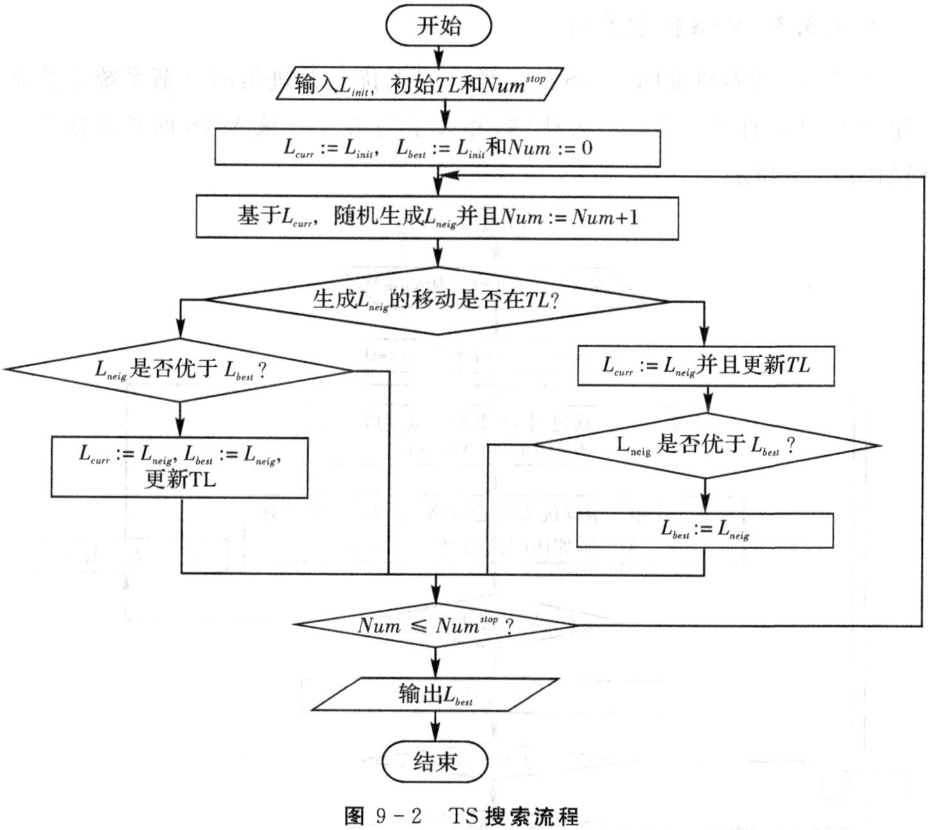

图 9－2　TS 搜索流程

9.4.3　变邻域搜索 VNS

9.4.3.1　邻域结构

在此运用 Hansen 等[42]学者提出的基本 VNS，来搜索该问题的满意解，该算法结合了确定和随机变化来搜索邻点解。考虑到解的表示形式，定义邻

域结构 NS_j ($m=1,2,\cdots,j_{max}$)为所有次序列表的集合,其中有 j 对活动元素与当前解 L 中的相关活动元素位置不同。

9.4.3.2 Shaking 邻点解

对应于以上定义的邻域结构,邻点解的生成方法如下:对于 L,随机选择 m 对活动元素并交换它们的位置,得到新的 L。运用解码程序 RFDFF(L)(VADE(L))并判断项目截止日期是否满足,若满足,得到可行邻点解并表示为 L_{rand}。否则重复该操作直到得到 L_{rand} 为止。

9.4.3.3 VNS 搜索流程

该 VNS 的停机准则与 TS 的一致。根据优先改进策略逐渐系统地搜索当前解的邻域直到得到局部最优解,并表示为 L_{loca}。该 VNS 的具体搜索流程如图 9-3 所示。

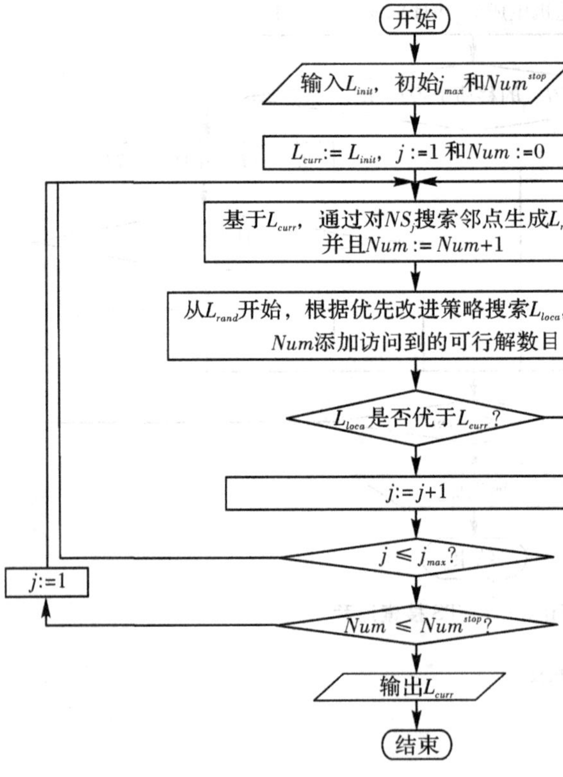

图 9-3 VNS 流程

9.4.4　VNS 和 TS 混合算法 VNTS

为了得到更好的解，在此提出一种同时结合 VNS 和 TS 各自算法优点的混合算法 VNTS。该 VNTS 算法的总体框架与 TS 一致，但是不同于 TS，其具有可变的邻域结构。因此，在搜索过程中，基于不同的邻域结构和特殊的禁忌列表来存放已访问的解，来生成新的邻点解。运用以上定义，得到 VNTS 的搜索流程如图 9－4 所示。

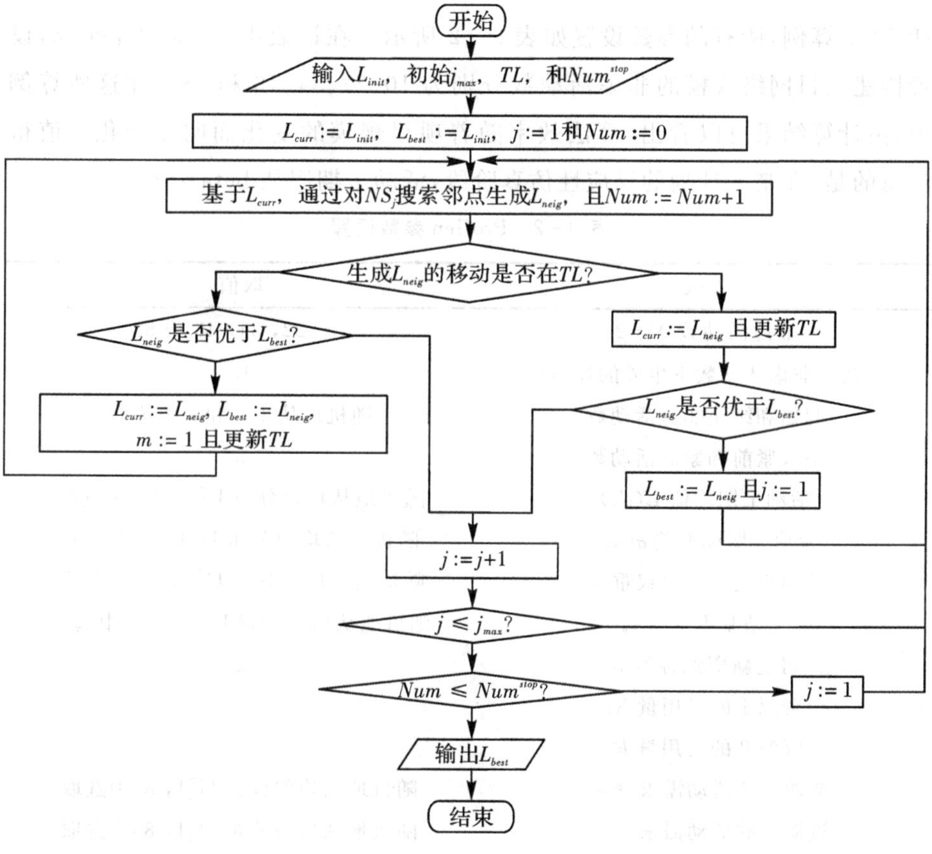

图 9－4　VNTS 流程

9.4.5　多重迭代 MSII

为了评价以上算法的效率，在此运用多重迭代搜索算法来生成基准计划作为对比。该 MSII 搜索开始于某个初始解并且只根据目标函数值进行邻点搜索迭代。为了避免陷入局部最优，随机地选择另一个可行解来重新迭代直到当前解的目标值不再提高。如果可行解的搜索次数达到初始设定的数值 Num^{stop}，那么算法搜索停止并输出当前最好解作为问题的满意解。

9.5 算法测试

9.5.1 参数设置

运用 ProGen 项目生成器生成数据集合来测试所设计的算法。该集合包括 50 个算例，所有的参数设置如表 9-2 所示。在该表中，根据预先研究，设置构建项目网络规模的非虚活动数分别为 10、22、34、46 和 58。在这些算例中，由计算结果可以看出，算法效率随着项目规模的变化而明显变化。值得注意的是，在基准计划的反应性仿真阶段，活动工期服从 beta 分布。

表 9-2 ProGen 参数设置

参数	取值
非虚活动数 $N-2$	10，22，34，46 或 58
在某一非虚活动数下生成的算例数	10
起始和终止非虚活动数	随机地从 1,2 和 3 中选取
最大紧前和紧后活动数	3
活动工期均值 $E(d_n)$	随机地从均匀分布 U[1，10]中选取
活动工期标准差 $\sigma(d_n)$	随机地从均匀分布 U[1，4]中选取
活动相关不稳定权重 ω_n	随机地从均匀分布 U[0，10]中选取
活动基本成本 c_n	随机地从均匀分布 U[10，20]中选取
可更新资源种类 K	2
资源 1 的可用量 R_1	8
资源 2 的可用量 R_2	8
资源 1 的活动需求量 r_{n1}	随机地从均匀分布 U[1，8]中选取
资源 2 的活动需求量 r_{n2}	随机地从均匀分布 U[1，8]中选取
活动挣值 v_n	$\rho_1 c_n$，ρ_1 随机地从均匀分布 U[1，3]中选取
支付次数 H	4
支付比例 θ	0.8

为了分析关键因素，包括 D、α、β_i 和 γ_i 等对于计算结果的影响，基于预先实验，分别设置三个等级参数值，如表 9-3 所示。运用这些参数值，可以很

好地对关键因素进行敏感性分析。注意在此对关键因素运用全因子实验分析，因此每个算例会进行 81 次重复运算，总共会进行 4050 个算例实验运算。

表 9-3　关键参数值

参数	取值
项目截止日期 D	$\rho_2 \cdot C_{max}$，ρ_2分别设为 1.3，1.4 和 1.5，C_{max}是不考虑资源约束时项目网络的关键路径长度
折现率 α	0.0040，0.0060 和 0.0080
单位时间缓冲的成本 β_n	$\rho_3 \cdot \sigma_n$，ρ_3分别设为 1.0，1.1 和 1.2，σ_n随机地从均匀分布 U[1，5]中选取
单位时间调整成本 γ_n	$\rho_4 \cdot \varphi_n$，ρ_4分别设为 1.0，1.1 和 1.2，φ_n随机地从均匀分布 U[1，5]中选取

用 *NUM*、*ARD*(%)、*ACT*(s)、*MCT*(s)和 *MRD*(%)五个指标来反应和评价所设计启发式算法的绩效。其中，*NUM*、*ARD*(%)、*ACT*(s)和 *MCT*(s)的定义与之前指标定义一致，指标 *MRD*(%)表示满意解距已知最优解的最大相对偏差。

所有的算法均采用 Visual C＋＋ 2010 Express 语言编程，并在 CPU 主频为 2.5 GHz、内存为 4 GB 的个人计算机上运算。所有的算法都从同一个初始解开始搜索并遵从同样的停机准则。基于预先实验，Num^{stop}、j_{max} 和 *TL* 长度分别设为 10000・*N*、3 和 10。

9.5.2　计算结果

求解前摄性调度模型的实验结果如表 9-4 所示。

表 9-4　实验结果

算法	$N-2$	RFDFF					VADE				
		NUM	*ARD* /%	*MRD* /%	*ACT* /s	*MCT* /s	*NUM*	*ARD* /%	*MRD* /%	*ACT* /s	*MCT* /s
MSII	10	144	0.068	0.17	7.19	8.32	156	0.064	0.35	3.09	3.248
	22	123	0.079	0.22	14.98	15.39	132	0.078	0.43	6.66	8.155
	34	99	0.093	0.26	23.58	25.69	108	0.085	0.49	20.26	21.30
	46	57	0.097	0.24	30.85	33.21	69	0.090	0.51	24.66	26.19
	58	24	0.110	0.32	42.78	45.60	42	0.096	0.55	35.57	39.48
	所有算例	447	0.089	0.32	23.88	45.60	507	0.083	0.55	18.05	39.48

续表 9-4

算法	N-2	RFDFF NUM	RFDFF ARD /%	RFDFF MRD /%	RFDFF ACT /s	RFDFF MCT /s	VADE NUM	VADE ARD /%	VADE MRD /%	VADE ACT /s	VADE MCT /s
TS	10	195	0.061	0.16	7.80	8.91	180	0.064	0.35	3.38	3.761
	22	231	0.056	0.13	15.65	16.65	213	0.052	0.28	7.03	8.315
	34	231	0.042	0.13	24.49	26.17	204	0.046	0.22	23.14	24.44
	46	234	0.044	0.11	31.54	33.45	225	0.043	0.16	34.74	40.20
	58	216	0.042	0.12	40.28	43.22	198	0.041	0.19	46.25	49.36
	所有算例	1107	0.049	0.16	23.95	43.22	1020	0.049	0.35	22.91	49.36
VNS	10	216	0.063	0.19	7.11	8.65	192	0.069	0.32	3.12	3.55
	22	219	0.056	0.18	14.24	16.33	225	0.054	0.31	6.88	7.90
	34	210	0.047	0.15	22.18	24.70	201	0.044	0.25	22.60	24.71
	46	207	0.039	0.13	28.93	30.21	183	0.037	0.19	30.59	34.23
	58	183	0.032	0.10	38.56	41.72	153	0.033	0.17	44.83	46.28
	所有算例	1035	0.047	0.19	22.20	41.72	954	0.047	0.32	21.60	46.28
VNTS	10	255	0.055	0.17	8.53	9.47	282	0.058	0.25	3.92	4.37
	22	237	0.049	0.15	17.44	19.86	240	0.045	0.21	8.25	9.40
	34	270	0.038	0.14	30.19	33.61	297	0.033	0.19	29.46	32.71
	46	312	0.030	0.11	39.96	43.67	333	0.025	0.16	44.38	47.15
	58	387	0.025	0.08	51.28	57.74	417	0.019	0.12	58.67	63.42
	所有算例	1461	0.039	0.17	29.48	57.74	1569	0.036	0.25	28.94	63.42

从表 9-4 中可以看到，从满意解的质量来看，该表清楚地展示了算法 TS，VNS 和 VNTS 明显优于 MSII，并且该优势随着活动数增加而更加显著。这结果并不意外且符合预期，因为启发式智能算法的搜索效率通常都优于简单搜索算法并且随着项目规模复杂程度的增大而增大。对于所设计的三种启发式搜索算法，指标 *NUM* 和 *ARD* 表明对于几乎所有算例，VNTS 的绩效优于 TS 和 VNS。这符合预期，因为 VNTS 是结合了 VNS 和 TS 的优点，通常就比其他算法具有更高的效率。关于 TS 和 VNS，总的来说 TS 得到的结果好于 VNS 的结果，因此 TS 的效率略高于 VNS。由 *ACT* 和 *MCT* 表示的

计算时间也如预期，在一定程度上算法 TS 和 VNTS 的时间长于 VNS 和 MSII，因为 TS 和 VNTS 都需要额外的时间去管理它们的禁忌列表。另外，由于 VNTS 的禁忌列表比 TS 的更复杂，因此它的计算时间比后者更长。随着活动数目的增加，更多的可行解被搜索，算法的计算时间也相应增加。其中，VNTS 的最长计算时间为 63.42 秒，从现实角度来看这在可接受的范围内。因此从所得满意解的质量和计算时间考虑，VNTS 为所提出三种算法中的最优算法。

9.6 敏感性分析

基于由算法 VNTS 所得到的计算结果，分析关键参数对前摄性调度和反应性调度结果的影响。在前摄性调度中，项目截止日期 D 和单位时间缓冲成本 β_n 对于项目期望净现值，NPV^{expe}，项目鲁棒性值 rb，和时间缓冲成本 rc 等的影响结果如表 9-5 所示，折现率 α 对 NPV^{expe} 的影响结果如表 9-6 所示。

表 9-5　D 和 β_n 对 NPV^{expe}、rb 和 rc 的影响

参数	取值	RFDFF			VADE		
		rb	rc	NPV^{expe}	rb	rc	NPV^{expe}
D	$1.3C_{max}$	51.72	39.52	524.29	98.22	81.65	486.92
	$1.4C_{max}$	72.23	53.47	513.28	134.77	107.32	460.14
	$1.5C_{max}$	96.02	75.56	494.69	181.45	139.80	428.06
β_n	σ_n	73.32	51.08	514.35	138.15	99.63	465.31
	$1.1\sigma_n$	73.32	56.18	510.75	138.15	109.59	457.42
	$1.2\sigma_n$	73.32	61.29	506.88	138.15	119.55	448.81

表 9-5 中的结果表明当 D 增加时，rb 和 rc 增大而 NPV^{expe} 减小。随着 β_n 的增大，NPV^{expe} 减小，rc 变大，而 rb 保持不变。这是因为当项目截止日期增加时，通过 RFDFF(VADE)方法添加了更多的时间缓冲到基准计划，造成 rb 和 rc 同时增大，随后 rc 的增加使得现金流出增大从而造成 NPV^{expe} 的减小。β_n 的增大直接增加时间缓冲成本从而使得 NPV^{expe} 降低；但是，因为增加的时间缓冲没有变化，所以鲁棒值 rb 保持不变。

表 9-6　α 对 NPV^{expe} 的影响

参数	取值	NPV^{expe}(RFDFF)	NPV^{expe}(VADE)
α	0.0040	510.75	457.42
	0.0060	463.66	411.32
	0.0080	406.94	368.23

从表 9-6 中可以看出，随着折现率 α 的增大，无论哪种缓冲添加方法，NPV^{expe} 都单调减小。这可以从公式(9-1) 直接观察得到。

对于两种时间缓冲方法，表 9-5 和表 9-6 的计算结果清楚地表明 RFDFF得到的 NPV^{expe} 优于 VADE 得到的 NPV^{expe}。造成该现象的原因是 VADE 得到的 rc 大于 RFDFF 得到的 rc。也即是相对于 RFDFF，VADE 方法会为基准计划添加更多的时间缓冲从而产生更多的时间缓冲成本使得 NPV^{expe} 降低。这在随后表 9-7 中会有详细说明。

在反应性调度中，项目截止日期 D 和单位时间调整成本 γ_n 对实际项目净现值，NPV^{real} 和实际损失值 $Loss^{real}$ 的影响如表 9-7 所示。

表 9-7　D 和 γ_n 对 NPV^{real} 和 $Loss^{real}$ 的影响

参数	取值	RFDFF				VADE			
		Min-loss		Max-NPV		Min-loss		Max-NPV	
		$Loss^{real}$	NPV^{real}	$Loss^{real}$	NPV^{real}	$Loss^{real}$	NPV^{real}	$Loss^{real}$	NPV^{real}
D	$1.3C_{max}$	151.45	388.52	156.21	395.82	136.39	367.15	145.68	373.19
	$1.4C_{max}$	132.44	401.74	139.47	406.19	114.42	349.54	121.88	358.97
	$1.5C_{max}$	122.71	379.22	128.08	384.81	92.66	335.84	95.85	342.46
γ_n	φ_n	123.21	398.58	128.41	404.86	104.08	358.36	110.12	366.34
	$1.1\varphi_n$	135.53	389.83	141.25	395.61	114.49	350.84	121.14	357.27
	$1.2\varphi_n$	147.85	380.47	154.09	385.47	124.90	343.12	132.15	347.95

该表指出随着 D 的增大，NPV^{real} 和 $Loss^{real}$ 同时减小。当 γ_n 增加时，$Loss^{real}$ 增大，但是 NPV^{real} 降低。该结果的原因在于，当截止日期 D 增大时，项目的鲁棒性也在增大，这使得项目执行时具有更高的稳定性从而产生更小的调整成本，即损失值 $Loss^{real}$。但是调整成本的降低并不能消除由于 D 增加

带来时间缓冲成本 rc 增大的影响，所以 NPV^{real} 依然连续递减。因为参数 γ_n 表示单位时间调整成本，所以当 γ_n 上升时，$Loss^{real}$ 线性增加从而使得 NPV^{real} 减小。

在表 9 - 7 所展示的基准计划的实施结果中，可以发现另一重要结论。VADE 的实际损失值 $Loss^{real}$ 和实际 NPV^{real} 均小于 RFDFF 所得的结果。这表明当运用 VADE 方法时，因为基准计划有着更高的 rb，所以其 $Loss^{real}$ 更小。但是，因为 $Loss^{real}$ 减小的正面影响不能全部消除 rc 上涨带来的负面影响，所以 VADE 的实际净现值依然小于 RFDFF 的实际净现值。基于以上的事实结果，可以认为 RFDFF 比 VADE 能够产生更好的结果，因为后者为基准计划添加了更多的时间缓冲。

比较两个反应性模型，表 9 - 7 中的结果有些奇特。Min - loss 模型得到的 $Loss^{real}$ 和 NPV^{real} 均小于 Max - npv 模型下所得到的结果。造成该现象的原因在于，基于基准计划，Min - loss 模型策略是在不考虑现金流入的情况下降低调整成本，因此得到的实际 $Loss^{real}$ 等于调整成本总和，不大于 Max - npv 模型所得的结果。但是，在 Max - NPV 模型中，需要同时考虑现金流入和包含了 $Loss^{real}$ 的现金流出，所以得到更大的净现值。因此在 Max - npv 模型中，NPV^{real} 不小于 Min - loss 模型的结果，与此相反，$Loss^{real}$ 可能会大于 Min - loss 模型的结果。

最后，表 9 - 7 揭示了一个有趣的现象，具体描述为，随着截止日期 D 的增加，对于 RFDFF，NPV^{real} 先增加后减小。这是因为当截止日期增加时，会有更多的时间缓冲插入到项目计划中，对 NPV^{real} 同时产生正面和负面的影响，其中负面影响是产生了更多的时间缓冲成本，而正面影响是降低了调整成本。当 D 从 $1.3\,C_{max}$ 变化到 $1.4\,C_{max}$ 时，正面影响超过负面影响，所以 NPV^{real} 变大，但是当 D 变化到 $1.5\,C_{max}$ 时，负面影响超过正面影响使得 NPV^{real} 降低。注意对于 VADE，因为在 $D = 1.3\,C_{max}$ 时已经添加了太多的时间缓冲到计划中，所以当 D 从 $1.3\,C_{max}$ 变化到 $1.5\,C_{max}$ 时，NPV^{real} 持续降低。以上情况告诉项目管理者在不确定环境下，项目的鲁棒性应该保持在一个合理的水平，否则会对项目利益产生影响。

9.7　结论

本章在第 8 章的基础上对问题进行拓展，引入反应性调度研究方法，分别构建了前摄性与反应性调度优化模型。在最大化项目净现值的目标下，构建前摄性调度模型来生成鲁棒性基准计划，并且当项目执行中发生干扰时提出反应性调度模型来进行调整。本章通过对随机工期下资源约束 Max - npv 前摄性与反应性项目调度集成问题的研究，可以提供以下管理结论与启示，帮助管理者做出适合的决策。

(1)在不确定型环境下，合理的添加时间缓冲能够增加项目净现值，然而过多或过少的时间缓冲都有可能造成项目净现值的降低。在不确定环境下，同时追求项目计划稳定性和项目收益最大化是可行的，管理者需要仔细考虑，合理制定缓冲措施。

(2)对比两种缓冲方法 RFDFF 和 VADE，对于 RFDFF 方法，得到的项目收益净现值随着截止日期的变化先上升后下降；对于 VADE 方法，得到的项目收益净现值随着截止日期的变化一直减小。因此对于这两种前摄性时间缓冲方法，虽然 VADE 比 RFDFF 得到更稳定的项目计划，但是 RFDFF 比 VADE 能够得到更好的收益结果，因为 VADE 方法添加了过多的时间缓冲到基准计划。因此管理者可以根据实际需要，在项目稳定性与项目收益之间做出平衡，选择合适的前摄性时间缓冲方法应对不同的不确定风险，当追求项目计划稳定性时，可以选择 VADE 方法来应对不确定因素，当追求项目收益最大化时，可以选择 RFDFF 方法。

(3)对于两种反应性调整策略，尽管 Min - loss 策略能够生成更低的调整成本，但是 Max - npv 策略得到的净现值优于 Min - loss 得到的结果。因此管理者可以根据实际情况选择调整策略。当反应性调整发生时，选择 Min - loss 策略可以更好地执行原基准计划，而选择 Max - npv 策略需要重新制定计划，但是可以得到更高的项目收益。

(4)对于求得满意解的 TS，VNS，VNTS 和 MSII 四种算法，启发式算法 TS，VNS 和 VNTS 得到的满意解质量均优于 MSII。其中因为 VNTS 结合了 TS 和 VNS 的优点，所以得到的满意解质量更好，但是同时由于结合两种算法的复杂搜索过程，导致其搜索时间增大，尤其是随着活动规模的增加，这种现象更加明显。但是目前的搜索时间依然在可接受范围内。因此管理者可以根据实际项目情况在满意解质量和搜索时间之间做出选择。

参考文献

[1] Dayanand N, Padman R. Project contracts and payments schedules: the client's problem[J]. Management Science, 2001, 47: 1654-1667.

[2] Bert De Reyck, Willy Herroelen. The multi-mode resource-constrained project scheduling problem with generalized precedence relations[J]. European Journal of Operational Research, 1999, 2(119): 538-556.

[3] Marek Mika, Grzegorz Waligora, Jan Weglarz. Tabu search for multi-mode resource-constrained project scheduling with schedule-dependent setup times[J]. European Journal of Operational Research, 2008, 3(187): 1238-1250.

[4] 何正文,徐渝.多模式项目支付进度的整合优化研究[J].系统工程理论与实践,2006,01:76-83.

[5] Herroelen W S, Patrick V, Demeulemeester E L. Project network models with discounted cash flows: a guided tour through recent developments[J]. European Journal of Operational Research, 1997, 100: 97-121.

[6] Elmaghraby S E. Activity nets: A guided tour through some recent developments[J]. European Journal of Operational Research, 1995, 82(3): 383-408.

[7] De P, Dunne E, Ghosh J, et al. The discrete time-cost tradeoff problem revisited[J]. European Journal of Operational Research, 1995, 81: 225-238.

[8] De P, Dunne E, Ghosh J, et al. Complexity of the discrete time-cost tradeoff problem for project networks[J]. Operations Research, 1997, 45(2): 302-306.

[9] 邢文训,谢金星.现代优化计算方法(第二版)[M].北京:清华大学出版社,2005.

[10] Kolisch R, Sprecher A. PSPLIB—A project scheduling problem library[J]. European Journal of Operational Research, 1997, 96(1): 205-216.

[11] Dayanand N, Padman R. On modeling progress payments in project networks[J]. Journal of the Operational Research Society, 1997, 48(11): 906-918.

[12] Ulusoy G, Cebelli S. An equitable approach to the payment scheduling problem in project[J]. European Journal of Operational Research, 2000, 127(9): 262-278.

[13] 何正文，刘人境，等.基于业主视角的多模式项目支付进度问题及其启发式算法[J].系统工程理论与实践，2009，29(2)：70－71.

[14] Ulusoy G, Sivrikaya-Şerifo ğlu F, Şahin Ş. Four payment models for the multi-mode resource constrained project scheduling problem with discounted cash flows[J]. Annals of Operations research, 2001, 102(1): 237－261.

[15] Herroelen W, Reyck B D, Demeulemeester E. Resource-constrained project scheduling: a survey of recent developments[J]. Computers and Operations Research, 1998, 25: 279－302.

[16] Hartmann S. A self-adapting genetic algorithm for project scheduling under resource constraints[J]. Naval Research Logistics, 2002, 49 (5): 433－448.

[17] 刘士新，王梦光，唐加福.一种求解资源受限工程调度问题的遗传算法[J].系统工程学报，2002，17(1)：1－7.

[18] Talbot F. Resource-constrained project scheduling with time-resource tradeoffs: The nonpreemptive case[J]. Management Science, 1982, 28(11): 1197－1210.

[19] Etgar R, Shtub A, Leblance J. Scheduling projects to maximize net present value-the case of time-dependment, contingent cash flows[J]. European Journal of Operational Research, 1998, 25(4): 279－302.

[20] 何正文，徐渝，朱少英.具有奖励惩罚结构的项目支付进度问题研究：双重角度[J].系统工程理论与实践，2005，10：39－45.

[21] 柴国荣，洪兆富.基于进度优化的大型项目激励机制模型[J].系统工程，2008，26(1)：102－105.

[22] 陈建华，马士华.基于工期协调的项目公司与承包商收益激励模型[J].中国管理科学，2007，15(3)：114－121.

[23] Kavlak N, Ulusoy G, Serifoglu F S, et al. Client-contractor bargaining on net present value in project scheduling with limited resources[J]. Naval Research Logistics, 2010, 56(2): 93－112.

[24] Dayanand N, Padman R. On payment schedules in contractor client negotiations in projects: an overview of the problem and research issues. In: Weglarz J, editor. Project scheduling: recent models, algorithms and appliacations[M]. Boston: Kluwer Academic Publishers, 1999: 477－508.

[25] Blazewicz J, Lenstra J K, Kan A R. Scheduling Subject To Resource Constraints: Classification And Complexity[J]. Econometric Institute Archives, 1980(1)：98.

[26] Peter Brucker, Sigrid Knust, Arno Schoo, Olaf Thiele. A branch and bound algorithm for the resource-constrained project scheduling problem[J]. European Journal of Operational Research, 1998, 107: 272 - 288.

[27] Urlings T, Ruiz R, Serifoglu F S. Genetic algorithms with different representation schemes for complex hybrid flexible flow line problems[J]. International journal of metaheuristics, 2010, 1(1): 30 - 54.

[28] Elazouni A M, Gab-Allah A A. Finance-Based Scheduling of Construction Projects Using Integer Programming [J]. Journal of Construction Engineering and Management, 2004, 130(1): 15 - 24.

[29] 陈祥锋,朱道立,应雯珺.资金约束与供应链中的融资和运营综合决策研究[J].管理科学学报,2008,11(3):70 - 77.

[30] 何正文,刘人境,徐渝.基于不同支付规则的 MPPSP 及其模拟退火与禁忌搜索算法[J].系统工程理论与实践,2010,30(008):1439 - 1447.

[31] 任世科,何正文,徐渝.基于银行授信额度的 Max-NPV 项目调度问题研究[J].管理工程学报,2009,23(002):85 - 91.

[32] Garey M R, Johnson D S. Computers and intractability: a guide to the theory of NP-completeness[J]. San Francisco, LA: Freeman, 1979, 58:158.

[33] Smith-Daniels D E, Padman R, Smith-Daniels V L. Heuristic scheduling of capital constrained projects[J]. Journal of Operations Management, 1996, 14(3): 241 - 254.

[34] Mika M, G Waligóra, Węglarz J. Simulated annealing and tabu search for multi-mode resource-constrained project scheduling with positive discounted cash flows and different payment models[J]. European Journal of Operational Research, 2005, 164(3): 639 - 668.

[35] 汪嘉旻,孙永广,吴宗鑫.时间和费用具有不确定性的优化进度计划[J].系统工程理论与实践,2002,22(1):93 - 98.

[36] Bouleimen K, Lecocq H. A new efficient simulated annealing algorithm for the resource-constrained project scheduling problem and its multiple mode version[J]. European Journal of Operational Research, 2003, 149(2): 268 - 281.

[37] He Z W, Liu R J, Jia T. Metaheuristics for multi-mode capital-constrained project payment scheduling[J]. European Journal of Operational Research, 2012, 223(3): 605 - 613.

[38] He Z W, Wang N M, Li P X. Simulated annealing for financing cost distribution

based project payment scheduling from a joint perspective[J]. Annals of Operations Research, 2014, 213(1): 203 - 220.

[39] Van de Vonder S, Demeulemeester E, Herroelen W. Proactive heuristic procedures for robust project scheduling: An experimental analysis[J]. European Journal of Operational Research, 2008, 189(3): 723 - 733.

[40] Waligóra G. Simulated Annealing and Tabu Search for Discrete-Continuous Project Scheduling with Discounted Cash Flows[J]. RAIRO-Operations Research, 2014, 48 (1): 1 - 24.

[41] Mladenovi ć N, Hansen P. Variable Neighborhood Search[J]. Computers & Operations Research, 1997, 24(11): 1097 - 1100.

[42] Hansen P, Mladenovi ć N, JA Morenopérez. Variable neighbourhood search: Methods and applications[J]. Annals of Operations Research, 2010, 175(1): 367 - 407.

[43] Kolisch R. Serial and parallel resource-constrained project scheduling methods revisited: Theory and computation[J]. European Journal of Operational Research, 1996, 90(2): 320 - 333.